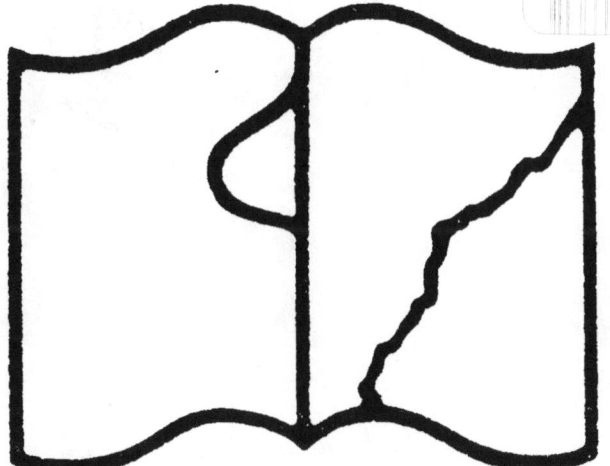

EMILE FAGUET

NOTES
SUR LE
THÉATRE
CONTEMPORAIN

DEUXIÈME SÉRIE

— 1889 —

PARIS
LIBRAIRIE H. LECÈNE ET H. OUDIN
17, RUE BONAPARTE, 17

1890

Tout droit de reproduction et de traduction réservé.

NOTES

SUR LE

THÉATRE CONTEMPORAIN

Typ. A. SIRET. — La Rochelle

EMILE FAGUET

NOTES

SUR LE

THÉATRE
CONTEMPORAIN

DEUXIÈME SÉRIE

— 1889 —

PARIS
LIBRAIRIE H. LECÈNE ET H. OUDIN
17, RUE BONAPARTE, 17

1890

NOTES

sur

LE THÉATRE CONTEMPORAIN

I

Comédie Française. — Reprise d'*Henri III et sa cour*, drame en cinq actes d'Alexandre Dumas père.

6 Janvier 1889.

Henri III et sa cour, qui, comme toutes les pièces célèbres, était profondément inconnu, a intéressé, étonné, inquiété et un peu mis mal à l'aise, hier soir, le public du Théâtre-Français. Il ne savait pas au juste à quoi il devait s'intéresser et il discutait l'intérêt que certaines parties du drame lui inspiraient, ce qui lui a fait comme un plaisir mêlé d'alarmes. Ce sont les plus exquis pour certaines gens, mais non pas peut-être pour un public.

Et voici les raisons, je crois, de cette incertitude du public d'hier soir et de sa complaisance imparfaite à savourer les plaisirs qu'il goûtait.

Henri III est, comme vous le savez, — car d'un drame absolument inconnu, mais célèbre, les bienséances veulent qu'on dise : comme vous savez, — *Henri III* est, comme vous savez donc, un drame en deux parties. Il ne s'agit pas de deux parties successives et bout à bout dans le temps, mais de deux parties parallèles et concomitantes qui vont l'une à côté de l'autre tout le long du drame, ainsi que les rails de chemin de fer, sans avoir jamais le moindre point de contact entre elles. Les rails de chemins de fer ont, il est vrai, cette supériorité qu'ils mènent au même but. La partie main droite d'*Henri III et sa cour,* c'est les amours de la duchesse de Guise avec M. le baron, comte, marquis et duc de Saint-Mégrin ; la partie main gauche d'*Henri III*, c'est Henri III et la Ligue. Et ces deux parties sont deux touts, et non pas deux parties. Chacune se suffit à elle-même et n'a avec l'autre d'autres rapports que d'appartenir à la même époque de l'histoire de France. L'auteur, à la vérité, — car il faut tout dire et ne point dissimuler les objections, — a essayé, au début, d'établir un lien, un léger lien.

Il nous montre Catherine de Médicis, cette astucieuse Catherine, venant chez Ruggieri l'artificieux (ne pas lire l'artificier) et lui commandant de favoriser les amours de Saint-Mégrin et de la duchesse de Guise afin d'*amuser* (sens classique ; dans l'autre sens, le mot serait impropre), afin d'occuper et de *divertir* (sens classique), afin, en un mot, de détourner de ses occupations ordinaires son Impertinence et son Ambition M. le duc de Guise. Voilà le lien entre la partie historique et la partie romanesque ; le voilà le lien. Mais le lien n'est que montré aux yeux ; il n'est nullement cousu et noué. Si M. le duc de Guise trouve, un quart d'heure après, le mouchoir de la duchesse dans la chambre que vient de quitter Saint-Mégrin, ce n'est ni Catherine ni Ruggieri qui l'ont laissé traîner là exprès, et, dans tout le reste du drame, le duc de Guise s'occupera d'une part de la Ligue des patriotes, d'autre part de Mme de Guise et de Saint-Mégrin, sans que jamais le souci de la Ligue le détourne de Saint-Mégrin, ni Saint-Mégrin du souci de la Ligue,

> Sans que jamais les soins qu'il apporte à la Ligue
> Endorment son esprit à l'endroit du Rodrigue;

et sans que jamais ses intrigues de conspirateur aient le moindre contre-coup sur ses résolutions de mari offensé, ni ses fureurs de mari offensé le moindre contre-coup sur ses opérations de chef de parti. Les deux moitiés du drame sont donc bien parfaitement disjointes, séparées, isolées l'une de l'autre. C'est ce qu'Aristote, dans sa classification un peu surannée, appelait un drame à cloisons étanches. C'est pour cela que l'une des deux parties en peut surnager et l'autre sombrer corps et biens, — et c'est précisément ce qui est arrivé pour *Henri III*.

La partie romanesque a plu médiocrement et la

partie historique, ou soi-disant telle, a intéressé très fort.

La partie romanesque est en effet assez insignifiante et vraiment traitée avec quelque puérilité. Dumas père avait lu, n'importe en quel chapitre, que M. le duc de Guise, pour se débarrasser des assiduités de Saint-Mégrin auprès de la duchesse, avait forcé celle-ci à écrire à Saint-Mégrin un billet de rendez-vous nocturne, avait attiré ainsi l'amoureux dans un guet-apens, et l'avait fait assassiner par ses domestiques. Et il y avait en effet, un très beau drame dans cette aventure, mais comptez les qualités qu'il exigeait de l'auteur, et comptez que ce sont toutes celles que n'a jamais eues Dumas père.

D'abord le sens psychologique. Des histoires d'amoureux ne m'intéressent que si je puis suivre les mouvements un peu compliqués, les démarches un peu diverses et variées de leurs âmes. Or, on sait que le bon Dumas père a eu ce mérite, que j'apprécie fort, de n'avoir aucun des ridicules attachés à la profession de psychologue, mais aussi cette indigence de ne pouvoir jamais trouver dans l'étude de l'âme humaine la plus petite ressource.

Ensuite l'éloquence, ou le lyrisme, propre à l'expression de la passion. Il est bien évident que cette dernière scène que vous prévoyez, la scène du guet-apens, c'est le dernier acte d'*Hernani*. A défaut de pénétration psychologique ce qu'il faudra avoir à ce moment là c'est de belles explosions de passion affolée et déli-

ner de ses occupations ordinaires son Impertinence et son Ambition M. le duc de Guise. Voilà le lien entre la partie historique et la partie romanesque ; le voilà le lien. Mais le lien n'est que montré aux yeux ; il n'est nullement cousu et noué. Si M. le duc de Guise trouve, un quart d'heure après, le mouchoir de la duchesse dans la chambre que vient de quitter Saint-Mégrin, ce n'est ni Catherine ni Ruggieri qui l'ont laissé traîner là exprès, et, dans tout le reste du drame, le duc de Guise s'occupera d'une part de la Ligue des patriotes, d'autre part de Mme de Guise et de Saint-Mégrin, sans que jamais le souci de la Ligue le détourne de Saint-Mégrin, ni Saint-Mégrin du souci de la Ligue,

> Sans que jamais les soins qu'il apporte à la Ligue
> Endorment son esprit à l'endroit du Rodrigue;

et sans que jamais ses intrigues de conspirateur aient le moindre contre-coup sur ses résolutions de mari offensé, ni ses fureurs de mari offensé le moindre contre-coup sur ses opérations de chef de parti. Les deux moitiés du drame sont donc bien parfaitement disjointes, séparées, isolées l'une de l'autre. C'est ce qu'Aristote, dans sa classification un peu surannée, appelait un drame à cloisons étanches. C'est pour cela que l'une des deux parties en peut surnager et l'autre sombrer corps et biens, — et c'est précisément ce qui est arrivé pour *Henri III*.

La partie romanesque a plu médiocrement et la

partie historique, ou soi-disant telle, a intéressé très fort.

La partie romanesque est en effet assez insignifiante et vraiment traitée avec quelque puérilité. Dumas père avait lu, n'importe en quel chapitre, que M. le duc de Guise, pour se débarrasser des assiduités de Saint-Mégrin auprès de la duchesse, avait forcé celle-ci à écrire à Saint-Mégrin un billet de rendez-vous nocturne, avait attiré ainsi l'amoureux dans un guet-apens, et l'avait fait assassiner par ses domestiques. Et il y avait en effet, un très beau drame dans cette aventure, mais comptez les qualités qu'il exigeait de l'auteur, et comptez que ce sont toutes celles que n'a jamais eues Dumas père.

D'abord le sens psychologique. Des histoires d'amoureux ne m'intéressent que si je puis suivre les mouvements un peu compliqués, les démarches un peu diverses et variées de leurs âmes. Or, on sait que le bon Dumas père a eu ce mérite, que j'apprécie fort, de n'avoir aucun des ridicules attachés à la profession de psychologue, mais aussi cette indigence de ne pouvoir jamais trouver dans l'étude de l'âme humaine la plus petite ressource.

Ensuite l'éloquence, ou le lyrisme, propre à l'expression de la passion. Il est bien évident que cette dernière scène que vous prévoyez, la scène du guet-apens, c'est le dernier acte d'*Hernani*. A défaut de pénétration psychologique ce qu'il faudra avoir à ce moment là c'est de belles explosions de passion affolée et délirante, un « *mourons ensemble !* » superbe, ou un « *non ! je meurs, sois sauvé* » d'un lyrisme emporté et magnifique. C'est un grand poète, un grand « maître du verbe » qu'il nous faudra ici. Dumas père ne l'était point. Il a su trouver de beaux mots, mais non jamais de beaux discours.

Enfin, remarquez que, dans ce roman d'amour, le personnage sympathique va peut-être nous manquer. Si l'on veut que Saint-Mégrin soit sympathique, il faut qu'il meure pour ne pas perdre Mme de Guise ; il faut qu'il meure pour lui sauver ou l'honneur ou la vie. C'est la poétique du genre. Or, Dumas, soit fidélité à la chronique qu'il avait lue, soit pour ne pas rendre odieuse Mme de Guise, suppose que celle-ci fait fuir Saint-Mégrin, et que Saint-Mégrin est tué en fuyant. Cela pourrait bien gâter les choses. C'est ce qui arrive, et les chastes et loyales amours de Mme de Guise et du duc de Saint-Mégrin n'ont point fait verser toutes les belles larmes qu'on aurait pu attendre.

Au premier acte, Saint-Mégrin et la duchesse se rencontrent chez Ruggieri, et s'avouent, moitié entraînement, moitié surprise, leur mutuel amour. Au troisième (car le second a été occupé par les choses de la Ligue, partie n° 2), M. le duc de Guise force, en lui meurtrissant le bras, la duchesse à écrire à Saint-Mégrin le billet de guet-apens. Elle est admirable, cette scène, admirable, d'une science de dessin, de composition, de progression vraiment merveilleuse. La duchesse, épouvantée et écrasée sous la terreur de la mort, résistant d'abord, puis résistant moins, cédant peu à peu, écrivant enfin dans une sorte de somnambulisme d'épouvante ; c'est déjà très poignant, mais ensuite, la duchesse, forcée d'appeler son page et, enchaînée sous le regard de son mari, qui est invisible et présent derrière une tapisserie, remettant le billet de mort à son page en essayant de le retenir, balbutiant, trébuchant, détraquée, terrassée enfin : c'est une des plus belles scènes de mélodrame, et des mieux conduites, que nous ayons au théâtre.

Et cependant il y manque quelque chose. Il y manque que nous nous intéressions à Saint-Mégrin. Nous ne nous intéressons à lui que par définition, pour ainsi dire, et parce que les amoureux sont intéressants à simple titre d'amoureux. C'est suffisant peut-être ; ce n'est que suffisant. Il aurait fallu qu'au premier acte, par une vue qu'il nous aurait ouverte sur le *fond de son âme*, par de ces certains mots, profonds et tendres, qui font d'un homme, un frère de l'être sentimental et romanesque que chacun de nous porte en lui, Saint-Mégrin nous eût conquis, mis dans son parti, dans sa ligue. Mais, pour cela, il aurait fallu qu'il eut « un fond d'âme », et c'est ce que Dumas père n'a jamais donné à aucun de ses personnages. Nous ne nous intéressons donc que suffisamment à Saint-Mégrin. Nous l'aimons vaguement non pour lui, mais pour son « emploi ». Il n'est pas le mari. Nous l'aimons pour cela. Mais ce n'est une raison décisive que pour les femmes mariées.

Nous l'aimons encore de toute l'horreur que nous inspire de Guise ; mais ce n'est pas encore suffisant tout à fait.

Et au cinquième acte (car le quatrième acte a été rempli par les histoires de la Ligue ; partie n° 2) au cinquième acte, nous voyons enfin Saint-Mégrin dans le guet-apens. Que dit-il à la duchesse ? Peu de choses qui nous ravisse, d'abord parce qu'on n'entend pas un mot sur cinq de ce que dit Mounet-Sully, ensuite parce que la seule chose qu'il ait à lui dire, s'il veut être sympathique, c'est : « Je vous ai perdu. Vous m'avez perdu. Eh bien ! c'est la mort ensemble, c'est le bonheur, les cieux ouverts, etc. », Qu'il dise cela en vers de Victor Hugo, en prose de Musset, et vous verrez ce que c'est qu'un beau cinquième acte. Il ne songe pas à le dire, ou il le dit en quelques incises. Ces parenthèses ne sont pas touchantes. Au fond, il songe à se sauver.

Ah ! le public est féroce. Il veut que quand on met la vie d'une femme en danger on accepte la mort avec elle. Remarquez, du reste, que Saint-Mégrin n'a pas l'excuse de la littérature. Il n'est pas un poète décadent. Il n'a pas le droit d'échapper à la mort. Ah ! si c'était Ronsard ! Bref, il fait son... Ronsard. Il fait une chute de décadent par la fenêtre. Il glisse dans la rue et dans un certain degré de mépris par une corde à nœuds. Cela fait un tableau magnifique : M. de Guise montrant, de la fenêtre, à sa femme, à la lueur des torches, son amant égorgé par les estafiers, une sorte de curée aux flambeaux dans la cour du château. Oui, c'est un tableau ; mais nos cœurs ne sont pas satisfaits. Ils sont tordus plutôt qu'attendris.

Ce qu'il y a en gros dans cette partie du drame, dans la partie romanesque, c'est cette espèce de brutalité matérielle qui caractérise le goût dramatique de Dumas en sa première manière, et qu'on trouve dans *Christine* et aussi dans *Antony,* comme dans *Henri III,* L'effroi physique de la mort, la révolte de la chair, l'homme enfermé dans un cabinet et qui sent qu'on va l'y égorger et qui bat les parois du poing et du front, et qui sue d'angoisse, la sensation ou le pressentiment du froid de l'épée entrant dans la peau ou du froid du poison descendant dans l'estomac ; voilà bien un peu le fond de la conception artistique de Dumas père au temps de ses commencements. Nous avons retrouvé quelque chose de cela dans la *Tosca.* Je ne suis pas insensible à ce genre d'émotion, m'efforçant du reste de tout comprendre ; mais, sans que j'insiste, on sait assez que par tout pays, et dans *Philoctète* et *Œdipe Roi,* comme dans le *Roi Jean,* ce sont choses que le public accepte, certes, mais n'accepte qu'avec réserve, et qu'il veut qui ne soient pas le fond des choses.

Voilà peut-être pourquoi le public a accueilli sans déplaisir, mais certainement avec quelque incertitude et une légère nuance de déception la partie n° 1, la partie romanesque de *Henri III.*

Reste la partie n° 2, la partie historique.

Le public s'y est amusé. Il y a là deux tableaux qu'on peut critiquer, sur lesquels on peut écrire des volumes de commentaires et de réfutation, qu'on peut trouver un peu indigents de vraies connaissances historiques, mais qui sont vifs, brillants, d'un bariolage émoustillant et pénétrant, qui sont des régals des yeux et même de l'esprit, pour peu qu'on veuille bien ne point chicaner son plaisir. Le premier est l'acte II. Henri III est là, au milieu de sa cour. Mignons, favoris, pages, escrimeurs, joueurs de bilboquets, étoffes chatoyantes, chapelets, dagues, sarbacanes, Catherine de Médicis, muette, énigmatique et au regard sournois dans le fond, mélange de dévotion, de frivolité, de férocité et d'astuce italienne ; Henri III, dans ses rares propos, résumant et ramassant tout cela.

« C'est bien faux ; nous avons changé tout cela, me dit-on ; c'est le *Henry III et sa cour* de la *Henriade* beaucoup, et de d'Aubigné un peu. » — Eh mon Dieu ! qu'est-ce que cela me fait ? Si ce n'est plus vrai, ç'a été vrai, et il me semble que cela est suffisant. Il me semble qu'un moment de l'histoire tel qu'il a été compris par un grand poète comme d'Aubigné et par un grand homme d'esprit comme Voltaire, encore que Voltaire et d'Aubigné soient « dépassés », cela doit pouvoir me suffire, à moi chétif, et loin de ma bibliothèque (Dieu merci !) et au théâtre, et dans ma stalle, où il est probable que je ne songe qu'à ne pas m'ennuyer.

Et en effet, je ne m'ennuie pas. Voici les mignons qui jacassent, qui papillonnent, qui ferraillent et citent du Ronsard. Joli tableau.

Voici le Guise, qui vient de faire au roi une leçon de politique, et au mot de la patrie en danger, tous ces damerets et damoiseaux qui font sauter leurs épées en l'air et bondissent vers la frontière. (Bouilhet! Bouilhet! vous avez volé cette scène de *Madame de Montarcy* à Dumas!) Joli effet de contraste, et Pâque-Dieu! je ne m'ennuie pas, messeigneurs!

Et voici qu'on veut jouer une niche un peu forte à ce Guise qu'on déteste. Il est là, dans son armure lourde et dans tout son fracas de casseroles remuées; et un des paladins à l'épée haute de tout à l'heure, lui envoie, de sa sarbacane, une dragée dans le beau milieu de sa cuirasse étincelante. Joli contraste, trouvaille, sinon dramatique, du moins scénique, absolument originale et charmante, et par là, mordieu, monsieur de Joyeuse, je vous jure sur mon épée, mon chapelet, Brantôme, l'Évangile ou ma sarbacane que je ne m'ennuie pas le moins du monde.

Second tableau, ou quatrième acte : Henri III et la Sainte Ligue.

Guise a organisé la Sainte Ligue. Il lit les articles de constitution de la chose : « Obéissance au chef désigné par le roi... » — La cour murmure. Le roi, tranquille et sournois, sourit... — « Le chef de la Ligue sera le premier du royaume... » — La cour murmure. Le roi sourit. — « Tous les chefs militaires lui devront serment

de fidélité, aide et assistance contre qui que ce soit... »
— La cour gronde. Le roi sourit : Et le roi se lève. —
« Voilà qui est bien, mon cousin. J'accepte, admets
et signe tous les articles de la Sainte Ligue... et je
m'en déclare le chef, moi, roi ! » — Le coup de théâtre,
imprévu, non, je n'irai pas jusqu'à dire qu'il est imprévu, mais suspendu, ménagé pour l'effet de scène,
admirablement *scénique,* comme tout ce qu'écrit
Dumas, qui était né avec un théâtre dans la prunelle !
Et voilà le roi qui se lève, nonchalant, avec sa démarche molle, hésitante et serpentine, et il signe, et
d'une voix douce : « Signez, mon beau cousin... Par
ici, là, au-dessous de moi. » Comme ils sont trouvés,
ces mots, et comme ils portent ! Et toute cette cour,
ramassée autour de Guise et le cernant de regards
malicieux, et cette Joconde de Catherine de Médicis,
au fond, là-bas, tranquille sur son trône, qui sourit
du coin retroussé de sa lèvre et de ses yeux ! Celui
qui voudrait me persuader que je m'ennuie perdrait
son quart-d'heure. Il aura toujours la consolation de
me dire que je suis un imbécile ; mais cela m'est bien
égal.

Et pourtant, faut-il tout dire ? Je ne parle plus de
moi, mais du public. Le public, s'il a fait effort pour
s'intéresser à la partie romanesque de *Henri III,* et
n'y a pas réussi, s'est intéressé à la partie historique
de *Henri III* et a fait un léger effort pour y résister.

La littérature ne laisse pas d'avoir une très légère

mais réelle influence sur l'esprit des nations. Elle s'infiltre, elle s'insinue. Voilà trente-neuf ans et sept ou huit mois que l'on va répétant au public que l'histoire d'Alexandre Dumas est comme les dents de Dupuis dans les *Trente millions de Gladiator.* « Elles sont toutes fausses ». Toute l'histoire d'Alexandre Dumas est fausse comme une « dernière nouvelle ». Le public sait cela, et il a une peur horrible d'avoir l'air de croire à l'histoire d'Alexandre Dumas. Il craint de passer pour un collégien de 1840. Il se raidit. — D'autre part, les historiens ont refait l'histoire de France depuis une quarantaine d'années. Ils l'ont refaite de fond en comble. Nous avons maintenant un Louis XI féodal; un Henri III viril, chevaleresque et puissant surtout par la décision, l'audace et l'inflexible volonté ; un Henri IV sans intelligence et surtout sans générosité ; un Louis XIII plein de génie, ayant pour commis aux écritures, obéissant et humble, le cardinal de Richelieu. Ainsi de suite. Je n'invente rien, on le sait, et Dieu me garde d'avoir un avis sur ces choses, sachant très bien que dans vingt ans je serais forcé d'en avoir un autre. Je me borne à attendre un régent dévot, un Louis XV chaste, un Louis XVI homme de bronze et un Napoléon indécis, — très décidé à les accueillir sans surprise, à les recevoir sans trouble et à les enregistrer sans protestation.

Cette révolution dans la science historique le public ne l'ignore pas. Il ne la connaît point dans tout son détail ; mais il la connaît, et elle lui est une obsession.

Il se dit : « Si je prends tout ce Dumas pour parole d'Evangile, on va dire que je n'ai pas lu les historiens. Je suis perdu de réputation. » Cela le trouble et le refroidit un peu, et, par ainsi, il a assisté à une histoire d'amour qu'il aurait voulu trouver bonne, et à une reconstitution historique qu'il trouvait charmante et qu'il aurait voulu trouver mauvaise.

Mais cela, c'est « un effet de première ». Vienne le public moins scrupuleux, et qui en est encore à la vague histoire crépusculaire et traditionnelle, il s'amusera sans arrière-pensée et sans critique historique appliquée à Guignol (ce qui est une singulière manière de l'appliquer). *Henri III* est sûr d'un grand succès parce que, sans être toujours proprement dramatique, il est toujours *en scène*, ce qui est la chose essentielle, le génie, le don, ce qui n'est pas suffisant pour faire un chef-d'œuvre, mais ce sans quoi il n'y a rien.

L'interprétation a été inégale, mais en somme très brillante. Worms..... oui Worms le premier à nommer, à applaudir, à acclamer. Cela devient du prodige. Les mots de *création*, d'*incarnation*, prodigués à tort et à travers aux acteurs par les courriéristes de théâtre, prennent ici leur sens, une fois par hasard. Cette tête fatiguée et pâle d'homme à migraines et à vices secrets, cette barbe rare et soignée d'efféminé et d'homme de plaisir, ces yeux vagues où paraît de temps à autre un trait vif de finesse sournoise ou un éclair de majesté qui se réveille, cette démarche serpentine et molle, élégante encore, cette voix blanche, claire, monotone, distinguée à la fois et nonchalante et fatiguée, toute cette personne équivoque et inquiétante, où l'on sent et une immense lassitude et une force nerveuse concentrée et comprimée qui peut avoir des réveils en sursaut terribles ; et le raffinement, sobre encore et triste, de l'ajustement ; tout cela est d'une composition merveilleuse, d'un art savant, et dissimulé dans la plus grande aisance, d'un génie d'observation minutieuse et de restitution facile que rien ne peut exprimer. Que Henri III n'ait pas été cela du tout, il est bien possible, et cette considération me laisse placide. Mais si Henri III n'a pas été cela, ah ! pardieu ! au point de vue artistique, c'est Henri III qui a eu tort.

M. Febvre a très bien composé, aussi, le rôle du duc de Guise, dur, rude, hautain, homme né pour tout briser, hommes, femmes et rois, sous son gantelet de gentilhomme, geste décidé et court, regard asséné droit devant lui et qui semble frayer un passage à la volonté qui le suit, grand dans la colère, dans le conseil, et grand encore dans la défaite, celui dont on dira, quand il sera étendu mort : « Il est plus grand que quand il était debout » ; M. Febvre a été tout cela, sans effort, sans surcharge, dans une mesure excellemment intelligente et juste. C'est un très beau rôle à son actif.

Quand je ne suis pas content d'un artiste j'ai pour coutume de n'en pas dire un mot. Mais M. Mounet-Sully est un trop grand comédien pour que je n'explique pas au moins mon silence, ce qui, je crois, ne peut se faire sans parler. M. Mounet-Sully a totalement manqué, à mon avis, le rôle de Saint-Mégrin. D'abord on ne l'entend pas. Cette voix merveilleuse s'applique à ne pas se faire entendre. On a perdu les trois quarts de la grande scène du cinquième acte par sa faute, je veux dire à cause de son excès de conscience. Persuadé que quand on dit à une femme, en la tenant dans ses bras : « Je t'adore !... » on le lui dit à voix basse, presque sans parler, et des yeux et des lèvres beaucoup plus que de bouche ouverte, M. Mounet-Sully dit à Mlle Brandès : « Je t'adore » et autres choses agréables de cette façon là, par grand respect pour la vérité. Seulement Mlle Brandès est seule à s'en apercevoir. M. Mounet a-t-il bien dit ces choses-là ? Interviewez Mlle Brandès, et vous avez de grandes chances de le savoir.

Pour les choses que M. Mounet nous a fait entendre à nous, j'ai beaucoup à dire. Saint-Mégrin est un étourdi brillant, éclatant, crépitant et empanaché. M. Mounet en a fait un triste, un nébuleux, un mélancolique et un caverneux. Il l'a *rentré*. Les reliefs sont devenus concavités. Imprimé en cire molle il donnerait le rôle vrai, dans l'empreinte. Il exprime les éclats de la passion par des manières d'effets de gorge, de petit râles, et de vagues borborygmes, qui sont les plus déplaisants, les plus désobligeants du monde, et qui, s'ils exprimaient quelque chose, exprimeraient plutôt une passion sénile, qu'un amour jeune, ardent, impétueux et dansant au vent dans la lumière. Le contre sens est presque continuel et féroce. Vite constatons le succès, qui a été grand, M. Mounet ayant un tel ascendant (et mérité certes !) sur le public, qu'il peut jouer comme il voudra et réussir ; mais soyons francs comme toujours, et disons qu'à notre sens, on ne peut pas se tromper plus consciencieusement et plus complètement..

Mademoiselle Brandès n'a pas assez d'inflexions dans sa voix pour rendre tout entier le rôle, tout en contrastes, de la duchesse de Guise ; mais son jeu muet est excellent, tout à fait excellent, du plus grand effet, et une très grande partie de son rôle est en jeu muet, de terreur, d'anxiété et de folie. C'est une composition qui lui fait honneur.

Mme Pierson est bonne comme figure, physionomie et allure dans Catherine de Médicis, et dit *toujours juste,* ce qui n'est pas peu. — Les autres rôles sont bien tenus, avec le soin dans le détail qui est chose sur laquelle on peut toujours compter à la Comédie-Française. Mlle Bertiny a même de l'élégance et du charme dans un rôle de petit page un peu amoureux. Elle en a fait quelque chose entre Jehan de Saintré et Chérubin qui est une nuance très gentille.

II

Ambigu : *La Porteuse de pain*, drame en neuf tableaux, de MM. de Montépin et Dornay.

14 Janvier 1889.

La Porteuse de pain est un gros drame populaire qui s'est déroulé, vendredi dernier, de huit heures du soir à une heure du matin, avec des entr'actes très rares et très courts, et un débit assez rapide. On dit, de plus, que pour la première représentation, on avait fait de nombreuses coupures, mais que le texte sera rétabli en son intégrité aux représentations suivantes. La partie comique aussi, a été, dit-on, considérablement abrégée, mais sera remise en son entier, comme il est juste, dès demain lundi. On espère que ces légitimes concessions au public de l'Ambigu, une fois faites, et les déplorables concessions faites à l'impatience du public des premières, une fois retirées, *la Porteuse de pain* ne finira guère qu'entre deux heures et demie et quatre heures trois quarts du matin, comme il convient. A la bonne heure ! Voilà un drame.

Ce drame est un abrégé (parfaitement ! il n'y a pas

de quoi rire !) est une espèce de sommaire synoptique d'une petite nouvelle de M. de Montépin qui a paru récemment dans le *Petit Journal,* le *Petit Journal* publiant naturellement des ouvrages proportionnés à son format.

Et voilà, tout d'abord, ce qui me fait beaucoup de plaisir dans les tentatives littéraires de l'*Ambigu*. La vie est courte surtout quand elle est déjà longue, et je n'ai pas beaucoup de temps à consacrer aux romans, pas même à ceux du *Petit Journal,* encore qu'ils ne soient qu'en cent cinquante volumes, petit texte. Mes loisirs y passeraient, même en me faisant lire la chose pendant un repas par mes gladiateurs, à la manière de Pline l'Ancien. N'est-il pas admirable que grâce aux procédés de réduction photographique en usage au théâtre, ces trois cents volumes instructifs et salutaires, on les puisse absorber simplement en sept ou huit heures au sein du théâtre de l'*Ambigu* ?

Car il y a là toute une littérature, du plus haut mérite, que, sans cela, nous ignorerions à la manière des carpes, ce qui serait honteux ; une littérature, remarquez-le, où s'est réfugiée toute l'imagination française, l'imagination étant généralement proscrite de la littérature littéraire, et remplacée par le néologisme.

Rien n'est donc plus utile et plus à propos que les adaptations faites par l'*Ambigu* des *Clelie* et des *Cyrus* contemporains. Ponchon disait il y a vingt ans avec mélancolie :

> On ne peut pas lire un bouquin
> Sans que ça soit du Montépin...

Aujourd'hui on ne peut pas lire un bouquin, sans que ce soit écrit en algonquin. Il n'y a rien qui puisse faire plus complaisamment revenir à la littérature montépinienne, et nous y sommes revenus vendredi dernier de tout notre cœur.

Ce n'est pas que nous ayions commencé par nous amuser. Il y a dans la littérature susnommée une poétique bien particulière dont l'article principal est qu'en un drame l'exposition doit prendre quatre actes sur neuf. C'est très singulier. Une pauvre femme a été accusée d'un crime qu'elle n'a point commis. Condamnée, emprisonnée, puis évadée, au dernier degré de la misère et de l'abandon, elle poursuit sa réhabilitation et le châtiment du vrai coupable, et obtient l'un et l'autre. L'effort d'une malheureuse abandonnée contre des gens très puissants, voilà évidemment le drame ; son succès, voilà le dénouement. Tout ce qui précède n'est qu'exposition, cela est clair. Eh bien, l'exposition dure trois heures sur six, au bas mot.

C'est un peu trop. C'est un peu ennuyeux. Nous voyons d'abord, sinon le crime, du moins « le lendemain du crime ». L'usine Labrou, à Alfortville, a été détruite par un incendie. Au milieu du sinistre, M. Labrou lui-même a reçu un coup de couteau dans le dos, et la caisse un coup de levier dans le flanc ; le contre-maître Garau a disparu, et la concierge de l'usine, madame veuve Fortier, parce qu'elle avait une bonbonne de pétrole dans sa loge, est poursuivie. Quant à Garau, personne n'y songe. Cet homme a été se promener, voilà tout.

Ah ! si la veuve Fortier avait encore en sa possession le papier, le fameux papier, le fatal papier, c'est à savoir une lettre où Garau manifestait clairement, ou à bien peu près, l'intention de mettre fin à l'usine et aux jours de M. Labrou ; la veuve Fortier, nonobstant bonbonne, ne serait point condamnée. Mais ce papier, ce papier, ce papier, elle ne peut savoir ce qu'est devenu ce papier. Cette lettre, cette lettre, cette lettre, qui lui rendra cette lettre ?

Personne ne la lui rend ; et elle est condamnée par des jurés conjurés, qui jugent sans la lettre et sans esprit.

Et elle fait vingt ans de Clermont.

On nous épargne les vingt ans de Clermont, et le drame reprend au moment où elle vient de s'évader. Que s'est-il passé pendant ce temps-là ? Les vieillards sont morts, les hommes mûrs sont devenus vieux, les jeunes gens ont vieilli sans mûrir, et les enfants sont devenus grands. Les enfants, c'est là que je vous attendais. Le drame, genre *Ambigu*, est tout ce qu'il y a de plus conforme aux religions antiques comme esprit général et conception du monde. Les pères coupables y sont toujours punis dans leurs enfants, les pères innocents et vertueux y sont toujours récompensés dans leur progéniture.

Les enfants ont grandi. Il y en a quatre dans l'affaire. Labrou, l'assassiné, a laissé un fils. Garau, l'assassin, a fait une immense fortune, et a, je ne sais d'où, une charmante jeune fille. Il s'appelle maintenant Harmant, et Mlle Harmant est aussi exquise que poitrinaire. La veuve Fortier avait un fils et une fille. Ils ont été mis à l'hospice, inscrits au hasard, et sont maintenant par le monde sous des noms quelconques. L'un s'appelle Julien et est avocat, l'autre se nomme tout simplement Lucie et est couturière.

Or, le fils Labrou est présenté comme ingénieur à M. le chef d'usine Harmant, ci-devant Garau, et Mlle Harmant, exquise et poitrinaire, tombe véhémentement amoureuse de M. Labrou. Mais M. Labrou est amoureux, lui, de Lucie, la couturière, fille de la veuve Fortier, en tout bien et tout honneur, et pour le bon motif, comme disent les bonnes gens, c'est-à-dire pour la bonne cause finale. Et Julien, l'avocat, fils de la veuve Fortier, n'est amoureux de personne, et se promène dans l'affaire sans y faire grand chose.

Et c'est au milieu de tous ces gens qui ne se connaissent pour ce qu'ils sont ni les uns ni les autres que tombe la veuve Fortier évadée, sous un nom d'emprunt, sans connaître ni reconnaître personne.

Elle devient porteuse de pain, et elle est courageuse, et elle se lève à quatre heures du matin pour servir la pratique et elle cherche ses enfants sans avoir la moindre chance de les retrouver ; et M. Harmant, voyant que sa fille, exquise et poitrinaire, va mourir si on ne lui donne pas Lucien Labrou, cherche à rompre les loyales amours de Labrou et Lucie, et les boulangers chantent et dansent la boulangère sur l'air de : « C'est Boulange, qu'il nous faut » ; et il est onze heures et demie, et vous voyez bien que tout cela n'est que l'exposition.

Ce qui fait que l'on trouve qu'il y a, comme disent les polytechniciens, un rude « frottement au départ », et que la lourde machine met bien du temps à s'ébranler. On est un peu mélancolique. Je me promène dans les couloirs. On me dit : « Eh bien ! cette porteuse de pain ? Je réponds, grincheux : « Cette porteuse de pain, c'est une porteuse de pain derrière une malle. »

Eh bien ! j'ai tort. L'action une fois engagée, vers minuit, cela marche assez vite et assez bien. Une jolie invention. C'est Harmant qui se révèlera et se trahira lui-même par une machination qu'il imagine pour perdre Lucie, et sauver sa fille, poitrinaire et exquise. Pour dégoûter Lucien Labrou de Lucie la couturière, il cherche l'origine de cette enfant trouvée qu'on appelle Lucie la couturière. Il suit la piste, il compulse. Il arrive à découvrir que Lucie est la fille Fortier, la fille de la meurtrière, la fille de l'incendiaire, la fille de la galérienne. « Epouserez-vous la fille de la galérienne ? » L'autre hésite. Son éducation a été négligée au point de vue littéraire. Il n'a pas lu l'*Emile*. Il ne sait pas que le duc de Bourgogne doit épouser la fille du bourreau, si la fille du bourreau est convenable.

Il devient très froid et il consulte la porteuse de pain qui est de ses amies.

« Figurez-vous que Lucie, qui est une brave fille, du reste, est la fille de la veuve Fortier ! » La porteuse de pain reçoit un coup. « C'est ma fille ! » Harmant n'a réussi qu'à mettre la mère vertueuse sur la piste qu'il a trouvée et maintenant tout va marcher contre lui.

Cependant, la porteuse de pain ne révèle rien. Elle est évadée, sa présence auprès de sa fille n'est agréable que pour elle. Elle se tait, elle met un sceau sur ses lèvres, comme si elle était porteuse de pains à cacheter.

Mais Harmant, à son attitude, à quelques demi-mots qui lui échappent, la reconnaît. Voilà pour lui un obstacle. Il faut le briser. Il n'y aurait qu'à la dénoncer à la police. Je ne sais pourquoi il préfère l'écraser sous l'écroulement d'un échafaudage. Ou plutôt, je le sais bien. C'est pour nous montrer, à gauche, une maison à deux étages, « praticable » jusque par dessus les toits, où Harmant vient conspirer avec son affreux complice Soliveau et où les amis de la porteuse de pain, s'introduisant frauduleusement viennent fouiller dans les tiroirs et chercher la lettre, la lettre, la lettre !

C'est pour nous montrer, à droite, une maison en construction avec un échafaudage de peintres en bâtiments qui ne tient qu'à un fil.

C'est pour nous montrer, au milieu, la rue avec

une tranchée pour réparation des tuyaux de gaz, et la lanterne rouge, et le poêle rouge des plombiers.

C'est très-joli. C'est le tableau-clou, ou le clou où est attaché le tableau, ou le tableau qui fera le clou de la pièce, comme vous voudrez.

Et Harmant joue très bien du Soliveau, et, aux premières lueurs de l'aube aux doigts de rose, la porteuse de pain est ensevelie sous les débris de l'échafaudage, qui s'écroule avec un fracas épouvantable. C'est ce qui s'appelle, en langue populaire, recevoir un fameux *paing*.

On la retire saine et sauve, bien entendu. Elle a été protégée par son panier, sauvée par l'exercice de sa profession. Voulez-vous ne jamais être écrasé par un échafaudage, ni assommé par un Soliveau ? Portez du pain en ville.

Mais cependant, comment sortirons-nous de toute cette histoire et de l'*Ambigu* ? Eh bien ! voilà déjà Harmant joliment compromis ! Son complice a été vu, surpris, comme il coupait la ficelle, et reconnu. D'autre part, il y a le cheval de bois.

J'ai peut-être négligé de vous parler du cheval de bois, renouvelé des Grecs. Les auteurs n'ont pas eu la même négligence. Ils nous en ont parlé à peu près tout le temps. Au prologue, nous avons vu le fils de la veuve Fortier, âgé de quatre ans, promenant un cheval de bois dans le jardin de l'abbé Constantin. Depuis, le cheval de bois s'est promené tout seul. On l'a rencontré dans le salon de M. Harmant, dans la mansarde de Lucie l'ouvrière, dans le restaurant de nuit des boulangers, sous le bras d'un peintre de natures mortes qui veut faire son portrait, entre les mains d'un sculpteur qui veut en faire une statue équestre. Nous avons pris l'habitude de ce cheval. Quand nous ne l'avons pas, il nous manque. Nous sommes accoutumés à le trouver en travers de nos jambes. C'est ce qu'il faut. N'oublions pas que nous sommes à cheval.

Aussi au deuxième tableau qui est-ce qui n'est pas surpris de retrouver le cheval en scène ? C'est nous tous. Seulement, cette fois, il est cassé en quatre morceaux. « A la bonne heure ! dit un malintentionné, m'en voilà débarrassé ! » Il a tort, comme tous les rageurs. Ce cheval cassé, c'est la fin du drame.

Car que contenait-il en ses flancs caverneux, ce cheval fatal ? Non pas l'armée des Grecs, mais quelque chose d'aussi important, pour le moins ; la lettre, la lettre, la lettre, la fameuse lettre, la réhabilitation de Lesurques, je veux dire de la veuve Fortier, la condamnation d'Harmant, je veux dire Garau, et la consommation de la justice sur la terre, et la punition des bons, et la récompense des méchants, ainsi qu'il arrive dans tous les drames chevaleresques.

Cette lettre, jadis le fils Fortier, âgé de quatre ans, l'avait trouvée traînant dans une poubelle quelconque, et l'avait fourrée dans le ventre de son cheval, au risque de le rendre vicieux. Et maintenant, après vingt ans de captivité, elle voit le jour, pour sauver la victime persécutée, et ce doit être un beau jour pour elle.

C'en est un pour nous. Déjà l'aurore brille, déjà les plombiers reviennent à leurs tuyaux de gaz, déjà les porteuses de pains circulent dans les rues crépusculaires, déjà les journalistes vont se coucher, et nous sortons de l'*Ambigu*.

Ce drame pour adolescents, tiré d'un roman pour garçonnets de quatre ans et demi, tout compte fait, n'est pas trop ennuyeux. La première partie en est trop longue et incertaine. Nous n'y savons pas assez où nous allons. Les quatre ou cinq derniers tableaux sont assez vifs et assez amusants aux yeux. Le succès a été grand et l'on peut croire que la veuve Fortier a porté du pain pour assez longtemps sur la planche de l'Ambigu.

Les acteurs sont de braves acteurs qui se donnent du mal comme des porteurs de pains. Ils ne travaillent pas à la même heure, et c'est la seule différence. M. Fugère est un comique franc et naturellement drôle qui a beaucoup de verve et d'entrain. Il fait naître la joie sur son passage et frétille avec une conviction admirable.

M. Gravier, dans un rôle épisodique d'abbé Constantin, horticulteur et bénisseur, est aussi horticulteur et bénisseur qu'il convient, et il arrose ses capucines comme s'il les bénissait, et il bénit la victime persécutée avec une envergure d'arrosoir bien imposante.

Grâce à lui, le bruit des mouchoirs, caractéristique des succès de mélodrame, a commencé dès le prologue. Bruit flatteur de l'onde naissante, comme disait Boileau, poète élégiaque.

M. Montal dans le rôle d'Harmant a eu beaucoup de dignité et de force. C'est un acteur sûr. M. Fabrègue a de la tenue, et M. Pouctal est un artiste distingué et qui dit juste.

Mais le succès « supérieur » a été pour Mme Lerou. Ah! voilà où il n'y a plus à plaisanter ni la scène ni le public. Mme Lerou joue avec netteté, avec intelligence, avec sobriété. Elle ne crie pas, elle n'a pas le ronron mélodramatique, elle ne psalmodie pas, elle ne prêche pas. Elle cherche ses effets bien plutôt dans un jeu de physionomie, dans un geste court et retenu, dans une attitude réprimée que dans les grands éclats de voix et de geste. Elle est aussi peu déclamatrice que possible. Et elle joue avec des acteurs qui crient, qui psalmodient, et qui sont déclamateurs des pieds à la tête. Et c'est elle que le public de là bas applaudit furieusement.

Je dis le public de là-bas. C'est lui le public des galeries supérieures, qui nous donnait le signal des bravos et des acclamations. J'étais enchanté. Ce petit peuple parisien ne s'entend guère en art dramatique, ni en littérature, et les romans-drames et les drames-romans qu'il goûte sont à faire pleurer. Mais il a un sens singulièrement sûr pour ce qui est du jeu des acteurs. Il a le goût du bien jouer et du bien dire dans le sang et dans les nerfs. Il est d'une merveilleuse justesse dans l'appréciation de cette partie de l'art. On lui donnerait Worms dans le rôle du traître, qu'il ne s'y tromperait pas, et verrait du premier coup que c'est le premier comédien de l'époque.

A la bonne heure, et la persistance et vitalité de l'art dramatique à Paris s'explique très bien par cela.

Hélas ! les succès que le public de l'*Ambigu* fait à une artiste supérieure ne sont pas profit pour lui. Il aura très probablement réussi à écarter Mme Lerou du théâtre de l'*Ambigu;* et il est à prévoir que Mme Lerou, après ce succès, va se diriger du côté de la rue Richelieu. *Sic vos, non vobis.* Elle se rappellera ses braves féaux de la place de la République quand elle jouera dans la maison de Molière, et elle les bénira dans son cœur. C'est la récompense des humbles.

III

THÉATRE LIBRE : *La Reine Fiamette*, drame en six actes, de M. Catulle Mendès.

21 Janvier 1889.

Les professeurs au Collège de France de l'an 1927 prendront la *Reine Fiamette* comme exemple et terrain d'opération pour faire un bon résumé sur le théâtre romantique au dix-neuvième siècle. Ils la donneront comme l'ouvrage où se trouvent, de la façon la plus éclatante, ramassés les mérites et les défauts divers de ce genre littéraire, longtemps célèbre. Ils diront : « Une histoire de convention, des caractères de fantaisie, de violents contrastes, un drame bien disposé, non pour l'effet dramatique précisément, mais pour l'effet théâtral, de beaux vers là-dessus, voilà le théâtre romantique. Lisez la *Reine Fiamette*. C'est ce que Victor Hugo a fait, sinon de meilleur, du moins peut-être de plus soigné. Jamais il ne s'est appliqué davantage. Il n'a pas renouvelé sa formule, comme on dit, mais il a travaillé au plus juste selon la formule. » — Car, en 1927, les plans historiques commençant à se confondre, la *Reine Fiamette* sera attribuée couramment à Victor Hugo comme *Mithridate* l'est à Corneille et les *Barmécides* à Voltaire.

Nous sommes à une date qui flotte de 1400 à 1500 et nous avons devant les yeux la cour du petit royaume de Bologne. Il faut vous figurer comme reine de Bologne une sorte de Marie Tudor sans cruauté, un peu folle et fantasque, qui prend un aventurier qui passe et en fait un prince consort en deux ou trois semaines, qui ensuite le délaisse et vole de favoris en favoris avec une aimable et condamnable facilité.

Pour le moment, elle s'est retirée dans un couvent comme il y en a eu, paraît-il, en Italie surtout, et elle reçoit au lever mélancolique et tendre de la lune un joueur de guimbarde vague et erratique, dont elle a peut-être le tort d'ignorer le nom, la naissance et les aboutissants.

Pendant cette existence conventuelle et conventionnelle, on conspire à la cour. Le prince époux a des entretiens avec un affreux cardinal qui veut mettre Bologne sous la domination du Saint-Siège en supprimant la reine et en faisant du prince-époux un roi en peinture. Les seigneurs de moindre importance conspirent de leur côté avec le susdit cardinal sans que l'on sache bien au juste leurs motifs ; et voilà le premier acte qui nous montre tout de suite que nous avons affaire à un drame tout d'imagination et de fantaisie, mais qui nous amuse par l'éclat des costumes et par le papillotement des couleurs.

Au second acte nous sommes au couvent, et nous

constatons simplement que la reine est passablement folle, reçoit son guitariste Danielo par les fenêtres, et prête aux pensionnaires et novices des romans du dix-huitième siècle.

Au troisième acte, maison dans les bois ; « petite maison » comme disaient nos pères. C'est le cabinet d'études de la reine. Elle s'y est retirée avec Danielo parce que, au couvent, c'était, tout de même, un peu incommode. Danielo est aimable ; mais il a des distractions. Pourquoi ces distractions ?

« C'est le 6 qui m'inquiète, dit-il, le 6, le 6, le 6 avril. »

— Nous sommes le 5.

— Bien ! encore un jour ! Encore un jour de bonheur !

— Nous sommes le 6 !

— Malédiction ! Où est mon poignard !

— Non ! nous sommes le cinq. Laisse languir ta lame.

Car Danielo a sur la tête le poids d'un devoir terrible à accomplir. C'est lui que les conspirateurs ont choisi pour poignarder la reine sans la faire souffrir. Ils ont abusé de ses sentiments religieux, d'abord, du souvenir, ensuite, d'un frère qu'il adorait, qui lui a été volé, et qu'on lui persuade qui a été assassiné par cette pauvre petite reine. Bref Danielo est un amoureux, un fanatique et un imbécile, et cela fait un Danielo bien compliqué et bien peu expliqué. Vous le prendrez, s'il vous plaît, comme il est là.

Il a donc juré sur des crucifix variés de tuer la reine le six, et il est ici, dans la maison des bois, le cinq, avec la reine qu'il ne connaît pas et qu'il prend pour une simple bourgeoise de complexion amoureuse. Ce Danielo n'est pas très intelligible ; car en général on n'a pas à la fois dans le cœur des passions de Ravaillac et des sentiments de Potemkin ; — la situation est un peu bizarre ; car, en général, on ne voit guère des gens vivre dans des maisons dans les bois sans se douter seulement de ce qu'ils sont et sans se l'être jamais demandé ; mais enfin c'est le théâtre romantique qui veut cela. Il est essentiellement fondé sur la poétique des contes de Perrault ; ici il est poussé à l'extrême, comme tous les genres sur leur déclin ; c'est du romantisme flamboyant ; voilà tout. Voyons seulement ce qu'on en fera.

La reine un peu étonnée, malgré sa tête folle, de cette fameuse date du six, montre Danielo endormi à une dame de la cour qui est venue la voir en sa maison des bois, et l'interroge :

« Connaissez-vous cet homme là ? Moi, je ne sais. Je l'ai rencontré dans une clairière. J'en ai fait le compagnon de mon existence ; mais du reste je ne sais pas qui c'est, et il m'inquiète.

— Madame ! cet homme qui dort là, d'un sommeil qui n'est pas celui du juste, encore qu'il soit mérité, c'est un monsieur qui doit vous assassiner demain, six avril. J'ai assisté, invisible et présente, à la conspiration dont il est l'outil. »

Terrible révélation ! Contraste poignant. La reine fait quelques beaux vers (ah ! mais ! *très beaux !*) sur cette matière, et lève le poignard sur son amant endormi. L'amant endormi prononce son nom adoré, d'une voix de rêve, et le poignard tombe.

L'émotion est grande ? — Non ! pas trop ! Car ce poignard levé, nous n'y croyons guère. Ces personnages ne sont pas assez sérieux pour que nous les prenions au tragique, et je ne sais quoi de flottant entre le drame noir et l'opérette voilà ce que commence à être pour nous cette petite histoire. Et remarquez que c'est la définition même du drame romantique, un drame trop superficiel pour qu'on puisse croire que l'auteur même y a cru ; et du moment que l'auteur n'y croit pas, il semble s'en moquer lui-même ; et nous voilà dans quelque chose comme *Barbe-Bleue*.

La reine donc a laissé tomber le poignard : « Il veut peut être tuer la reine, mais il aime Orlanda, et quand il saura qu'Orlanda et la reine Fiamette c'est même personne, la reine sera sauvée par Orlanda.

Sur quoi elle part pour Bologne, le 5 au soir, en disant en riant : « Je vais à Bologne me faire assassiner. »

Au quatrième acte, nous sommes à Bologne, en effet. Les conspirateurs rôdent dans les couloirs, le prince-époux hésitant encore, trouvant sa femme trop belle pour être assassinée, tient quelques propos agréables, sans importance au point de vue de la suite des choses, et la reine fait un coup d'Etat. Elle fait arrêter tous ses ministres par ses « folles » comme elle les appelle, par ses dames du palais ; car, enfin, après tout, elle est autocrate. Cette grande scène a fait peu d'effet. Nous ne sommes pas assez habitués à voir Orlanda dans son rôle d'autocrate pour la prendre vraiment au sérieux. Nous n'y voyons qu'une fantaisie de l'auteur. La sensation d'opérette se fait plus vive, s'accuse décidément et prend le dessus dans nos esprits. — Mais Danielo ? Danielo attend l'heure en aiguisant sa lame. L'heure sonnant, il s'avance en rampant à travers les massifs. La reine le voit et sourit. Elle sait bien ce qui va arriver. Elle attend le coup de théâtre. Quand Danielo la reconnaîtra...

Ici nous sommes sur le tranchant du rasoir, comme disaient les Grecs. Nous marchons dans un sentier étroit entre le drame et l'opérette. La question est de savoir si l'assassin frappera par devant ou par derrière. S'il frappe par devant... il ne frappera pas ; le calcul d'Orlanda sera juste. En la reconnaissant il laissera tomber le couteau fatal. — Mais s'il s'avise de frapper par derrière ? Alors c'est le drame ! Orlanda tombe, expire et dit en expirant : « Regarde-moi donc ! je suis Orlanda » comme Lucrèce dit : « Gennaro ! je suis ta mère. » — J'ai cru un bon moment que c'était de cette dernière façon qu'allaient tourner les choses. C'était tout à fait romantique. Méprise et contraste. Orlanda, sourit, sûre du pouvoir de son charme, et toujours souriant, ouvrant les bras pour y recevoir son adoré, elle reçoit un couteau entre les deux épaules... Vous voyez si cela est assez 1830.

Je m'étais trompé, c'est du côté de l'opérette que l'auteur a penché. Danielo se dresse bien en face d'Orlanda. Il la reconnaît ; et s'enfuit avec un hurlement indistinct, et qu'il faut bien qui soit indistinct, puisque tous ses sentiments contraires, haine et amour, amour et haine s'y trouvent mêlés.

Le drame est fini ? — Il pourrait l'être. Il devrait l'être. Une conspiration contre une reine ; cette reine la déjoue, soit hasard, soit adresse, en se faisant aimer du principal conspirateur ; le conspirateur devait frapper, il ne frappe pas : voilà qui est fini. La reine dit aux mécontents : « Et maintenant, mes amis, à une autre fois. » Mais une autre fois, c'est un autre drame.

M. Catulle Mendès a continué. A l'opérette que je viens d'avoir l'honneur de déduire devant vous il a lié un drame en deux actes, très noir celui-ci, point mal fait, qui a enlevé le succès, et qu'il a lié du reste assez adroitement à ce qui précède. Danielo est désarmé, soit ; il ne tuera jamais la reine, d'accord ; mais on peut se servir encore de l'amour de la reine pour Danielo. On peut, maintenant, la menacer de tuer Danielo pour l'amener à abdiquer. C'est un autre drame, mais rattaché au premier par la personne, au moins, et le nom de Danielo. On dit à la reine : « Danielo a levé le poignard sur l'auguste reine de

Bologne. On va lui faire son procès, et couper cette tête si chère.

— Mais ! je lui fais grâce. »

— Cela ne fait rien. Il appartient à l'église, ayant prononcé ses vœux, et il est la proie du tribunal ecclésiastique.

— Que faire ?

— Abdiquer, et on lui fera grâce.

Après quelques grimaces, en jolis vers, elle abdique, et Danielo grâcié entre dans un couvent, et le prince époux s'écrie : « Je suis roi ! »

La reine effeuille sa couronne et en jette les perles, les rubis et les émeraudes à un groupe de chanteurs ambulants qui passent, et cela fait une scène adorable. Vous la voyez : « Adieu ! ma couronne ! adieu les perles ! adieu les enchantements et les fêtes ! adieu les rubis ! adieu les amours, les belles nuits d'ivresse et de folie... » etc. En très beaux vers, vous pouvez juger si cela est délicieux.

J'aurais voulu que la pièce finît là. Elle eût conservé un caractère moyen entre l'opérette et la comédie historique. Un peu de sentiment, un peu de bouffonnerie, un peu de larmes en eussent fait l'affaire, et c'eût été une chose amusante et gracieuse en son allure équivoque, une espèce de « *comme il vous plaira* », une fantaisie rôdant et folâtrant sur les limites des genres, comme l'aurore indécise tremble au bord d'un horizon.

L'auteur tenait au drame noir, et il a fini par nous y enfoncer vigoureusement d'un bon coup de gaffe, au sixième acte. Je prends gaffe dans son sens tout matériel et maritime.

La reine a abdiqué ; vous croyez que c'est fini ! Que vous connaissez peu l'Eglise, l'infâme Eglise de l'école romantique et moyenâgeuse ! C'est la mort et non l'abdication qu'il lui faut, à cette sombre cour romaine ! La mort ! La mort ! Il n'y a que les morts qui ne reviennent pas ! Pourquoi cette cour romaine, une fois sûre du royaume de Bologne par l'abdication de la reine Fiamette, tient-elle tant à la mort d'une pauvre petite bergeronnette qu'il est si facile de laisser s'en aller à travers le monde à bord des bateaux de fleurs qui passeront ? Je n'en sais rien. Mais elle y tient la cour de Rome. L'abdication n'était pour elle qu'un moyen. Une fois la reine rentrée dans la condition privée, on l'accuse d'être hérétique, on lui fait son procès en vingt minutes et on la condamne à mort. C'est alors qu'elle revoit Danielo, et que, se confessant à lui, elle lui apprend qu'elle a été victime d'une indigne mystification. Jamais elle n'avait fait mourir ce frère chéri que Danielo a perdu. Elle ne l'avait même jamais vu. On a trompé Danielo, on a trompé Orlanda. Les hommes sont bien méchants ! Danielo, furieux, frappe d'un coup de hache le cardinal, représentant de la cour de Rome, moins pour se venger que pour partager le supplice d'Orlanda. Il le partage. La pièce s'achève au milieu de ruisseaux de sang.

L'impression, comme je l'ai assez indiqué, en est un peu vague. Nous avons été trop longtemps promenés à travers une demi-bouffonnerie, assez savoureuse du reste, et où nous prenions plaisir, pour être franchement pénétrés de la triple horreur qui règne à la fin de l'ouvrage. Tous les dieux me préservent de croire et de dire qu'un drame sombre doit être sombre depuis le premier vers. C'est tout juste le contraire qui est mon opinion. Mais du ton et de l'air de la comédie, même de la farce, ce que j'admets, si l'on veut arriver aux effets de terreur et de larmes pour finir, c'est une gradation et une série de transitions infiniment délicates et adroites qu'il faut savoir ménager, et mon impression est que M. Catulle Mendès ne l'a point fait, ni peut-être cherché à le faire.

Ce qu'il a fait, ce sont de beaux vers, de très beaux vers, quelquefois un peu précieux et de ce « fleuri moderne » si l'on me passe ce terme, qui est aussi agaçant que le « style fleuri » de nos vénérables ancêtres ; mais en général, et presque toujours, sonores, brillants, harmonieux, souples et même assez solides. Je voudrais pouvoir vous en citer ; il y en a de tout à fait excellents. Ceci est un mérite si absolument extraordinaire, que, la pièce fût-elle mauvaise (et elle n'est pas mauvaise, elle n'est qu'un peu puérile) c'est une honte, je tranche le mot, que ce drame n'ait pas été accueilli par un grand théâtre. J'ignore si M. Mendès est « chef d'école », m'occupant des « écoles » comme du sieur Tampon, et Dieu sait si ce personnage historique m'intéresse, mais, chef d'école ou non, je dis qu'il a fait une pièce vraiment « littéraire », une pièce en beaux vers, un très joli concert de rimes, et qu'il y a des théâtres qui sont subventionnés probablement pour nous donner ces œuvres là et non... ce que vous savez.

Il est encore temps, puisque les représentations du Théâtre-Libre ne sont que des galops d'essai. Je crois qu'il y a un succès très honorable et même assez fructueux dans la *Reine Fiamette* malgré ses défauts. Si M. Mendès la faisait accepter à un grand théâtre, je lui conseillerais d'alléger et d'abréger le commencement, de ne faire qu'un acte, et non deux, d'exposition, de retrancher l'arrestation des ministres par les « folles » au troisième acte, qui est décidément trop opérette, peut-être de placer le monologue du IV à la fin du III, pour que, le couteau de Danielo tombé, on vit bien que le drame *peut continuer* ; pour qu'il n'y ait pas comme un trou entre le III et le IV. Enfin il y aurait un travail d'allégement et un travail de raccords à faire. — Mais le drame est né viable, et il est distingué. Il faut qu'il soit joué quelque part.

IV

Théatre Libre. — *Les Résignés,* comédie en trois actes, de M. Henry Céard.

3 Février 1889.

On me taquine un peu sur le goût que je semble avoir pour le Théâtre Libre et l'importance que je parais lui donner dans l'histoire du théâtre contemporain. « Vous parlez beaucoup plus du Salon des refusés que du Salon », me disait hier je ne sais plus qui. Que voulez-vous ? Ce n'est pas ma faute si le Salon des refusés me montre des tableaux, tandis que le Salon ne m'en montre point. Le Théâtre Libre a cette grande, cette inestimable supériorité sur quelques autres, qu'il donne des pièces, comme si un théâtre était fait pour cela. Tel grand théâtre me montre deux pièces nouvelles par an, dont une en un acte et en vers. J'y vais, j'en parle, j'en parle consciencieusement, et c'est fini. De six mois je n'en parle plus, parce que de six mois il ne donne autre chose, sinon des reprises d'*Esope à la cour* ou d'*Esope en province*, œuvres charmantes, joyaux exquis, perles pures, mais qui depuis longtemps sont, je crois, tout à fait jugées.

Le Théâtre Libre me donne trois ou quatre essais dramatiques par mois, tout simplement. Les trois quarts sont ridicules, je le sais bien. Il serait étrange que l'atelier dramatique produisît trois bons ouvrages par mois. Diantre ! quelle collection de chefs-d'œuvre au bout d'une génération ! Mais je les ai vus et j'ai pu juger par moi-même. Me présenter, à moi public, un grand nombre d'œuvres parmi lesquelles je puisse choisir *moi-même*, c'est à quoi doit servir un théâtre. La belle fortune pour moi que de savoir que vingt pièces, en 1889, ont été offertes au Théâtre des Chefs-d'œuvre, et que dix-neuf ont été refusées par lui comme indignes de moi.

Qu'en sait-on ? J'aimerais mieux en juger moi-même. C'est peut-être l'*élue* du directeur que je trouverais mauvaise et la moins favorisée de lui à qui j'accorderais ma faveur. En tout cas, je jugerais, je comparerais, je déciderais. Le théâtre me donnerait une ample matière à instruction, à réflexion, à développement de mon goût. C'est précisément ce que fait le Théâtre Libre.

Il a souvent monté des pièces que le directeur trouvait admirables et qui étaient ineptes. C'est ce qu'il faut. C'est à nous de voir. Il a d'aventure (et, cette fois, c'est son honneur) monté des pièces que le directeur ne pouvait pas souffrir et que le public a pleinement approuvées. C'est ce qu'il faut. C'est à nous de voir.

Et voilà pourquoi, n'aimant ni les tendances du Théâtre Libre, ni d'ordinaire les pièces qu'il donne, ni pour la plupart ses acteurs, ni en général les hommes de lettres qui le protègent et le conseillent, ni à parler franc ce que le directeur a laissé voir au public de son caractère, encore est-il que j'aime le Théâtre-Libre, pour cette cause unique qu'il fait son métier de théâtre. Que voulez-vous ? Il me semble que c'est une raison.

Le Théâtre Libre nous a donné cette semaine une pièce de M. Henry Créard, connu déjà du public par une adaptation dramatique de *Renée Mauperin*, qui fut jouée, il y a deux ans, à l'Odéon, et où j'avais trouvé, au troisième acte, une scène tout à fait de premier ordre. La nouvelle pièce de M. Henry Créard, *Les Résignés*, n'est guère une pièce, mais c'est une étude de mœurs assez curieuse.

M. Henry Créard a voulu (ce me semble, car on verra que le grand défaut de cette œuvre est l'obscurité) étudier d'abord une passion très singulière et très rare, qui est la passion de la résignation, la manie du sacrifice, le *non vouloir être* ou le vouloir ne pas être, comme vous voudrez ; — ensuite, et en même temps, une force psychologique très intéressante aussi, l'énorme empire, la puissance incalculable de l'égoïsme *sur les autres*, cette singulière et triste destinée qui fait que nous cédons aux égoïstes, quand ils le sont avec férocité, uniquement parce qu'ils le sont, sans autre raison, reconnaissant le droit naturel qu'ils ont de nous opprimer uniquement parce qu'ils sont oppresseurs.

Cela est subtil, et demandait une dextérité extraordinaire, que n'a pas l'auteur, et des torrents de lumière qu'il ne sait pas verser sur une œuvre. Mais c'est encore assez attirant, préoccupant, et curieux à suivre. Cela provoque constamment l'attention et fait réfléchir. Vous allez voir.

Une vieille dame, et une vieille fille, qui serait une jeune femme. C'est Mme Harquenier et Mlle Henriette. Ces dames, à peine dans l'aisance, vivent seules, ou à peu près, dans une tranquillité mélancolique. Deux vieux garçons, qui seraient de jeune maris, ont avisé cette maison pour s'en faire un petit intérieur honnête, tiède et peu coûteux. L'un est homme de lettres, viveur et blasé, qui veut se reposer là de Tortoni. L'autre, un employé du ministère à prétentions artistiques, qui vient se reposer là de son sous-chef et de sa pension bourgeoise.

Ces deux roquentins sont les plus effroyables égoïstes qui soient au monde. Ils envoient un bouquet par an, et pour ce prix modique, ils ont chez ces dames l'apéritif, le dîner, le café, le thé et les petits gâteaux une fois par semaine. Ils ont un auditoire infatigable et respectueux, un public devant lequel ils peuvent satisfaire l'incurable besoin qu'a l'homme de s'étaler, de se regarder au miroir, et de faire des conférences,

« depuis qu'il a perdu le goût de Dieu ». L'homme de lettres, Charmeretz, *stendhalise* impitoyablement, et transforme la table de Mme Harquenier en table de dissection, où il distribue et numérote les fibres de son cœur, de son cœur rare et supérieur. Il est à giffler par derrière. Ces dames le subissent avec admiration. Il est heureux : « Ah ! ça repose ! »

Bernaud, l'employé, parle moins. Mais il pose plus, s'il est possible. Il a des attitudes. C'est un incompris, un raté sympathique. On sent, rien qu'à le voir entrer, quelles grandes choses il ferait s'il faisait quelque chose. Il ne fait rien, mais il vient s'en délasser chez Mme Harquenier, en laissant tomber son regard profond dans l'œil de Mlle Henriette : « Ah ! ça repose ! »

Et, tout doucement, la maison a fini par leur appartenir, et madame Harquenier un peu, et Henriette tout à fait.

Vaguement Henriette se sent possédée, et prend cela pour de l'amour. Elle est enveloppée par Bernaud et intimidée par Charmeretz. Eux sont tranquilles, règnent avec complaisance et gouvernent avec douceur. Ils donnent des ordres à la bonne. Ils donnent des opinions littéraires et artistiques à Henriette. Ils sont pleins de la quiétude béate des purs coquins. Jamais l'idée ne leur est venue que l'on ne fréquente pas ainsi chez des dames seules, et que tout le quartier est dans le doute, mais seulement sur la question de savoir si c'est de Charmeretz que Henriette est la maîtresse, ou si c'est Bernaud qui est l'amant de Henriette.

Tout à coup une pierre qui tombe dans l'étang tranquille. Un jeune commerçant, un éditeur plein d'avenir, M. Piétrequin, demande Henriette en mariage. Piétrequin est un brave garçon, travailleur, sérieux, peu poétique, peu familier à Stendhal, inaccoutumé à Wagner, mais franc, courageux et qui *épouse sans dot,* ce qui, pour un commerçant, et même pour tout le monde, est un commencement d'héroïsme très appréciable. Il a un défaut : il édite des livres pornographiques ; mais on commence comme on peut. Que Georges Ohnet lui donne sa confiance, vous verrez s'il pornographiera ! Bref, c'est un très brave jeune homme, vers lequel s'élancent tout de suite toutes les sympathies du public.

« Ah ! la canaille ! » s'écrient en chœur le Charmeretz et le Bernaud. Ah ! la canaille ! Nous étions si bien ! si tranquilles !

— Et puis ! on était nourri !
— Et puis ! on était aimé !
— Oui ! Il nous enlève Henriette !
— Où passerons nous nos soirées ?
— Où trouverons-nous Henriette ?
— Ah ! la canaille ! »

La scène est très jolie, très drôle, beaucoup plus peut-être que n'a cru l'auteur, mais enfin elle est de lui, et elle est du meilleur bouffe.

Et Henriette, que dit-elle ? Henriette est la *résignée*. Elle aime confusément Bernaud ; mais sa tante lui démontre qu'il faut bien qu'elle épouse pour avoir une

position. Elle discute longtemps, et enfin : « Allons !
J'épouserai Piétrequin ! »

Les deux pensionnaires de Mme Harquenier voient
qu'il faut prendre une résolution : « Charmeretz ! nous
sommes tournés. Il faut faire une trouée vigoureuse.
Il faut épouser. Il faut que nous épousions Henriette.

— C'est rude ; mais il n'y a pas d'autre moyen !

— Epousons !

— Oui, mais tous deux, c'est impossible d'après le
Code. Voilà une difficulté.

— (D'autant plus grande, pensent l'un et l'autre
sans le dire, que celui qui épousera flanquera l'autre
à la porte dans les trente-six heures).

— Eh bien ! dit Charmeretz, épouse, toi Bernaud.

— Je ne peux pas. Je suis pauvre !

— Tu travailleras !

— Hum !... toi, qui es riche, Charmeretz, tu devrais épouser.

— Hum ! c'est que je suis riche ! Venir ici pour
me divertir de Tortoni et des coulisses, soit ; mais y
venir pour y rester et y mettre les deux tiers de mon
revenu, au lieu d'y faire des économies, ça change la
situation. Comprends donc, Bernaud, que ça change
tout à fait la situation !

— Allons ! allons ! Fais cela pour nous et pour
ennuyer Piétrequin, ce pornographe de Piétrequin ! »

Charmeretz réfléchit, et tire un plan. Il demandera
Henriette, mais de manière à se faire refuser, et il
faudra bien que Bernaud l'épouse.

Il le fait comme il le pense. Il assomme Henriette pendant deux heures de théories littéraires sous prétexte de la demander en mariage, et Henriette refuse. Après tout, elle aime encore mieux Piétrequin.

Charmeretz revient à Bernaud. « A toi, Bernaud ! Moi j'ai fait mon devoir. J'ai demandé Henriette. Elle m'a refusé. Demande-la.

— Soit ! Mais quelle canaille que ce Piétrequin ! Quelle canaille ! Que venait-il faire dans notre bonne galère ? Quelle canaille ! »

Et Bernaud va droit à Henriette, et... ne la demande pas en mariage.

Non ! il lui signifie seulement. du droit de son égoïsme, qu'elle ne doit pas épouser Piétrequin.

Cependant ! dit Henriette, si vous ne voulez pas que j'en épouse un autre, c'est que vous m'aimez !

— Eh bien ! oui ! Henriette ! Je vous aime !

— Alors, épousez-moi !

— Je ne puis pas ! Je suis pauvre !

— Je passerais là dessus !

— Ah !... Eh bien !... figurez-vous !... J'ai une maîtresse !

— Ah ! vous l'aimez ?

— Non !

— Elle vous aime ?

— Non !

— Eh bien ?

— Eh bien ? vous voyez bien que je ne peux pas vous épouser ?

— Ah!... Comme je ne comprends pas, vous permettrez que j'en épouse un autre.

— Misérable! Mais vous ne comprenez donc pas que vous m'appartenez! Vous ne comprenez donc pas que je vous ai donné des poupées quand vous étiez petite, et des opinions littéraires quand vous êtes devenue grande; que tout en vous vient de moi, de *moi*, de MOI! Ce *moi* est invincible et inconcussible, ce *moi* est sans réplique comme sans pitié, ce moi vous domine, vous enveloppe, vous surplombe, vous enchaîne, vous injecte et vous absorbe; et il n'y a rien à répondre à ce *moi*. Et que je sois un oisif et un paresseux, et que je vous compromette sans vous épouser, et que j'aie une maîtresse, et que je tienne à la garder, et que je vienne ici pour me distraire, cela m'est permis; mais c'est précisément parce que je suis tyrannique qu'il ne vous est pas permis d'être indépendante! »

Henriette est touchée à fond par cette logique, et commence à fléchir. Elle est résignée, cette fille; c'est *la résignée*. Tout à l'heure elle se résignait à Piétrequin, maintenant elle commence à sentir qu'elle se résignera à ne pas épouser Piétrequin, sans épouser Bernaud. Puisque Bernaud ne veut pas! Il ne veut pas, Bernaud! Il n'y a rien a dire à cela.

Cette puissance des égoïstes sur ceux qui ne le sont pas, l'auteur a voulu nous la peindre jusqu'en ses dernières conséquences et ses développements les plus monstrueux. Il a fait jusqu'à présent Bernaud et

Charmeretz égoïstes et oppresseurs, et réussissant au gré de leurs vœux; il va les faire décidément coquins, et réussissant encore mieux. Charmeretz a une idée. Avec sa grande fortune, il peut par un moyen de stratégie financière que j'ai mal compris, mais qui est, de soi, une infamie, faire déclarer le pauvre Piétrequin en faillite. Cette fois, fini le Piétrequin, cette canaille de Piétrequin.

La chose réussit. Piétrequin est exécuté et vient retirer sa demande. Il essaye de faire remarquer à Charmeretz que ce qu'il a fait est assez indélicat. Mais Charmeretz lui répond qu'il est le premier tireur de Paris à l'épée et au pistolet et le flanque tranquillement à la porte. Piétrequin se résigne. Lui aussi est un résigné.

Quant à Bernaud... ah ! ce dernier trait d'égoïsme est bien joli ! La maîtresse de Bernaud l'a quitté. Sans maîtresse, n'osant guère retourner chez Mme Harquenier qui lui en veut d'avoir fait manquer le mariage de sa nièce, il est devenu malade. Les habitudes rompues, chez un vieux garçon, sont des crises terribles. Il a été près des portes du tombeau. Il a vieilli de dix ans. Il est maintenant maigri, voûté, ridé ; ses cheveux sont devenus blancs. Il est horrible. C'est maintenant, seulement maintenant, qu'il songe à épouser Henriette, c'est toujours une retraite. Il vient faire valoir ses droits à une retraite.

Charmeretz prévient Henriette. « Bernaud va venir. Ah ! il n'est plus beau. Je vous avertis qu'il n'est plus beau. Ne criez pas quand il entrera. Ça lui ferait de la peine. Ayez du courage. Dites qu'il n'est pas mal. Ça lui fera plaisir. Surtout épousez-le. Songez qu'*il faut* que vous l'épousiez. N'oubliez pas que vous lui appartenez. »

— Oui ! Charmeretz ! Oui ! Je connais mes devoirs. A chacun son rôle. Vous êtes la perfidie. Il est la cruauté. Tous deux vous êtes l'égoïsme. Et moi, je suis la résignation !

Bernaud entre. C'est un désastre et un ravage. On dirait qu'il a plu dessus. Il porte des traces d'inondation. Ce cri que Henriette a promis de ne pas pousser lui échappe ; « Ah ! qu'il est laid ! »

— Ça ne fait rien, dit Bernaud, vous m'appartenez. Beau ou laid, je vous possède. Et songez que la laideur physique, ainsi que l'ont dit les plus grands philosophes de la race aryenne, n'est rien, comparée à la laideur morale. Je vaux toujours mieux que Piétrequin, cette canaille de Piétrequin !

— « Inutile, du reste, de discuter, répond, bien plus philosophiquement encore, la pauvre Henriette. Je suis résignée. » Et elle se résigne.

On voit que cette étude n'est pas sans intérêt. Tournée plus franchement au comique bouffe, elle eût été même très amusante. Il y avait dans Charmeretz et Bernaud deux personnages de Labiche, de ce Labiche qui est l'homme qui a le mieux tiré parti, en ce siècle, du fond monstrueux de l'égoïsme humain.

Le malheur c'est précisément que l'auteur a laissé (à dessein peut-être, et par souci du grand art, lequel ne prend pas parti), une certaine incertitude dans tout son ouvrage. Tient-il vraiment Charmeretz et Bernaud pour de plats coquins, parfaitement grotesques du reste? Oui, évidemment, et je ne lui fais pas l'injure de croire qu'il les ait pris pour autre chose ; mais ce n'est pas assez marqué, du moins pour le public. Quelques spectateurs m'ont paru croire que Bernaud et Charmeretz étaient les « personnages sympathiques » comme on dit, et qu'il fallait s'intéresser à eux ; et, naturellement, il y ont eu quelque peine. Les mêmes spectateurs ont cru que Piétrequin nous était donné pour un vilain homme, et qu'il fallait le mépriser, dire, nous aussi : « Cette canaille de Piétrequin », et, naturellement, ils y ont eu quelque difficulté.

. Cette méprise est assez ridicule, j'en conviens ; mais quand une partie du public, ne fut-elle composée que d'un spectateur, se trompe ainsi, il n'y a rien à dire, c'est encore la faute de l'auteur, une faute légère mais enfin une faute, Il n'y a jamais assez de clarté dans une œuvre de théâtre. Il y a quelque chose d'un peu flottant dans celle de M. Créard.

J'en dirai autant du rôle d'Henriette. Henriette est une résignée, soit. Il y a des gens qui, dès leur naissance, ont tendu à Calchas une tête innocente. Mais voyez-vous la difficulté? Un personnage tout passif disparaît, en quelque sorte, au théâtre. Il s'évanouit. Il fallait donc, pour que Henriette existât ou parût exister, qu'elle dît quelque chose, qu'elle discutât, qu'elle se débattît. Sitôt qu'elle discute et qu'elle se débat, elle n'est plus une résignée. L'espèce d'*envoûtement* dont elle est victime ne s'explique plus. Si elle discute contre Charmeretz et Bernaud, c'est qu'elle voit à quelle espèce de gens elle a affaire. Si elle le voit, c'est qu'elle n'est pas *envoûtée*, c'est qu'elle n'est pas possédée, c'est qu'elle n'*appartient* pas. Et si elle n'appartient pas, ce ne sont pas les raisons toutes d'égoïsme cynique et naïvement scélérat, qui la convaincront.

L'auteur a dessiné le rôle d'Henriette de la façon suivante :

Pendant une bonne demi-heure chaque fois, soit contre sa tante, soit contre Charmeretz, soit contre Bernaud, elle discute fermement, nettement, solidement, puis, après cette période de lutte, elle fléchit brusquement. L'envoûtement reprend le dessus, sans qu'on sache pourquoi.

Ce n'est pas absolument faux, certes. J'ai connu des personnes telles. Je vois sourire d'ici celle à qui je pense particulièrement, et lui envoie le bonjour. (Je me porte bien, je n'ai pas le temps de vous écrire, et il fait à Paris un temps de chien.) J'ai connu, dis-je, des personnes qui avaient une volonté de fer intermittente. Une grille d'acier, un mur d'airain à claire voie. Pendant une belle journée : « Non! Non! » et de très bonnes raisons, bien déduites, à l'appui de la négative. Puis, le lendemain : « Mais certainement ! Comme vous voudrez ! »

Elles y gagnaient d'avoir une réputation de mauvais caractère, tout en étant les plus accomodantes et dévouées du monde. Cela ne serait pas si mauvais à mettre à la scène.

Mais, diable! il faudrait l'expliquer avec beaucoup de précision et beaucoup d'adresse, et Henriette n'est guère expliquée. Elle n'est pas même expliquée du tout. Le fond de ses résistances, c'est la raison, soit. Elle a raison ; cela n'a pas besoin d'être expliqué. Mais le fond de sa résignation, quel est-il ? C'est l'amour ? Non! puisqu'elle allait épouser Piétrequin. C'est la bêtise ? Non! puisqu'elle est intelligente dans la discussion. C'est l'habitude ? Oui, je crois. Mais la puissance de l'habitude est bien difficile à faire comprendre au théâtre. On comprend pourquoi Bernaud et Charmeretz ne peuvent se passer de la maison Harquenier. Cela ne s'explique que trop bien. Mais pourquoi Henriette ne peut pas se passer de Bernaud et de Charmeretz qu'elle n'estime pas, il faudrait des préparations à n'en plus finir pour le faire comprendre. Nous admettons vaguement que les égoïstes ont dans leur égoïsme même une force immense, ce qui est vrai, mais ne nous satisfait pas complètement, parce que cette force s'exerce, à l'ordinaire, sur des personnes moins intelligentes qu'Henriette.

Tout compte fait, cette peinture elle-même de deux beaux cas d'égoïsme intransigeant est une chose, encore que maladroitement faite, assez curieuse, et qui donne je ne sais quel plaisir amer dont je fais cas.

V

Gymnase. — Reprise de *M. Alphonse*.

10 février 1889.

On a repris au Gymnase cette admirable comédie de Dumas fils, dont l'effroyable naturalisme avait intimidé nos naïvetés de 1873, et qui, maintenant, passe le plus aisément du monde, et à son tour paraît timide. Mettons qu'en 1873 c'était un chef-d'œuvre audacieux et qu'aujourd'hui c'est un chef-d'œuvre réservé. Mais pour chef-d'œuvre, j'en réponds.

Et j'en suis bien aise, parce qu'en 1873 mon premier mot avait été (où diable avait été imprimé ce premier mot? Je ne sais plus. Mon Dieu! qu'il est difficile de faire ses Mémoires!) mon premier mot avait été : « Deux *types*, deux types en une seule pièce, et tous deux, l'un surtout, Mme Guichard, à encarter en plein Molière! » Je crois que j'avais raison. J'étais déjà plein de goût. Vous savez que cela ne fait que croître.

Ils sont bien étonnants, en effet, de vérité, de solidité, de vie complexe et profonde, ces deux principaux personnages ! Et leur attraction réciproque donc!

Comme il est bien fatal (et cela n'a pas besoin d'être démontré, il y a même peut-être quelque bienséance à n'y insister que modérément) que M. Alphonse soit attiré par Mme Guichard ! Mais comme il est bien fatal aussi, et comme c'est bien l'effet d'un de ces liens qui ne sont que « les rapports nécessaires qui résultent de la nature des choses « que Mme Guichard adore M. Alphonse ! C'est une loi, oui, c'est bien une loi que la « femme de bas étage », à la fois ne puisse aimer que le « monsieur qui est distingué », et soit absolument incapable de discerner la distinction, d'où il suit qu'elle adorera celui qui sera le plus le contraire de ce qu'elle est, le jugeant supérieur rien qu'à cela, sans se douter un moment qu'il est infiniment moins distingué qu'elle.

Son amour est une forme de l'humilité, une manière de génuflexion extatique et ravie. Ce qu'elle adore ce sont ces petits pieds qui ne marchent pas, ces petites mains qui ne travaillent pas, ce charmant front sans ride parce qu'il a toujours été vide de travail intellectuel, ces cheveux qui n'ont jamais eu aucune raison de blanchir, tout ce corps reposé et frais, doucement engraissé dans la paix onctueuse de la paresse. Voilà bien l'idéal de la femme « forte comme un cheval », durcie et brûlée dans les rudes travaux de la fille d'auberge, à qui pèsent, vaguement, comme un opprobre et un signe de basse origine, ses muscles vigoureux et le renflement robuste de sa nuque brunie.

Comment ! ce n'est pas son pareil qu'elle aime, son associé naturel de travail et de soucis, l'homme qu'elle peut juger et apprécier par elle-même ! Jamais de la vie ! Ce n'est pas son pareil qu'aime le vulgaire, et nul calcul ne serait plus faux que de feindre de lui ressembler pour lui plaire. Ce qu'il aime c'est celui qui ne lui ressemble pas et qui le flatte. Voilà le joint, et il y a longtemps que les Alphonses l'ont trouvé.

Et Mme Guichard aimera toujours le bel Octave. Elle aura toujours pour lui l'infinie adoration du ver de terre pour le lampion ; car ce n'est pas des étoiles que les vers de terre sont amoureux.

Voilà ce qui fait Mme Guichard si profonde et si frappante de vérité, et si grande ! Mme Guichard est la personnification de la foule. Elle est un symbole. M. de Montaiglin ne s'y trompe point ; car il est très intelligent. Il dit d'elle, en beau style : « Changeante comme la mer, profonde comme le ciel, mystérieuse comme l'infini ! » Rien que cela ! Il en parle comme un sociologue parlerait du suffrage universel.

Et, certes, madame Guichard n'est pas stupide, et elle sait se « reprendre » et se ressaisir. Et elle est honnête, et quand, dans un éclair, la valeur morale de son Octave lui est apparue, elle le menace proprement de le fendre en quatre, et il n'est que temps qu'il s'éclipse, le lampion. Mais, voyez-vous, Madame Guichard, c'est moi qui vous le dis, qui suis votre ami, encore que ne vous fréquentant point, vous y reviendrez ! Non pas au même, peut-être, non pas au même certainement ; car vous ne revenez jamais sur vos préventions, ni sur vos arrêts, même quand ils sont justes. Mais vous reviendrez à un autre Octave, tout pareil en son fond, quoique très différent par les apparences. Il était brun, il sera blond. Cela fait un changement, non une différence. Ce sera toujours un homme distingué ; car il vous en faut un. Vous ne pouvez pas vous en passer. « C'est dans le sang, ces choses-là. »

Et tenez ! vous avez tort de répudier celui-là. Il y a pire. Et, en avançant en âge, vous placerez plus mal encore votre idéal de distinction. Votre amour des jolies manières vous ramènera à un succédané d'Octave très probablement moins convenable. Je ne saurais vous promettre une vieillesse très glorieuse. Vos « pièces de cent sous » ont toutes les chances du monde de se compromettre. Elle sont en mauvais chemin. Vous ne les avez sauvées que pour un temps. Oui, peut-être auriez-vous bien fait de vous en tenir à celui-ci. Avec votre tempérament, il faut s'offrir un Octave dans son jeune âge, et y adhérer avec piété. C'est le plus simple. Il vieillit avec vous ; il s'arrange, il... s'accommode, comme disaient nos pères ; au bout d'un certain temps, il est très bien. Tout au moins ne sait-on plus au juste ce qu'il a été. C'est un avantage. Mais ne me parlez pas de ces vieilles femmes qui ont changé dix fois d'idéal, en restant toujours, d'ailleurs, dans la même catégorie de l'idéal, comme nous disons, nous autres philosophes.

Mme Guichard a donc été, cette fois encore, qui ne sera pas la dernière, car elle appartient à la postérité, universellement admirée et applaudie, et c'est bien justice. Ce personnage est la plus forte création de Dumas fils. Remarquez que Dumas fils n'a pas créé un très grand nombre de *types* (du reste deux ou trois suffisent pour faire immortel un auteur dramatique). Ce qui restera de Dumas fils, ce sont des pièces admirablement faites, et puis des *situations sociales* merveilleusement comprises, posées, creusées, et puis des *thèses* morales soutenues avec la plus étonnante netteté, vigueur et hardiesse. Mais comme types tirés au jour, et du moment qu'ils sont jetés du manuscrit sur la scène, devenus personnages vivant d'une vie immortelle ; comptons : Girault, le Turcaret moderne (*Question d'argent*) ; le *Père prodigue*, l'*Ami des femmes*, M. Alphonse et Mme Guichard. C'est tout. (Mme de Simerose et Francillon ne sont pas des types ; c'est chacune un *moment* — combien curieux ! mais un *moment* — de la vie d'une femme). C'est tout. Cela fait cinq. C'est du reste un joli chiffre. Et de ces cinq, deux dans le seul *Monsieur Alphonse*. Ah ! oui ! c'est un chef-d'œuvre.

Une petite histoire, à ce propos, qui m'a amusé. Un très jeune homme, très intelligent, très lettré et très distingué, ah ! dans le sens vrai du mot) me vient voir et me fait parler de *Monsieur Alphonse*. « C'est admirable, me dit-il ; mais ne trouvez-vous pas que le titre... C'est peut-être indigne d'un homme comme

Dumas d'avoir pris ce mot de la langue courante pour en faire le titre de sa pièce. Moyen d'attraction vulgaire... réclame... »

Était-ce joli ! Mon jeune homme croyait que le mot « Alphonse » existait, pour désigner ce que vous savez, depuis les origines de la langue française, et que c'était Dumas qui l'avait pris à la langue ! Mais, malheureux ! c'est lui qui le lui a donné ! C'est la France et l'Europe qui ont adopté pour désigner toute une classe de la société contemporaine le mot par lequel il avait plu à Dumas de la nommer. Mais, par exemple, la méprise est flatteuse. La voilà, la gloire littéraire, la voilà ! Qu'un personnage inventé il y a quinze ans par un auteur dramatique ait été si promptement populaire que son nom soit devenu un nom commun, et que l'auteur semble maintenant l'avoir pris dans le dictionnaire ; c'est la vraie gloire. Molière avec *Tartufe* n'en a pas une plus éclatante.

Comme l'admiration lasse vite les caractères envieux, je me suis amusé, en m'appliquant à chercher le point faible de la comédie de Dumas fils ; car il y en a toujours un, comme vous savez, et je n'ai rien trouvé qui ne m'eût déjà frappé, et beaucoup d'autres avec moi, il y a quinze ans. Oui, décidément, et il est probable que la postérité jugera comme nous, puisque la voilà qui commence, c'est bien Mme de Montaiglin et M. de Montaiglin qui clochent un peu dans tout cela, celle-là parce qu'elle n'est pas aussi sympathique qu'il faudrait qu'elle fût, l'autre parce qu'il est, tout de même, un peu invraisemblable. **M.** Dumas a expliqué très longuement, dans une préface, comment Mme de Montaiglin, quand elle a été demandée en mariage, a été excusable de ne pas révéler à son futur mari qu'elle avait une fille naturelle. Ces raisons, que je viens de relire avec attention, me convainquent peu. Je dirai comme Mme Guichard qui est la raison même quand la passion ne l'aveugle pas : « Il n'y a qu'une chose dont j'aie horreur ; c'est le mensonge. » Et il y a des cas, il y en a terriblement, où le silence est bel et bien un mensonge formel.

Une jeune fille qui vit en jeune fille, qui demeure seule avec sa mère ou sa tante, qui ne promène jamais un enfant par la main, qui ne parle jamais de son enfant, quand un honnête homme vient la demander en mariage, si elle laisse aller les choses sans dire un mot de son enfant, si elle oublie ce détail, elle ment, absolument, entièrement, formidablement ; et il est très difficile qu'après cela elle attire très vivement les sympathies.

La « déclaration loyale » est en ce cas de devoir strict, et non pas, malgré toute la casuistique de M. Dumas dans sa préface, chose qu'il soit loisible de faire ou de ne faire point, et rentrant dans le domaine de l'opportunisme. La déclaration loyale, Denise la fait dans la pièce qui porte son nom. Elisa la fait, dans la *Question d'argent*, et à un Girault ! et alors que son cas, est, si je comprends bien, infiniment moins grave que celui de Madame de Montaiglin, et à peu près insignifiant. La déclaration loyale, avez-vous remarqué que Thérèse, la Thérèse de Jean-Jacques Rousseau, a cru devoir la faire, rien que pour partager irrégulièrement l'existence du philosophe genêvois. Cela m'a toujours un peu étonné de sa part, mais enfin c'est la vérité. Les textes sont là, dans les *Confessions*. Elle y a tenu. Elle y a mis sa pauvre petite dignité de fille d'auberge. Elle aussi, comme Madame Guichard, n'aimait pas le mensonge. « On est ce qu'on est »; mais on ne trompe pas, on ne ment pas, on n'exploite pas la crédulité des honnêtes gens.

Il me semble que le personnage de Madame de Montaiglin aura toujours cette tare fâcheuse. Et comme je crois qu'il y a toujours dans une pièce de théâtre un *point faible nécessaire*, qu'il fallait que l'auteur acceptât, dont il fallait que l'auteur prît son parti si la pièce lui paraissait d'ailleurs digne d'être écrite (par exemple pour que *Phèdre* existe, il faut que Thésée soit un imbécile invraisemblable, et Racine en a pris son parti, parce que sans cela il fallait sacrifier *Phèdre*) je ne reprocherai point à Dumas le personnage et le rôle en lui-même, mais bien de ne l'avoir pas assez habilement arrangé pour dissimuler ce qu'il a d'odieux.

Il nous a donné les choses bien crûment. Raymonde avait un enfant, Montaiglin l'a demandée en mariage; elle ne lui a rien dit, si ce n'est : oui, et elle l'a épousé. Est-ce que M. Dumas n'aurait pas pu disposer un certain concours de circonstances qui auraient excusé, presque justifié le silence de Raymonde?

Raymonde, terrorisée par un père, par exemple, et n'osant pas avouer au fiancé, de peur que par le fiancé le père n'arrive à savoir; Raymonde ayant peur de porter le coup fatal à sa mère faible et mourante; Raymonde *ne pouvant pas parler*, et forcée de garder, avec le sien, le secret d'un autre qui ne lui appartient pas; Raymonde, très jeune, presque enfant, demi inconsciente, demi excusable par conséquent (ceci c'est à peu près le cas de Jeannine dans *Madame Aubray*, et remarquez que Jeannine avoue) : autant de combinaisons possibles, destinées à pallier les choses, à dissimuler le point faible nécessaire, à le faire passer.

Rien de tout cela. On dirait que l'auteur a tenu, au contraire, à faire Raymonde aussi coupable que possible dans le mensonge de son silence. Quand elle se marie, c'est une femme; elle a vingt-huit ans; elle est parfaitement libre, sans père ni mère; elle n'a pas le secret d'un autre à respecter. Elle est entièrement coupable, aussi coupable que M. Alphonse. Elle aussi cache son passé pour faire un mariage d'argent; elle aussi se condamne, par son mariage, à presque abandonner sa fille; à ne pouvoir plus la voir qu'en cachette, et de très loin en très loin. Il n'y a pas à dire, elle est très coupable, et elle ne peut pas être sympathique le moins du monde.

C'est un gros défaut.

Montaiglin est très sympathique, lui, sans doute; mais il est bien un peu invraisemblable. Son dévouement est beau, est très beau, mais n'est vraiment pas assez préparé. Quoi ! pas un reproche à sa femme qui l'a abominablement et un peu lâchement trompé !

Non ! et vous devez le comprendre, nous dit M. Dumas dans sa préface. Montaiglin, à cinquante ans, a épousé une jeune fille de vingt-huit ans ; et comme ce n'est pas un sot, ni un vilain vieux monsieur, il n'a pu songer qu'à une « association » où il devait n'y avoir que protection de sa part et soumission fidèle de la part de sa femme. La pensée de l'amour n'est pas entrée dans sa détermination et ses démarches ; et, dans ces conditions, il ne s'est pas cru et ne se croira jamais le droit de demander compte à sa femme de son passé...

Cher maître, il fallait mettre cela non dans la préface, mais dans la pièce. Vous le mettez un peu dans la pièce, mais trop tard, après que Raymonde a été forcée d'avouer l'enfant, à la fin du second acte. Oui, alors, seulement alors, Montaiglin, comme par réflexion, dit quelque chose de tout cela. Mais, jusque là, j'affirme qu'il ne m'a pas donné du tout de lui-même cette idée. Il me donne cette idée d'abord qu'il n'admet pas la tromperie et la déloyauté. Il dit à Octave au premier acte : « Nul n'est plus indulgent que moi, mais il est des choses que je ne pardonne pas ; *ce sont les choses vilaines que l'on fait sciemment...* » Or, Raymonde, en gardant le silence pour se faire épouser, a, certainement, aux yeux du loyal marin, comme aux nôtres, fait sciemment une chose vilaine.

Montaiglin m'a donné ensuite de lui-même cette idée... qu'il était parfaitement amoureux de sa femme, amoureux dans le sens ordinaire du mot : « J'ai pour vous une telle admiration, un tel respect, un tel culte... », lui dit Raymonde. — « Dis tous les mots que tu voudras, répond Montaiglin, ça ne fera jamais de l'amour ! » Si ce n'est pas un mot d'amoureux, cela !

Pour ces deux raisons, il nous parait bien difficile que Montaiglin reçoive à la fin du second acte, l'aveu tardif de sa femme, sans une révolte... sans deux révoltes, l'une de sa loyauté, l'autre de son amour. Oh ! qu'il revienne ensuite à cette belle résolution de stoïcien et de chrétien qui consiste à pardonner à sa femme et à adopter l'enfant, j'y consens, certes, et je le désire ; mais je voudrais une hésitation un peu prolongée, une discussion et une lutte, autre chose enfin qu'une « lutte intérieure » de deux secondes ; je voudrais, en un mot, une évolution de sentiments et de pensées.

Et elle serait vraie, juste, humaine, cette évolution, et il me semble aussi qu'elle ferait une scène très intéressante. Car remarquez que Montaiglin pourrait être amené au pardon par la considération de ses propres fautes, à lui, ce qui est une manière moins stoïcienne, mais plus chrétienne peut-être, d'y être amené.

Car il est coupable, Montaiglin ; il est moins coupable que sa femme, mais il l'est. Il a épousé à cinquante ans une jeune fille, ce qui est un « crime d'amour » parfaitement caractérisé, surtout quand on est riche, et qu'elle est pauvre. Raymonde a été coupable de se laisser acheter ; mais Montaiglin a été coupable en tant qu'acheteur. Il faut bien qu'il se mette cela dans la cervelle : « Voulez-vous être ma compagne pendant quelques années et ma fille pendant le reste ? » — et, tant pour être ma fille que pour être ma compagne, voici un million : c'est là ce qu'il lui a dit.

On n'est point damné pour cela ; mais certainement on n'est pas absolument sans reproche. Et voilà précisément ce qui devrait, à mon avis, passer par la tête et par le cœur de Montaiglin dans la grande scène d'aveu et de pardon. D'abord la révolte de l'amour : « Malheureuse ! un autre !... Vos premières caresses !... » etc. Puis la révolte de la loyauté : « Et vous m'avez trompé odieusement ! Votre silence a menti ! Vos yeux calmes et baissés ont menti ! Votre robe blanche a menti ! Il n'y a qu'une chose que je ne pardonne pas, c'est une vilaine chose faite sciemment. » — Et puis, peu à peu, par la fureur même avec laquelle il fouille dans ce passé, à cause de la netteté même avec laquelle la vision de ce passé se dresse devant ses yeux, il en vient à se présenter ses propres sentiments à lui, et à s'apercevoir que tous n'étaient pas si purs :

« J'étais si confiant, si bon, si amoureux aussi !... Et je me figurais que tu m'aimais !... Imbécile !... Mais certainement imbécile, et un peu plus que cela. Aller s'imaginer qu'une jeune fille, quand j'avais cinquante ans... Ne devais-je pas me dire qu'elle se sacrifiait, et que, si elle se sacrifiait, c'était pour sauver quelqu'un... Ne devais-je pas comprendre? Mais j'avais l'égoïsme de l'amour, et l'aveuglement de l'égoïsme... J'allais, j'allais! J'étais content de prendre cette jeune fille pour égayer ma solitude... Raymonde, nous fûmes coupables tous les deux, lequel davantage, je ne sais. Que Dieu nous juge! Je te pardonne; pardonne-moi. J'aimerai ta fille. Et c'est du moment que j'aimerai ta fille que tu commenceras de m'aimer réellement. Va la chercher. Embrasse-la et permets-moi de l'embrasser. »

Il me semble que c'était là le vrai *graphique* de la fameuse scène qui, certes, émeut toujours, mais ne laisse pas, ce me semble, d'étonner aussi, toujours un peu, le public.

Mais à quoi bon chicaner? Je l'ai dit, cela n'est qu'un jeu. J'ai voulu voir où était la paille. Il y a toujours une paille, et c'est amusant de la trouver ou de croire la trouver. J'ai connu un homme qui cherchait obstinément un défaut dans la beauté de la femme qu'il aimait. Il finit par le découvrir. Ce jour-là il était radieux. Il disait: *Eurêka* (Ce n'était pas le nom de sa femme. Je me nomme personne). Et peut-être n'avait-il jamais été plus amoureux de sa femme que ce jour-là.

VI

VAUDEVILLE. — *Marquise*, comédie en trois actes, de Victorien Sardou.

18 février 1889.

Il y a eu, à la première représentation de *Marquise*, entre M. Sardou et le public, un malentendu ou un demi-malentendu, qui peut-être ne dure plus à l'heure où nous sommes, mais dont il est curieux, je crois, de rechercher les causes et d'analyser les éléments. C'est une sorte de procès à instruire. Dans la plupart des procès, il y a deux coupables, qui sont les deux parties. Il peut se faire qu'il en soit un peu ainsi dans l'affaire *Marquise*.

Instruisons.

M. Sardou a voulu nous conter sur la scène une de ces petites histoires, si contemporaines qu'elles sont du pur dix-huitième siècle, dont nous régale hebdomadairement la *Vie Parisienne*, rien autre chose, et les précautions qu'il a prises pour nous bien mettre en tête qu'il n'avait pas songé à autre chose sont considérables et presque infinies. Il a voulu nous conter l'histoire d'un mariage *ad honores* d'une horizontale, et comme quoi il tourne mal, et comme quoi l'aimable fille se trouve trop heureuse qu'il se rompe à peine noué, et de rester Tata-Mouchette comme devant. C'est une anecdote comme vous en contez tous les jours à votre cercle :

— Vous savez, Wanda ?
— Si je le sais !
— Elle a voulu se marier !
— Ah !... Curiosité ?
— Pas probable. Soif d'honorabilité bourgeoise.
— Toutes !
— Evidemment ! Pas réussi. Avait versé cinquante mille. Paraît qu'on n'a pas à moins. Trouvé notaire à tache, retiré. Rossée au bout de trois mois. Divorcée au bout du semestre. Bien contente de redevenir Wanda. Il était payé, le semestre. »

Quelque chose comme cela, la pièce de Sardou, non autre chose ; et Lesage, Dancourt, Dufresny et tous ces aimables comiques régence, avant qu'on eût versé dans la chaussée, c'est-à-dire dans l'ornière, en ont conté de semblables qui ont amusé ; et rien de plus juste ; car il y a dans cet ordre de sujets des silhouettes amusantes, des détails comiques si on sait les tirer à la lumière, et un intérêt, un très vif intérêt, à savoir celui qu'on prend à voir les coquins tomber dans les pièges les uns des autres.

Mais il faut bien persuader au public que c'est une histoire de mauvaises mœurs qu'on va lui conter, une histoire qui ne tire point à conséquence et qui ne soulève point de hauts problèmes, une pure histoire bouffe de Bertrands et Ratons, ou de Bertrands et de Robert-Macaire, destinée simplement à montrer « un ricochet de fourberies qui est le plus joli du monde » ; une descente dans la caverne de *Gil Blas* et un narré agréable des gentillesses de messieurs les voleurs et de ce qui s'ensuivit.

Eh bien, M. Sardou a pris toutes les précautions possibles et a usé de toutes les adresses pour bien poser la chose ainsi. Voilà, pour moi, la première observation à faire, elle est pour le justifier, et pour montrer qu'au moins tous les torts ne sont pas de son côté. Car, enfin, voyez un peu tout son premier acte.

Lydie Garousse, enrichie jusqu'à l'invraisemblance par son dernier protecteur, habite un bien beau château en Normandie. Rien ne manque à son bonheur. Belle habitation, luxe vrai, campagne magnifique, pas d'amant, domestique nombreux et bien stylé, et son brave homme de père qui la bénit avec des larmes d'orgueil, comme s'il s'appelait M. Cardinal.

Eh bien ! si ! il lui manque quelque chose : la considération publique. L'estime de l'auteur de ses jours ne lui suffit pas. Il lui faudrait l'estime de tout le pays, l'estime nationale. Mon Dieu ! cela commence, ou plutôt les apparences commencent à s'en montrer. Le maire qu'elle a gorgé d'or pour sa « laïque » promet d'assister à sa petite fête de ce soir. La rosière du crû doit lui être présentée. « Ah ! mes amis ! je respire un peu » dit-elle à trois ou quatre anciens compagnons de sa vie laborieuse.

Voici qui est mieux : le bedeau sonne à la grille : « Ah ! mes amis ! le bedeau ! Un bedeau ! Surveillez-moi bien, je n'ai jamais reçu de bedeau... non, jamais je n'ai reçu de bedeau. Je vais faire une gaffe. Ne me perdez pas de vue... »

Il s'agit de rendre le pain bénit. Si elle accepte ! « Ah ! mes enfants ! Ah ! Je rends le pain bénit ! » Il faut voir avec quel ravissement éperdu Mme Réjane dit cela. « L'air dont elle le dit je ne puis pas l'écrire. »

C'est égal, tout cela ne fait que blanchir. La vraie considération, solide et ayant le poids, il n'y a qu'un moyen de l'avoir, c'est d'être mariée, mais authentiquement mariée, laïquement et religieusement, à la mairie de ce maire et à l'église de ce bedeau, pour que nul dans la contrée n'en ignore. Un mari, et un mari titré, voilà ce qu'il nous faut.

Et nous l'aurons. Avec de l'argent, ce serait bien le diable ! Cela s'achète un noble ruiné. Du moins il doit y en avoir. Avec des annonces dans les journaux...

Quel est ce monsieur ? « Inspecteur d'assurances, madame. Je viens visiter un peu... Vous avez fait estimer vos œuvres d'art trois cent mille francs, et, vous comprenez, nous venons voir si vraiment... Ainsi, par exemple, ce Rubens là-bas, ce Rubens authentique est un Champouillard bien remarquable...

Oui, assurément, comme Champouillard, il est considérable, mais comme Rubens !...

— Mais, monsieur, vous vous y connaissez à ce point ?

— Naturellement, madame ; les compagnies sont forcées d'avoir pour inspecteurs des hommes experts en choses de luxe, et comme il n'y a guère d'experts en choses de luxe que les hommes du monde, elles prennent des hommes du monde qui ont donné leur démission. Je suis un homme du monde démissionnaire.

— Vous avez été riche ?

— Je ne sais trop. Je me rappelle vaguement de quatre millions successifs que je remercie les femmes de m'avoir aidé à répandre dans l'espace ; voilà tout.

— Vous ne faites que l'inspection ?

— Un peu de publicité aussi. Quelques manipulations d'affaires.

— Pourriez-vous me trouver un mari ?

— Certes ! comment vous le faut-il ?

— Un peu mûr, titré, pension de vingt mille sa vie durant, à condition de partir le lendemain du mariage et de ne se remontrer jamais. Voilà.

— Très bien ! madame ! j'ai votre affaire !

— Déjà ?

— Sans doute. C'est moi.

— Vous ?

— Moi ! Un peu mûr, ayant grand besoin de vingt mille francs de rente, et marquis de Campanilla, des

Campanilla de Ravenne. Marquise, voulez-vous vous appeler Campanilla ?

— Marquise !!! »

Le voilà le premier acte, exquis du reste, de détails amusants, de mots drôles, de satire mordante, sans cesser d'être gai. Mais ce n'est pas à quoi je songe pour le moment. Je dis : Etes-vous assez prévenus ? Pas un personnage sérieux dans tout cela, pas un mot grave ou qui puisse tourner les pensées vers le côté grave des questions. Une histoire bouffe de cocotte et de décavé, voilà ce qui est annoncé, présenté, introduit, préparé exclusivement. Il est impossible qu'on s'attende à autre chose. Il ne faudra ni chercher un personnage sympathique, ni songer à une thèse sociale, ni se préoccuper de quoi que ce soit de sérieux, de touchant, ni de considérable. L'histoire du mariage *pro forma* d'une châtelaine de Follebiche, et si la chose lui a réussi, et les difficultés de l'affaire, et le revirement, s'il y en a un, et à quoi tout cela aboutit, voilà tout ce dont nous pouvons nous préoccuper. C'est un vaudeville satirique qu'on nous sert. N'y cherchons pas autre chose.

C'est ici que les affaires se gâtent. C'est ici aussi que les torts se partagent. Le public s'est obstiné à prendre le vaudeville trop au sérieux, et l'auteur, aussi, ne l'a peut-être pas traité assez lestement, prestement, joyeusement, pour que le public fût forcé de le prendre au bouffon pur, et de suivre l'auteur où l'auteur prétendait aller.

Au second acte le mariage s'est fait, et nous sommes à l'après-midi de noces. Le marquis s'est roulé voluptueusement dans les fauteuils profonds, a bu des vins loyaux dans des cristaux admirables, et goûté de la seule cuisine sincère qu'il ait rencontrée depuis dix ans. Ah! c'est bon, le luxe!

Et il est le mari parfaitement régulier d'une femme charmante. Le mari! Oui! le mari pour la cérémonie! Rien que pour la cérémonie! L'engagement est formel. Le lendemain du mariage, il doit déguerpir...

Le lendemain! Ce mot fait sourire l'ancien viveur. Le lendemain! Seulement le lendemain! Eh! Eh!... Dame! Il est dans son droit légal, d'abord, et ensuite dans la lettre même de ses engagements. *Seulement le lendemain!*

Sur cette agréable pensée, il aborde Mme la marquise et lui fait part de l'interprétation galante qu'il donne au texte des paroles échangées. « Miséricorde! s'écrie Lydie Garousse! Ah! bien! jamais de la vie! Le lendemain, ça veut dire tout de suite après le mariage, et sans la moindre prise de possession.

— Etes-vous femme, marquise, à ignorer qu'entre le jour et le lendemain il y a une nuit, toujours une nuit. Ah! marquise! que cette ignorance m'étonne de vous!... »

Etc. C'est très joli. C'est très vrai. Cette idée a dû venir au vieux viveur un peu allumé. C'est amusant, parce que nous jouissons de la déconvenue de Lydie

Garousse prise au lacet de ses propres combinaisons. C'est joli, c'est vrai et c'est amusant, et le public n'a pas rendu. Pourquoi ? Pour plusieurs raisons je crois.

D'abord parce que l'auteur a fait cela trop fin et pas assez franchement comique et goguenard. C'est de la goguenardise qu'il fallait ici pour que le public fût bien nettement invité à se moquer de tout le monde, et ne s'avisât point de chercher à qui il fallait s'intéresser.

Ensuite, le maire ! Je crois que le maire a refroidi. Quel maire ? Eh bien un maire qui représente la loi et qui l'explique. Cela, ici, jamais de la vie ! Vraie maladresse. C'est dans une pièce très sérieuse et à thèse sociale de Dumas fils qu'un représentant de la loi est à sa place, et nécessaire, précisément pour indiquer au public que l'affaire est sérieuse et qu'il n'y a pas à plaisanter. Ici, vous avez beau faire le maire grotesque, n'importe, il rappelle la loi au public en la citant aux personnages, et, par cela seul, il incline le spectateur à prendre les choses au sérieux, il l'invite à se poser la question, à discuter la thèse, et nous voilà loin de la grosse et franche et copieuse bouffonnerie où deux filous cherchent à se duper mutuellement, et luttent de déloyauté drôlatique l'un contre l'autre.

Enfin un incident inutile avait déjà refroidi le public. Les amies de Lydie avaient vu le marquis emporter quelque part une assiette d'argent. (Il portait une aile de dindon à une petite maîtresse à lui, qui l'avait poursuivi, et qu'il était forcé de cacher dans sa chambre) et Lydie prend ce prétexte pour l'inviter à quitter la maison le soir même. Cela est tellement superflu, tellement étranger au sujet, tout le public sent tellement que cela n'ôte ni n'ajoute rien à l'affaire, et que la prétention du marquis et la répulsion de Lydie suffisent au débat, qu'il y a eu comme une sorte de stupeur à cet incident de l'assiette, et qu'elle se renouvelait toutes les fois que le dialogue en ramenait le souvenir.

Pour ces raisons, pour d'autres peut-être, sans que je puisse m'en pénétrer assez pour trouver que le public ait eu pleinement raison, le second acte a fait tomber la température d'un certain nombre de degrés.

Et c'est bien dommage, parce qu'ensuite le public n'a pas compris un troisième acte qui est charmant, à mon sens, et que, à mon avis, s'il ne l'a pas compris, c'est qu'il a tenu à ne pas le comprendre, et que s'il a voulu ne pas le comprendre, c'est qu'il était indisposé par l'acte II. Vous allez en juger. Je continue d'instruire.

Lydie s'ennuie fortement. Le marquis procède par obstruction : « Vous ne voulez pas tenir vos engagements, dans leur lettre expresse et formelle. Soit, moi, je m'en serais très bien allé demain matin. Mais du moment que..., j'use de mon droit de mari, je reste ici, je m'installe. On n'est point si mal ici. Quand vous aurez assez de ma présence vous savez le moyen. »

« Il n'y a plus rien à faire, s'écrie Lydie. Il faut divorcer. Mais le divorce c'est : Adieu le marquisat ! On ne signe pas ancienne marquise, comme on signe ancien ministre, pour l'avoir été un jour. Mon pauvre marquisat. Enfin ! il le faut ! Venez, mes amis, soyez témoins. Je vais faire une scène au Campanilla, il m'insultera, et...

— Ça ne suffit pas ! Il faut te faire giffler !
— Oh ! jamais !
— Il le faut !
— Jamais ! »

Et ici un mot merveilleux. « Non, je ne peux pas me faire à l'idée d'être calottée par un homme que je n'aime pas ! »

« Il le faut, répètent les amis ; et elle se décide. Elle va droit à son mari et vous le traite... il faut voir : Prenez garde ! s'écrie le marquis ! le sang sicilien est vif, et... » Elle redouble, en mettant sa joue à bonne portée. Le marquis l'embrasse ; c'est elle qui le giffle ; et elle s'écrie : « Un soufflet ! Divorce !... Ah ! mais non ! c'est moi qui l'ai donné. » — Tout est à refaire.

Mais les circonstances la servent. Campanilla n'a pas réussi à faire s'évader la petite maîtresse à lui qui est encore dans son cabinet de toilette, bien encombrante. A quelque chose qu'elle a laissé sur un meuble, un des amis de Lydie se convainc qu'il y a une femme dans la chambre de Campanilla. Voilà un vrai motif de divorce. Lydie est prévenue. Enfin ! elle tient son affaire. Elle la tient si bien qu'elle veut au moins en profiter pour s'amuser et berner à son tour le Campanilla. « Ah ! Ah ! il a une femme chez lui ! Eh bien ! nous allons rire ! » Elle revient brusquement dans la chambre du marquis, et, en entrant, voit les rideaux de l'alcôve remuer : « Elle est là ! » dit-elle, et sur ce *Elle est là*, qui avertit le public que Lydie se sait tierce personne, et que toute la scène qui suivra n'est qu'une plaisanterie, elle dit au marquis :

« Eh bien ! j'ai réfléchi. Cette exigence, vous savez, j'y consens. Au fond, ce n'est rien du tout ; j'y consens. C'est trop juste. J'y consens. Je viens chez vous pour consentir... Eh bien ! vous êtes froid, marquis ? C'est vous qui ne consentez point ! Comme vous êtes capricieux, marquis. Faudra-t-il que je vous supplie de consentir ? »

Le public a trouvé tout cela prodigieusement indécent. Par ci par là, dans les mots, peut-être ; mais dans le fond, comment donc, et où en sommes-nous ? Puisque c'est un jeu de Lydie, puisqu'elle sait qu'il y a quelqu'un dans l'alcôve, et puisqu'en effet il y a quelqu'un ! Ce n'est qu'une gouaillerie un peu forte, et comme il y en a vingt dans l'ancien théâtre. L'alcôve vide, ce serait cynique ; l'alcôve occupée, et *sue* occupée, ce n'est qu'une mystification. C'est l'histoire de la scène de Tartuffe, insupportable si Orgon n'était pas sous la table, simplement comique parce qu'on sait qu'il y est.

Et le revirement est si joli ! Ce pauvre Campanilla

est si penaud, si bien dans l'impossibilité de dire un mot pour expliquer la subite défaillance d'une bonne volonté qui semblait si vive ! Et c'est si bien la monnaie de sa pièce qu'on lui rend avec bonne grâce ! C'est une des jolies scènes que je connaisse. Le public n'a pas voulu mordre. Il était buté. Le second acte, c'est du moins ma façon de comprendre, l'avait incliné aux sévérités. La pièce s'est terminée sans encombre, mais dans une atmosphère que tous les thermomètres ont marqué « froid aigre ».

Comme elle se termine, vous l'entendez bien. La petite maîtresse du marquis finit par sortir des rideaux. « Une femme chez mon époux à cette heure de nuit ! Venez tous ! cela vaut la lumière et le bruit ! » Procès-verbal dressé. Divorce sûr. Campanilla perdra ses vingt mille francs de pension, la marquise son marquisat ; tout sera comme auparavant, et c'est le vrai dénouement moral des histoires de ce genre.

J'ai dit mes raisons, celles du public, j'ai tout dit. Je crois que le public a été un peu sévère ; je ne crois pas que la pièce soit excellente ; je trouve qu'elle est, tout compte fait, très agréable ; j'estime qu'elle se relèvera. De l'aveu de tous il y a un acte merveilleux, le premier ; du mien il y en a deux : le premier et le troisième. Je charge le second de toutes les responsabilités.

Les interprètes n'en ont aucune. C'est très bien joué. Mlle Réjane, depuis *Décoré*, fait des progrès incroyables. Elle devient une grande comédienne.

Elle a joué tout le rôle de Lydie, qui est très considérable, avec une vérité et une aisance et une sûreté incomparables. Elle est tout le premier acte, et de ce long premier acte on a applaudi avec ravissement chaque ligne. C'est le triomphe de l'intelligence avisée et fine, et en même temps c'est toujours la grâce dans tout le déhanché et le vulgaire que le rôle impose. C'est d'une réalité et en même temps d'une mesure parfaite.

Saint-Germain est excellent d'aspect, d'allure, de façons et de diction. Le jeu n'a pas assez d'éclat et a quelque chose d'un peu rentré. Il a fait encore grand plaisir.

Les autres acteurs n'ont tous que des bouts de rôle. Ils les tiennent avec beaucoup de talent et un très grand soin du détail. C'est une bonne maison que le Vaudeville. On sent que tout y est fait avec une diligence minutieuse et que rien n'y est laissé au hasard. La sensation du bon ensemble, on est toujours sûr de la trouver là.

VII

Menus Plaisirs. — Reprise des *Filles de marbre,* drame en cinq actes, dont un prologue, par Théodore Barrière et Lambert Thiboust.

24 février 1889.

Il y a intérêt à parler des *Filles de marbre,* car les *Filles de marbre* sont tout un chapitre d'histoire littéraire. Elles ont brillamment réussi il y a trente-six ans, et leur succès s'est longtemps continué à l'étranger et en province. En province surtout, jusqu'à ces dernières années, les *Filles de marbre* étaient la pièce réclamée et redemandée par excellence, et sur laquelle une direction jouait à coup sûr. Il y a plus ; les *Filles de marbre*, savez-vous, ont défrayé tout un genre de littérature. Les « chroniques » des journaux bourgeois, illustrés ou autres, ont été bien souvent, — oh, que de fois ! — bâties et maçonnées des débris des *Filles de marbre*. Toutes les fois qu'un chroniqueur n'avait rien à dire, circonstance qui se renouvelle souvent, croyez-en un homme qui l'a été, il se disait : Allons ! je vais flétrir les courtisanes ! A moi les *Filles de marbre !* Un morceau des *Filles de marbre!* » De deux chroniques l'une, alternativement, casser du marbre et casser du sucre, cela menait très honorablement à la fin de l'année. On recommençait l'année suivante. Ce que Darwin a nommé du nom immortel d'évolution consiste à trotter dans un tourne-broche.

Le dernier du genre était ce pauvre Chapron, que je nomme précisément parce que, dans ce genre démodé, il était plein de talent. Son coup de cravache était vigoureux et élégant. Il fouaillait bien. Il devait faire rêver quelques-unes de ses victimes.

Tout ce genre littéraire remontait aux *Filles de marbre* comme à son principe. Il s'était développé sous le second Empire, et la troisième République aura vu la fin de sa course.

Pour ces raisons il était très intéressant de revoir les *Filles de marbre*, et nous n'avons pas manqué au rendez-vous. Nous étions tous là, avec religion, moi éperdu de bonne volonté, comme toujours, et, particulièrement ce soir-là, ramassant toutes les forces de mon attention, parce que j'étais placé tout près de deux aimables artistes de la Comédie française que je connais bien — oh! oui! — et qui me forcent à des actes d'héroïsme toutes les fois que, placé auprès d'elles au théâtre, je veux entendre quelque chose de la pièce. Ce n'est pas qu'elles soient belles — oh! non! — ce n'est pas que leur physionomie exquise ou même leur laideur piquante... — oh! non! je vous assure! — mais toutes les fois, et vraiment cela m'arrive souvent, toutes les fois que je suis à portée de leur voix, je puis renoncer à ma tranquillité, à ma liberté d'attention. Les babils des oiseaux dans une forêt vierge au printemps, le gazouillis d'une chute d'eau dans les rapides du nouveau monde, le crépitement d'une fusillade soutenue d'une orchestration d'obus, une avalanche de grêle mêlant son murmure aux éclats interrompus du tonnerre, ne donnent qu'une faible idée — oh! si faible! — du murmure charmant de leur conversation aiguë, précipitée, ardente, furieuse, intarissable et implacable comme une convulsion de la nature. Quand je les aperçois dans la salle à une place voisine de la mienne, je retourne au contrôle, je fais de la diplomatie, je me livre à de basses intrigues pour faire changer mon coupon. Je fais des sacrifices. J'offre d'être placé entre les deux plus gros hommes du Tout-Paris, et si vous connaissiez ces deux plus gros hommes! Je demande à être placé dans un courant d'air. Je me résigne, s'il le faut, à être collé contre un portant dans une coulisse; car enfin j'aime encore mieux le pompier. Je ne réussis pas toujours. Je n'ai pas réussi hier. On m'a donné une très bonne raison : « Monsieur, le théâtre des Menus-Plaisirs est si petit! Vous les entendrez toujours. Toute la salle les entend. Les acteurs forcent leurs voix pour lutter contre la leur. Nous-mêmes, au contrôle, nous en sommes troublés dans nos petites opérations. » Je me suis résigné. J'ai entendu la pièce comme j'ai pu. Voici ce que j'ai entendu.

D'abord un prologue destiné à jeter un peu d'obscurité sur le reste de l'affaire. Nous sommes à Athènes. Il y a là Phidias, Diogène, Gorgias (non pas le rhéteur, un riche bourgeois) et autres personnages de moindre importance. Phidias a fait des statues qu'il aime d'amour parce que nous sommes, à peu près, dans le pays de Pygmalion, et, qu'après les avoir vendues, il ne veut pas livrer au riche Gorgias. Mais les statues elles-mêmes — *mirabile visu* — s'animent pour sourire à Gorgias, à l'opulence, à la stupide opulence. C'est très philosophique. Gorgias, beaucoup plus philosophe que les auteurs, n'a pas l'air d'être enchanté. Il a raison. Si les statues ont souri, c'est qu'elles sont devenues des femmes comme vous et moi, c'est-à-dire, enfin, c'est qu'elles ne sont plus des statues de Phidias, mais de simples Athéniennes. Or, une statue de Phidias, cela vaut dix talents, au bas mot, mais une femme vivante, comme Théano ou Charite, c'est trop loin d'avoir une pareille valeur. Gorgias se sent affreusement volé. Il fait contre fortune bon visage. Il a un nom de philosophe.

Voilà ce que j'ai compris à ce prologue, dont le moindre défaut est d'être obscur, et dont le plus grand est d'être inutile. Barrière qui n'était point sans hautes prétentions, et Thiboust qui le suivait, ici, docilement, avaient le dessein, par ce prologue, de bien marquer le caractère général et singulièrement élevé de leur œuvre. Ils voulaient nous dire : « A Athènes comme à Rome, et à Rome comme à

Paris, la femme est un être froid et insensible qui ne s'anime qu'à la vue ou à la pensée de l'or. O éternel féminin impassible et glacé... »

Etc.

Je veux bien. Mais il aurait fallu pour soutenir ce grand dessein, une pièce autrement forte et profonde que celle qui suit. Au second acte, nous sommes à Paris, au Bois de Boulogne, et il y a de beaux messieurs qui boivent du champagne avec de belles filles. Les statues de Phidias sont devenues (parlons le langage du temps), de brillantes « lorettes ». Ces messieurs passent leur joyeuse existence à exprimer à ces dames, en prose et en vers, à quel point ils les méprisent : « Marco vous êtes à vendre ; Josépha tu es vénale ; Mariette, tu te donnes pour de l'argent. » Voilà ce qu'ils ont à dire d'agréable, et voilà ce qu'ils disent sans agrément. Quelle singulière occupation ! Quand je songe qu'ils pourraient être huissiers ! Car enfin ils pourraient l'être. Non ! c'est trop bizarre ! Si vous les méprisez à ce point, pourquoi diantre passez-vous votre existence avec elles ! On dirait que vous êtes forcés, mais par une fatalité, ou par arrêté du préfet de police, de vivre entre Mlle Josépha et Mlle Marco, et que vous vous en consolez par en médire. Cette forme du pessimisme m'étonne. Qu'un pessimiste dise son fait au monde et lui fasse vigoureusement son procès, passe encore. Il est à peu près forcé d'y habiter. Il n'a guère le choix. Le suicide est la seule porte de sortie, et l'on conviendra que cela même qu'il n'y en ait pas d'autre est chose dont on se peut plaindre.

Qu'un misanthrope médise des hommes, il est déjà moins excusable ; car il est relativement facile de ne pas vivre parmi les hommes. Ils ne vous y forcent pas tant qu'on veut bien le dire. « Ne leur demandez rien, disait un jour M. Renan ; ils ne viendront guère vous chercher. Comme cela on est bien tranquille. » Cependant je comprends encore la misanthropie. Le « désert » d'Alceste n'est pas si facile, tout compte fait, à trouver. Il suppose des espaces terrestres bien peu peuplés. Il suppose une santé inaltérable qu'on n'a pas toujours. Il suppose une dizaine de mille francs de rente, qui manquent encore à quelques personnes. Il n'est pas à la portée de tout le monde. Il est difficile à un surnuméraire de se soustraire à la société du genre humain.

La misanthropie est donc acceptable. Mais la manie de vivre parmi les femmes pour renforcer en soi le mépris qu'on fait d'elles et pour le leur exprimer d'une manière brillante est quelque chose de bien extraordinaire. Ces jeunes gens sont des êtres bizarres et désordonnés. Ils parlent des femmes comme des septuagénaires, et vivent avec elles comme des jouvenceaux de vingt ans. Ils ne comprennent pas qu'une femme se vende ; cela les révolte ; et ils passent leur temps à en acheter. Ils sont étranges.

Parmi eux vient à passer Phidias, le Phidias d'Athènes, qui est maintenant un sculpteur parisien du plus beau talent et de la plus grande espérance. Ce Phidias, qui maintenant s'appelle Raphaël, et qui, en sa qualité de sculpteur grec, devenu sculpteur français, porte un nom de peintre italien, ce qui ne laisse pas de jeter un peu de confusion dans les choses, tombe immédiatement amoureux de Marco, la plus belle des « filles de marbre » ; et Marco, qui le trouve gentil, l'emmène faire un petit tour. Le drame — enfin — est commencé. Il s'agit de savoir si Raphaël, sculpteur français, bon garçon, qui a une bonne mère, et qui a recueilli une douce orpheline dont il devrait bien faire sa femme, sera entraîné dans la paresse, le désordre, la ruine et peut être la honte par Mlle Marco.

Mon Dieu oui ! C'est un drame comme un autre : c'est un drame comme la *Dame aux Camélias* ou comme *Sapho*. Mais il faudrait un peu, pour que nous nous y intéressions, que les caractères de ces gens-là nous fussent plus connus. La *Dame aux Camélias* a un caractère, assez complexe même, et très intéressant, et assez touchant. *Sapho* de même : nous savons pourquoi et comment elle aime son petit pifferaro. Et de même les jeunes niais amoureux, et dans la *Dame aux Camélias*, et dans *Sapho*, ont, eux-mêmes, une certaine existence psychologique. Les auteurs des *Filles de Marbre* ont réduit la question à ses termes les plus simples, et je dirai presque les plus puérils. Marco, fille de marbre et femme d'argent « prend » Raphaël, au jour. Pourquoi le prend-elle ? par amour, par grand amour ? Ce serait très intéressant. Le roman de la courtisane amoureuse sera toujours très curieux. Par caprice? Ce serait curieux encore. Un caprice jouant avec une passion vraie, trente romans et cinquante pièces de théâtre sont fondés sur cela. Mais pour ce qui est de Mlle Marco, on ne sait rien de ce qui la fait agir. On soupçonne que c'est la méchanceté, et on n'en sait rien, et l'on se prend à se dire, le moment d'après, qu'on s'est trompé. Non! Rien! Le jeune homme pur niais et la femme d'argent, rien de plus, rien de moins. Les auteurs n'ont pas voulu nous donner d'autre indication. Il en résulte qu'on ne s'intéresse ni à l'un ni à l'autre.

Au second acte on les a vus aller faire un tour; au troisième acte on voit Raphaël chez lui, entre sa mère et sa fiancée, incapable de travailler parce qu'il pense à Marco, et cela nous est vraiment indifférent. — Au quatrième on le trouve installé chez Marco, et on ne sait vraiment pas pourquoi ni comment. Marco a-t-elle eu pour lui un coup subit de fantaisie? Veut-elle simplement, maigre régal, croquer en huit jours dix mille francs qu'on sait que Raphaël a mis à la caisse d'épargne? Veut-elle, par instinct de perversité, faire souffrir un sot et le voir souffrir? Non, elle n'a pas l'air d'une femme féroce. C'est une simple fille entretenue un peu poseuse. Je ne sais donc pas; et ne sachant pas, peu me chaut de ces gens-là.

Voilà pourquoi la grande scène, la scène d'*explosion*, a si peu porté. Le « protecteur » de Marco, le « monsieur très riche » est revenu. Il est revenu, tranquillement, sans éclat, en homme du monde, faisant simplement une visite à Mlle Marco, de l'Opéra, et se présentant avec simplicité. (C'est ce qu'il y a de moins mauvais dans tout l'ouvrage.) Et il cause avec Marco en lui laissant entendre que sa petite fantaisie a assez duré, et qu'il est temps qu'elle disperse M. Raphaël. Cette scène, qui pouvait être très bonne, est faite avec une maladresse invraisemblable. Au lieu d'être là, sur sa chaise, rongeant son humiliation et recevant des coups droits en plein cœur et en plein honneur, avec, seulement, des sursauts de fureur, contenus aussitôt et violemment réprimés, Raphaël est là debout, toutes les cinq minutes bondissant comme un zèbre, le poing tendu vers « le monsieur riche », et retenu à bras-le-corps par son ami Desgenais, sceptique et dévoué. La scène est grotesque. On se tordait dans la salle comme sarments sur la braise. Mais vraiment peu importerait la maladresse d'exécution. C'est tout ce qui précède qui est responsable. Ces gens nous ont ennuyés parce que nous ne les connaissions point, qu'ils étaient sans vie réelle et sans être, qu'ils n'avaient point leurs trois dimensions, et quand, maintenant, ils bondissent, adroitement ou maladroitement, peu importe, ils nous font l'effet de marionnettes incohérentes.

Le pauvre Raphaël, entraîné du reste par Desgenais, comprend enfin combien sa présence est dépla-

cée et disparaît. Que lui reste-t-il ? A mourir ou à guérir. Il paraît que les deux dénouements ont été faits et que les directeurs peuvent choisir. En vérité, c'est indifférent. Que Raphaël guérisse ou qu'il meure ! Nous ne le connaissons pas assez pour que nous puissions bien savoir ou pourquoi il meurt ou pourquoi il guérit. Le dénouement donné hier est le dénouement heureux. Raphaël guérit, après une crise. Rentré chez lui et poursuivi par le cruel souvenir de Marco, il devient à peu près fou. Son ami Desgenais s'avise, pour le guérir, d'un traitement formidable. Desgenais doit être un de ces chirurgiens qui enlèvent le cœur de leur patient pour dégager l'estomac. Au milieu d'une crise, il dit à Raphël :
« Tu sais, mon bon, que ta mère est morte ! Ta fiancée aussi !

— Je les ai tuées ! s'écrie Raphaël.
— Ça m'en a l'air !
— Malheureux ! misérable !...
— Non ! les voilà !
— Ah !
— Il est sauvé !

Je ne sais pas trop. Une dame disait en sortant, et il faut s'en rapporter aux dames, je suppose, en telle matière : « Demain, il retournera chez Marco. » Il est possible. Il est très probable. Ce dénouement mélodramatique est très contestable, laisse bien des doutes. Autant que je me connais à ces choses, il me semble que le seul remède à un grand amour indigne ce sont les travaux forcés. Quand on dit à un ensorcelé de l'espèce de Raphaël : « Travaillez ! » on lui dit une chose assez juste, mais sans le moindre effet, bien entendu. La misère noire, conséquence ordinaire de ces sortes de folies, en est aussi le vrai remède. Elle force à travailler, et non pas d'un travail d'artiste, mais à fendre du bois, sous une forme ou sous une autre, du matin au soir. Très sain, cela. Au bout de quelques années, on a parfaitement oublié la femme fatale. Il est vrai qu'on recommence avec une autre. Mais c'est une autre comédie. L'ancienne a eu son dénouement vrai, et c'est tout ce que je voulais dire.

Mais je suis là à analyser et discuter les *Filles de marbre* comme si c'était un drame véritable, et j'ai bien tort. En sa nouveauté, il n'a été nullement cela, et il n'en a pas eu peut-être l'ambition ni le dessein. Les *Filles de marbre* ont été un pamphlet littéraire social et moral, une mercuriale, un factum, et si vous voulez, et puisque le prologue affecte la manière d'une comédie grecque, une *parabase*. Une violente protestation contre la littérature qu'on accusait alors de tendre à la » réhabilitation de la courtisane », un acte de réaction contre la « Dame aux Camélias » récente alors, et un réquisitoire furieux contre la « haute bicherie » (je continue à parler le langage du temps, qui du reste est plus convenable, par cela seul qu'il est suranné), voilà ce que Barrière et Lambert Thiboust avaient dans la tête. Toute la pièce a été faite pour l'apostrophe restée fameuse de Desgenais au quatrième acte : « Rangez vos voitures, mesdames, et place aux honnêtes femmes qui vont à pied ! »

Faire une pièce pour placer une chronique, c'est une tentation que bien des auteurs ont eue souvent, mais à laquelle il sied de résister. On peut ainsi emporter un succès d'un jour ; mais il y a de terribles revanches dans l'avenir. Il ne faut pas dire que le *Mariage d'Olympe* n'est pas autre chose, lui aussi, qu'une pièce de protestation. Augier s'est donné la peine de faire une pièce, et de donner un caractère à sa Caméliette, et un aussi à son adorateur, et un à son Desgenais, qui est précisément l'inverse d'un Desgenais, qui est un sceptique joyeux et drôle, au lieu d'être un sceptique bourgeois et éminemment Prudhomme. Le *Mariage d'Olympe* est une pièce, et les *Filles de marbre* ne sont pas une pièce, et il n'y a guère que cette différence.

J'ajouterai une petite observation. Même à la prendre comme simple cadre d'une véhémente satire, la pièce de Barrière et Thiboust me paraît bien manquée. C'est une satire où l'on ne sent pas beaucoup de conviction. La véhémence même n'en est pas un bon signe. On dirait que Barrière et Thiboust se sont fait violence pour être violents. Tout cela sent l'arrangement artificiel et bien pénible. Dans sa grande scène de folie à gros fracas, ce bon Raphaël s'écrie à un moment donné, se tordant les bras et se « tordant » les yeux : « Là ! Là ! Les voyez-vous ? Là ! les filles de marbre ! Elles m'appellent ! J'y vais ! Je veux les frapper, là, là, en plein cœur ! » — Il y va. Il donne un bon coup dans l'espace, et regarde fixement sa main : « Je n'ai rien trouvé. Il n'y avait rien. Elles n'ont pas de cœur ! »

Voyez-vous le mot de chroniqueur, assez niais du reste en lui-même, précieusement mis à part, puis, à toute force, tourné en trait mélodramatique, ajusté dans une scène, ou plutôt toute une scène faite pour lui, et à cause de ce tour de force un peu gauche, restant froide et de peu d'effet !

Le tout est ainsi. La chanson de *Marco la belle*, assez bien venue en elle-même et d'un tour assez heureux, devient impossible après que les auteurs en ont fait toute une scène, et je m'étonne que jamais le public ait pu la supporter tranquillement. « L'argent ! l'argent ! voilà ce qu'aime Marco », tel est le thème de la chanson. Or, c'est au nez de Marco, la dédaigneuse et la hautaine, et en faisant sonner une bourse autour de ses oreilles que des jeunes gens chantent ces couplets, et des jeunes gens qui ne sont nullement des protecteurs sérieux mais de simples *gigolos* assez vulgaires. Il n'y a qu'une chose à dire sur cette scène, c'est qu'elle est absolument impossible. Quand je songe que Marco a sa voiture, là, à la porte du restaurant, et son valet de pied à vingt pas, et que, ni elle n'appelle l'un, ni ne fait avancer l'autre ! Elle reste là, sous une bordée d'insultes, sans aucune autre raison de les subir, si non qu'elle veut que la chanson soit entendue du public jusqu'au troisième couplet. Ah ! la bonne fille !

Devant quel public tout cela a-t-il pu être joué sans protestation, sans impatience et avec succès ?

Devant un public qui éprouvait lui-même le sot besoin et goûtait le sot plaisir d'insulter les filles ; et voilà le secret. Il n'y rien de plus plus vulgaire au monde et de plus plat et de plus misérable que ce besoin et ce plaisir. Car pour aimer à insulter les courtisanes, faut-il, Dieu bon ! que vous en ayez peur ; et pour en avoir peur faut-il, Seigneur ! que vous les aimiez ! Je crois le raisonnement irréfutable. Il y avait de ce que je dis, évidemment, chez les auteurs, et chez le public qui les approuvait. Considérations historiques du plus haut intérêt à tirer de cette observation. Le bourgeois du temps de Paul de Kock plaisante doucement la « grisette », en fait des chansons joviales et lui accorde un demi-pleur plein de sensibilité. Il l'aime légèrement, l'abandonne lestement, et n'en a pas peur. Vers 1850, la grisette est devenue la grande courtisane. Elle est riche ! elle éblouit le bourgeois, et l'hypnotise. Et il en est amoureux fou, de toute la passion du Bourgeois Gentilhomme pour la marquise Dorimène. Et il se tue pour elle. Et elle est devenue une puissance formidable dont il a une peur atroce. Et il s'en venge et il cherche à s'en défendre en affectant de la mépriser. Et il la siffle avec fureur. « Quand un homme qui a peur en est à siffler, dit Toppffer dans sa jolie physiologie de la peur, vous pouvez croire qu'il est extraordinairement bas. »

Le public de 1850, à l'égard des courtisanes, était extraordinairement bas, dans les sens divers de ce mot expressif. Le succès des *Filles de marbre* vient de là. C'est un succès d'honnêteté, a dit l'observateur superficiel. C'est le succès le plus malsain du monde ; car c'est un succès de lâcheté. Je ne sais pas si nous sommes devenus plus honnêtes ou plus graves, ou si la misère publique aidant, la « haute bicherie » avec ce qu'elle avait de séducteur et de redoutable a cessé d'exister, (dernière hypothèse que je serais assez tenté de tenir pour la plus juste) mais ce qu'il y a de certain c'est que nous n'avons pas fait de succès aux *Filles de marbre*. Non ! pas précisément ! Nous n'avions pas l'air de croire qu'il fût utile de faire une satire contre les femmes de plaisir. Le public semble avoir cessé de redouter les femmes qui portent son nom. Une comédie contre elles nous semble chose indifférente. J'en aimerais mieux une contre les femmes qui, au théâtre, empêchent leurs voisins d'entendre. Ah ! c'est un fléau dont je sens et dont je subis bien autrement les atteintes, dont je redoute bien autrement les approches !

La pièce a été jouée médiocrement. M. Montigny a de la distinction et une certaine chaleur de temps en temps dans l'exécrable rôle de Desgenais. Madame Renée de Pontry est une belle femme très élégante,

Elle manque de mordant et d'âpreté. M. Laroche a fait ce qu'il a pu du personnage de Raphaël dont il n'y a pas grand'chose à tirer. Il est capable de pathétique ; mais il se tient mal en scène et n'est pas suffisamment maître de ses mouvements. Tous les autres sont convenables et rien de plus. Car je sais bien que mademoiselle Aimée Martial est gracieuse et touchante ; mais elle n'a pas de rôle du tout, et où il n'y a rien...

VIII

Gymnase. — *Belle-Maman,* comédie en trois actes de MM. Victorien Sardou et Raimond Deslandes.

18 mars 1889.

Belle-Maman est une jolie comédie-vaudeville, très simple, très claire, très bourgeoise de ton et de coupe, même, (si l'on voulait se donner le plaisir d'être un peu injuste) quelque peu surannée, pourrait-on dire, en sa façon d'être. Une foule de détails, matériels, en quelque sorte, y sont marquées au millésime de 1889 ; mais la conception générale en est moins moderne. C'est une très bonne comédie comme nos pères en applaudissaient sous Louis-Philippe. Cela ne veut nullement dire qu'elle soit mauvaise. Je ne cherche pour le moment qu'à la caractériser, et à la localiser, si vous voulez, dans le temps. Elle a quelque chose de franc, de direct et de sans façon, qui n'est nullement pour me déplaire, certes, et qui même lui fait une manière d'originalité, mais qui la recule un peu, et lui donne, ça et là, comme l'air d'une reprise. Il n'y a que les exemples qui servent. « Les esprits médiocres ont besoin d'exemples » disait Diderot. J'en ai besoin.

Eh bien, pour me faire comprendre, pour me comprendre moi-même, si l'on veut, je dirai que c'est une pièce qui n'a pas besoin de Réjane, et dans laquelle même, on ne voit pas très bien Réjane ; et vous entendez à merveille maintenant ce que je veux dire.

Jolie du reste et très bien faite, bien conduite, d'un bon mouvement qui s'accélère en approchant du terme, et se dénouant avec beaucoup de simplicité, de naturel et de précision. C'est de l'excellent ouvrage, très loyal et très soigné. J'y ai pris plaisir. Je crois que le public fera comme moi. Le succès de première a été très vif. Si j'ai du flair, je crois qu'il sera plus éclatant encore aux représentations suivantes. C'est tout à fait une pièce de public, et particulièrement de public du Gymnase.

L'idée première des auteurs a été celle-ci : « Une belle-mère gênante, n'est-ce pas, c'est toujours drôle ?
— Toujours ! La moitié de la littérature française...
— Parfaitement. Seulement la belle-mère abhorrant son gendre c'est si usé, comme toutes les vérités acquises, qu'il ne faut plus songer...
— Non ! sans doute !
— Mais la belle-mère charmante, comme on peut supposer, dans un transport d'hypothèse, qu'il s'en trouve une, et assommante nonobstant, et d'autant plus, par tous les soins mêmes quelle prendra pour complaire à son gendre chéri... voilà un sujet !
— Oui ! oui !.Et puisque nous sommes en train d'exception, la belle-mère, trop jeune, plus jeune que

son gendre, plus jeune que sa fille, et encombrant le jeune grave ménage de ses folies de jeune femme émancipée, voilà encore un trait...

— D'autant meilleur qu'il est juste. Beaucoup d'aimables quadragénaires comme cela. Leurs filles mariées, elles-mêmes veuves, elles s'avisent de respirer un peu ; elles respirent quelquefois un peu fort ; elles respirent quelquefois longtemps ; elles respirent quelquefois jusqu'à ce qu'elles expirent.

— Eh bien, tout cela ensemble, voilà votre belle-maman.

— Voilà *Belle-Maman*.

Tel fut le point de départ. Il est très bon. Et voici comme nos auteurs ont marché ensuite.

Mme Noirel, mariée à seize ans à un notable commerçant de l'Ile-Saint-Louis, est la meilleure femme du monde, très jolie avec cela, avec autant de cervelle qu'il en faut à un moineau franc pour faire figure dans le monde. Elle ne s'est pas amusée beaucoup, Mme Noirel. Son mari était absolument adonné aux papiers peints, et son soupirant, M. Boudinois, avait le soupir respectueux jusqu'au silence qui caractérise les honnêtes gens quand, du reste, ils n'ont pas d'espoir.

Elle a perdu M. Noirel, elle a élevé sa fille et elle vient de la marier avec le notaire Thévenot, notaire mais gentleman, mais aussi gentleman que notaire, brillant et pratique, mondain mais homme d'ordre. Voilà qui est bien. On revient de la mairie. Mme Noirel respire. Plus de devoirs, plus de contrainte, plus de chaînes. C'est bon la liberté, quand on n'a encore que trente-six-ans et qu'on est jolie et avenante comme madame Magnier.

Sur quoi Boudinois surgit. Boudinois surgit doucement et avec convenance, et sans blesser aucun meuble. Mais il surgit. Il ne traine pas ; il ne lanterne nullement ; il est un peu pressé. Voici pourquoi :

« Chère Mme Noirel; si vous avez épousé Noirel il y a vingt ans, c'est que ma montre était un peu en retard. Je vous ai demandée à Mme votre mère dix minutes après qu'elle vous avait accordée à Noirel. Je me suis promis qu'une autre fois... Cette autre fois, nous y sommes. Vos servitudes viennent de finir, il y a une heure. Je n'en perdrai pas une autre, et j'ai l'honneur de demander votre main, que je rendrai heureuse. »

Mme Noirel réfléchit, comme elle sait réfléchir, c'est-à-dire qu'elle répond tout de suite :

« Non, mon ami ! Vous me représentez peut-être le bonheur, mais non une distraction. Or, je veux me distraire. Figurez-vous que je n'ai jamais voyagé ! Mon seul voyage d'agrément a été à Chartres, pour enterrer mon beau-père. Laissez-moi goûter un peu les douceurs de ma situation nouvelle. Vous repasserez dans quelques années. »

« — Ah ! s'écrie Boudinois, il y a vingt ans j'arrivais trop tard, et aujourd'hui j'arrive trop tôt. »

Et là-dessus, les jeunes mariés partent pour l'Italie, et Mme Noirel, la sémillante Mme Noirel, pour Trouville.

Deux mois plus tard. Le couple Thévenot rentre au logis, où Mme Noirel, retour de Trouville, les reçoit avec bonheur. Elle n'a pas perdu son temps, Mme Noirel. D'abord elle a rajeuni. Fiez-vous à Mme Magnier pour avoir toujours l'air d'avoir rajeuni. Et puis elle a songé au bonheur de sa fille et de son cher gendre, de ce bon Thévenot. D'abord chargée de lui transmettre les lettres d'affaires importantes (ce n'était pas fort à Thévenot de l'en charger) elle ne lui a rien transmis du tout, pour ne pas éclipser la lune de miel par des passages de papier timbré ; et Thévenot a cinq ou six actions en responsabilité sur les bras.

Ensuite elle a bouleversé la maison de fond en comble, « modernisé » l'étude, de manière à la faire ressembler à un boudoir de grande cocotte, loué l'étage au-dessus à raison de quinze cents francs, rue Saint-Georges, à un ménage d'aventuriers qu'elle adore, et dont la femme, précisément, est une ancienne maîtresse de Thévenot. Enfin c'est complet.

Thévenot patauge dans tous ces désastres avec des cris de désespoir. Mais le moyen de se fâcher contre une femme pareille ! Car elle est charmante, Mme Noirel, elle est exquise Belle-Maman : « Ce cher Thévenot ! cet adorable gendre ! Ai-je assez pensé à vous, mon cher enfant ? Mais remerciez-moi donc ! Embrassez-moi donc ! » — Que voulez-vous ? Il l'embrasse.

Mais il y a pis. « Pis que tout cela ? — Pis ! » comme dit Molière. Belle-maman a songé aux plaisirs de son gendre; mais elle n'a pas laissé de songer aux siens. A Trouville, elle a coqueté, elle a minaudé, elle a *flirté* (quand donc écrira-t-on tout simplement *fleureté*, comme on prononce, puisque c'est un mot français?), elle a eu une petite aventure avec le beau vicomte de Bardac, oh! presque rien, mais assez pour qu'on en glose. Le vicomte de Bardac lui a proposé une petite partie en mer. Elle, très honnête, a accepté, à la condition qu'il y eût un tiers, comme on dit au palais Bourbon, qu'il y eût Boudinois, le bon Boudinois; il n'est qu'un *patito* pour faire un excellent chaperon. Le vicomte de Bardac a consenti avec empressement. Mais au milieu de la traversée Boudinois a souffert. La mer « indulgente et bonne », comme disait Baudelaire, n'est pas indulgente et bonne à tout le monde. Boudinois n'en pouvait plus. Il aspirait à la terre comme Mignon aspirait au ciel. On a très complaisamment satisfait à ces aspirations. On l'a déposé sur un rocher de la côte, où il ressemblait à un albatros. Le vicomte et Mme Noirel sont rentrés tranquillement à Trouville le soir, et il y a eu le lendemain des croquis amusants dans les petits journaux illustrés.

C'est Boudinois qui raconte tout cela à Thévenot, avec des sanglots dans la voix.

« Eh bien! dit Thévenot, voilà, ma foi, pour m'achever de peindre! Il faut que je prenne soin de l'honneur de belle-maman! Mariez-vous donc pour mettre au monde des belles-mères qui font des fredaines! Enfin! c'est qu'il le faut! Bardac épousera, et alors me voilà débarrassé de la plus adorable et de la plus désastreuse des belles-mères, ou il se battra, et ce sera peut-être une leçon pour belle-maman. »

Bardac arrive, Thévenot lui tient le petit discours congruent à la circonstance, Bardac refuse d'épouser, et en route pour la Belgique !

Et vous me direz : « Tiens! cela tourne au drame! » — Ah! comme avec les hommes d'esprit et les vieux routiers du théâtre ces pas dangereux sont franchis adroitement et avec aisance ! Il fallait, en effet, que l'impression de drame, ou seulement le soupçon qu'on pouvait verser dans le dramatique ne vînt pas en l'esprit du public. Il fallait trouver quelque chose qui maintînt l'air et le ton comique. Les auteurs l'ont trouvé, et cette fin d'acte est d'une bouffonnerie admirablement savoureuse. Ce sont les préparatifs du départ qu'il fallait à tout prix rendre burlesques. Ils le sont à souhait. Thévenot, au moment de sauter en wagon, voit tous les embarras et tous les fâcheux du monde lui tomber sur le corps. C'est un testament d'où dépend toute la fortune du bon Boudinois qu'il faudrait rédiger ; c'est une famille de grotesques qui vient de discuter les clauses d'un contrat de mariage, et qui s'attache furieusement aux basques du pauvre Thévenot. Au milieu de tout cela Thévenot trépigne, se cabre et bondit dans l'espace. Il s'échappe enfin et la toile tombe au milieu d'un fou rire. Pour un duel gai, voilà un duel gai.

Le troisième acte est celui qui a le plus porté sur le public, et certes je le comprends, car il abonde en détails heureux et en véritables petites trouvailles comiques. Le sévère critique a pourtant quelque chose à dire sur ce troisième acte. La pièce y dévie un peu, ce lui semble, de l'idée première et du mouvement général, et de très originale qu'elle était, elle devient trop semblable à toute pièce sur les belles-mères. Jusqu'ici nous avons eu, n'est-ce pas, la belle-maman, qui, partie étourderie, partie affection maladroite et indiscrète pour son gendre, fait le malheur de ceux qu'elle aime. Maintenant, que voyons-nous? Mme Noirel découvrant que Thévenot est allé se battre et disant à sa fille : « Il se bat... c'est pour une femme... C'est un monstre... Vite une assignation... un procès... le divorce... » — Mais, mais, s'il vous plaît, c'est la belle-mère classique, cela ! C'est le fléau des familles, tel que nous le connaissons tous..., presque tous, parce qu'il y a les célibataires. C'est l'ennemi domestique traditionnel, héréditaire et universel que le monde entier connaît et que cent comédies ont peint à nos yeux. Ce n'est plus la belle-maman originale, exceptionnelle, délicieuse, et du reste insupportable, mais insupportable d'une manière inédite, des deux premiers actes.

Ce qu'il faudrait pour que le portrait s'achevât comme on a commencé de le peindre, c'est que cette bonne dame Noirel, toujours excellente et dévouée, voulût, au contraire, sauver la situation, assurer le bonheur et de fille et de gendre par une machination sublime, qui du reste, étant donné l'adresse et le bonheur qu'on lui connaît, tournerait à quelque nouveau désastre. Les auteurs y ont songé un instant. Au commencement du troisième acte Mme Noirel ne manque pas de mettre la police aux trousses des belligérants, ce qui ne peut que compromettre son gendre, officier ministériel, et lui créer de graves embarras. Mais, sauf ce détail, pendant tout le troisième acte, Mme Noirel, air connu, est la belle-mère éternelle, et trop sue par cœur, qui verse des huiles sur le feu conjugal pour mettre le feu à la maison. Pour mon compte cela me désoblige et me refroidit. C'est surtout ici que se fait distincte en moi et s'accuse la sensation de la comédie devenant pur et simple vaudeville.

A la vérité le vaudeville est excellent, plein de petites inventions amusantes et neuves et de traits naturels et gais. « Il se bat, dit Mme Noirel, il se bat; tu entends, ma fille ! S'il meurt...

— S'il meurt, je me tuerai, s'écrie Suzanne.
— Et s'il survit ?
— « S'il survit, je ne le reverrai de ma vie ! » Cette logique féminine n'est-elle pas admirable? Toutes les femmes se sont reconnues.

Thévenot revient de Belgique. Poursuivi par les gendarmes à travers tout le royaume, il est revenu en France et a fini par se battre à Chantilly, et a donné à Bardac un joli coup d'épée par un *une deux trois* plein d'aisance : « Enfin, voilà qui est fait. Je vais pouvoir embrasser ma femme ! »

Ah ! bien oui ! visage de bois, et c'est par du papier timbré qu'on lui répond. Action en divorce pour cause d'adultère et injure grave. Le pauvre Thévenot, furieux et désolé, rassemble ses amis qui sont, gens de loi, comme lui, et s'exaltant peu à peu, prétend répondre à papier timbré par papier timbré. « Dicte, toi l'avoué, dicte. » L'avoué commence, Thévenot écrit : « Considérant que Madame Thévenot, par des plaintes calomnieuses, ayant un caractère officiel, et d'autant plus outrageantes... »

— Outrageantes est un peu dur, dit le bon mari. Si nous mettions · irritantes ; si nous mettions : d'autant plus propres à blesser un cœur vraiment épris...

— Ce n'est pas un style de procédure, répond l'avoué.

— Ça ne fait rien, laisse moi écrire, ne dicte plus... Considérant que Mme Thévenot, par des plaintes injustes... oh ! oui !... qui du reste prouvent son affection, et sont à son mari un témoignage flatteur et charmant.... Considérant que de son côté M. Thévenot, qui adore sa femme ; car plaise au tribunal de déclarer qu'il l'adore... Oui il l'adore... Oh ! ma Suzanne, mon âme, ma vie, mon trésor, croire que je te trompe, et que je suis capable d'aimer autre femme au monde que toi, toi, la grâce, la beauté, la bonté...

— Ah ! quelle drôle d'assignation ! dit l'avoué.

Voilà qui est fait s'écrie Thévenot, brandissant son papier à vignettes. Et Mme Thévenot verra de quel bois je me chauffe.

Le succès était déjà grand, mais cette trouvaille de l'assignation se tournant en déclaration d'amour a mis le comble à la joie du public. C'est, en effet, une fort jolie invention.

Vous prévoyez le dénouemement. La petite Suzanne est touchée des « considérants » de son adversaire. Elle consent à l'entendre, mais elle veut absolument savoir « pour quelle femme » il s'est battu. Pour quelle femme ! à chaque instant Thévenot est sur le point de le dire, de le crier à sa belle maman qui, toujours inconsciente, le crible d'épigrammes savantes, lesquelles, toutes, retombent sur elle. Enfin c'est le bon Boudinois qui se dévoue et qui vient dire : « Mais c'est pour vous, ma chère amie, qu'il s'est battu, pour vous qui ne faites que des étourderies depuis trois mois, et qui nous mettrez tous sur la paille si vous continuez. »

Vous savez comme Mme Noirel est bonne ; elle reçoit un coup en plein cœur, elle voit très vite toute l'étendue de ses fautes. Elle s'en accuse, et dit : « Je ne le ferai plus. »

— « Pour ne plus le faire, belle maman, pour être bien sûr de ne plus le faire, il n'y a qu'un moyen, c'est de vous remarier. Vous n'êtes peut-être pas très bien faite pour la vie de garçon. Epousez Boudinois. » Elle épouse Boudinois. Après la confession la pénitence. Thévenot commence à être tranquille. « Plus de fredaines dans la maison désormais. J'ai marié ma belle mère. Mon Dieu que les enfants donnent de souci ! »

C'est une aimable comédie, comme vous voyez, que *Belle-Maman*, un peu vieux jeu, plus j'y songe plus je m'en convaincs, mais du meilleur et du plus adroit vieux jeu, ce qui est infiniment loin d'être méprisable. Le succès en est assuré et sera très considérable. Songez que tout le monde peut voir cette agréable pièce, et que tous ceux qui la verront y prendront plaisir. Elle est très bien jouée. Noblet est l'infaillible Noblet. Il mène toute la pièce avec l'entrain, la vivacité précise, la sûreté que vous lui connaissez. C'est l'acteur le plus certain et maître de son métier, que je sache.

Mme Magnier que l'on sait assez que je n'aime guère, m'a très agréablement surpris. Elle a tempéré sa fougue et le ton de belle hurluberlu qui lui est trop ordinaire. Elle a mis beaucoup de mesure dans son jeu. Elle a eu beaucoup de moments excellents. Et puis il faut bien que je reconnaisse qu'elle est toujours très belle, et sait se faire des têtes ravissantes. Celle qu'elle portait sur ses belles épaules au premier acte est un chef-d'œuvre. Je saurai désormais que Mme Magnier en bandeaux est la plus exquise des diverses Mme Magnier que nous pouvons contempler sur le théâtre du Gymnase. Voudrait-elle un conseil ? Elle abuse d'un geste agréable, mais dont la fréquence finit par gâter la saveur. Quand elle ne porte pas à son menton sa main droite, soit pour parler, soit pour écouter, n'en faites nul doute, c'est qu'elle y porte sa main gauche. Cela met une certaine variété dans son attitude, mais peut-être insuffisante. Somme toute, elle a eu beaucoup de succès et a fait le plus grand plaisir.

Les autres interprètes sont très convenables. Il faut même tirer de pair M. Numès, qui, dans un rôle de maître clerc honnête, fidèle, étonné et un peu maladroit, a été tout plein de naturel et de vérité. Il me semblait l'avoir rencontré dans mes études, je veux dire dans les études où j'ai fréquenté.

IX

THÉÂTRE LIBRE : La *Patrie en danger*, drame en cinq actes
de MM. de Goncourt.

25 Mars 1889.

La Patrie en danger, ou *l'Ennui même*, sous-titre qui a été omis sur les affiches mais que je rétablis avec conviction, a été joué mardi au Théâtre libre et les jours suivants aux Menus-Plaisirs avec peu de succès. Cette pièce a toute une histoire ; car, écrite en 1868, et destinée au Théâtre français, divers incidents ont empêché qu'elle fût jouée nulle part jusqu'au jour où M. Antoine y voyant, et avec raison, l'expression définitive et suprême de ses théories théâtrales, fit la proclamation que vous savez pour faire connaître au monde qu'il la donnerait sur son théâtre. Cette pièce offre un sujet d'études intéressant. Elle pose et résout la question de savoir quels sont les différents moyens les plus sûrs pour produire en une salle de théâtre le maximum d'ennui, et l'on peut en tirer deux ou trois règles, règles tout expérimentales, qui seront fort utiles aux auteurs, dans l'un ou l'autre sens du reste, et dans l'une ou l'autre tendance, selon que, tenant à faire une œuvre « vraiment littéraire » et « hautement artistique » ils les appliquent directement, ou selon que, craignant d'ennuyer le public, et visant platement au succès, ils en prennent juste le contre pied.

Ces règles peuvent, pour le moment, se réduire à trois.

1º Pour ennuyer sûrement le public il faut éviter toute espèce d'unité dans l'œuvre dramatique, et présenter des scènes détachées et dont jamais l'actuelle ne se rattache à la précédente;

— 2º Pour ennuyer plus sûrement le public, il faut lui donner la vérité historique, textuelle, documentaire, et de source, l'inonder de sources, sans se permettre d'altérer jamais la note prise, le texte cueilli, le document déterré, le témoignage oculaire et auriculaire. Grâce à ces précautions, on ennuiera infailliblement ; mais, du moins, et c'est une gloire, « ça ne ressemblera pas à *Henri III;* »

— 3º Pour être, cette fois, aussi certain d'ennuyer son monde que l'on peut l'être d'une vérité mathématique, il faut que les personnages ne s'expliquent point par leurs actes, ou ne s'éclairent point les uns les autres par leurs rapports les uns avec les autres, mais se racontent et s'exposent eux-mêmes par des monologues qu'on aura le soin de faire aussi interminables que le temps le permettra.

Moyennant ces trois dispositions et l'application sincère et loyale de ces trois règles on a toutes les chances du monde de plonger le public dans une torpeur où Jean Lahor reconnaîtrait avec complaisance une image presque précise du Nirvâna.

Et maintenant racontons l'œuvre qui sera désormais le type et le canon (type veut dire canon, et canon signifie type, vous voilà bien renseignés) de la pièce stupéfiante, torpide, et « hautement littéraire. »

Le premier acte, qui est le meilleur, je veux dire le plus mauvais, enfin celui où il y a un peu d'intérêt, le premier acte nous présente en raccourci le monde de 1789. Vieille chanoinesse enragée d'aristocratie, Mlle de Val-Suzon ; jeune seigneur libertin, buveur, spirituel et brave, le comte de Val-Suzon, frère de la chanoinesse ; leur nièce Blanche de Val-Suzon, jeune personne d'une « merveilleuse sensibilité », vaguement amoureuse de son compagnon d'enfance Perrin (ah ! les amitiés d'enfance, ce qu'elles deviennent plus tard... mais ce n'est pas mes mémoires que j'ai à écrire), le jeune Perrin, plébéien et révolutionnaire, mais sentimental et amoureux de Blanche, enfin Boussanel, le disciple de Rousseau destiné à devenir un petit Robespierre, vous savez, le tigre à phrases, *tigris phraseologus*.

Voilà nos personnages. Ils sont bien choisis, ils sont vrais, et comme l'auteur est bien forcé de nous les présenter, de nous les faire entendre, ils ne sont pas encore tout entiers faits de formules ramassées dans les papiers du temps et collées les unes contre les autres. Ils ont encore un semblant d'existence synthétique, d'existence voulue et conçue par l'auteur lui-même. Sauf qu'ils sont déjà terriblement bavards, ils sont acceptables, ils intéressent même jusqu'à un certain point, et, du reste, ils ont le bénéfice de la complaisance que le public apporte toujours à un premier acte.

A partir du second, le titre de l'ouvrage pourrait être *Scènes quelconques de l'histoire de la Révolution*. Nulle suite, nul lien, affectation même, à ce que j'ai cru voir, et comme je crois que vous allez le reconnaître, de ne point rattacher clairement un tableau au tableau précédent, et de supprimer le mot, le tout petit mot, l'allusion brève et rapide qui pourrait servir de raccord. Le second acte, c'est le *10 Août*, ou plutôt la nuit du 9 au 10 août. Tocsin, coups de fusil, roulements de tambours. Ces choses sont dans les coulisses. Sur la scène rien. Deux femmes qui pleurent et qui prient. On ne me reprochera pas d'être intransigeant dans mon opinion. Ce genre de scène muette, à la condition, bien entendu, qu'on n'en abuse point, je serais très disposé à l'admettre. Il peut être d'un grand effet. Mais ne voit-on pas, d'abord, qu'une telle scène doit être très courte ; car enfin, après tocsin, coups de fusil et roulement de tambours, voilà qui est fini, et si vous continuez, vous ne pouvez me donner que nouveau tocsin, et nouveaux roulements, et cela ne va pas sans monotonie. Ensuite ne voit-on pas que, pour bien conserver à la scène son véritable caractère, il faut que les acteurs ne disent rien ? Ils sont tellement tout passifs ici, tellement le fer sur lequel le marteau frappe ! Les faire parler longuement, alors qu'ils n'ont qu'à exprimer des sentiments que nous connaissons absolument d'avance diminue l'effet du tableau de terreur et d'angoisse au lieu de le redoubler. Il empêche la scène d'être muette, ce qu'il faudrait qu'elle fût pour être terrible. Il amuse le tapis, sans amuser le public. C'est une vraie faute, et la longue oraison funèbre de la monarchie que débite la chanoinesse de Val-Suzon, malgré tout le soin dont elle est écrite, a paru insupportable au public.

Troisième acte : capitulation de Verdun. Quand je dis troisième acte, vous entendez bien que cela veut dire estampe qui se trouve venir après la seconde dans le carton. Car il n'y a aucune espèce de lien entre l'acte qualifié second et l'acte intitulé troisième. Non seulement aucun lien, mais précisément le contraire. Jusqu'ici ce que l'auteur semblait vouloir nous montrer, c'est l'aristocratie, d'une part, se défendant, d'autre part le peuple montant à l'assaut et faisant la France libre. Soit, c'est un dessin, c'est une ligne générale où l'attention peut s'attacher pour se reconnaître. Ici, c'est le contraire que l'auteur nous expose avec insistance, à savoir le peuple imposant la capitulation à ses chefs, et appelant les Prussiens, et s'appliquant de tout son cœur et de toutes ses colères au rétablissement de la monarchie. Ce n'est pas ce vilain rôle donné au peuple qui est pour me scandaliser. Le *Petit Journal* en a été indigné ; moi je suis plus calme, sachant bien qu'une grande partie du peuple français a eu cette attitude de 1789 à 1794. Mais c'est au seul point de vue dramatique que je me place, et je déclare seulement que je ne sais plus où je vais. Verdun après *10 août*, je vois bien ; c'est une histoire de la Révolution ; mais une histoire à quel point de vue, une histoire donnant quelle impression ? Aucune. C'est une histoire simplement, par tableaux détachés, prodigieusement détachés, les uns des autres. Il n'y a pas à dire ; il faudrait que le spectateur fût prodigieusement détaché lui-même, indifférent à toute espèce d'esprit de suite, flâneur et badaud sur les quais, pour goûter ce genre de spectacle. Au théâtre on n'est point sur les quais, voilà le fond de toute théorie dramatique, sans ce que ça en ait l'air, soyez en sûr.

Je sais bien que l'auteur a essayé de rattacher. Ce gouverneur de Verdun, qui ne veut pas capituler, ce n'est pas Beaurepaire : c'est Perrin, le lieutenant Perrin, devenu colonel ou quelque chose comme cela, et dans la foule hurlante et capituleuse, la chanoinesse se retrouve, on ne sait comment, qui hurle capitulation, elle aussi, et semble avoir acquis en un tournemain une très grande influence sur la population de Verdun. Cette concession au théâtre tel qu'on l'entend d'ordinaire, ce détour pénible et un peu puéril, a paru bien maladroit et a fait plus mauvais effet que n'aurait fait l'absence pure et simple et franchement acceptée de toute attache et de tout raccord.

Tant y a que les capitulards l'emportent et que Perrin se fait sauter la cervelle. Remarquez bien cela : il se fait sauter la cervelle. Marceau, qui est sergent dans les environs, vient dire en pleine scène et en chute de rideau, solennellement et décisivement : « Le gouverneur de Verdun ne capitulera pas. Il est mort. »

Au quatrième acte, quel est le premier personnage que nous voyons ? C'est Perrin, empanaché et devenu général. Et rien qui nous prévienne, qui nous avertisse. Pas un mot pour nous faire savoir que Perrin s'est tué imparfaitement, ou qu'il s'est tué par procuration en la personne de Beaurepaire, ce qui, du reste, serait historique. Il faut être loyal. J'y ai été pris. J'ai cru cinq minutes que ce n'était pas Perrin, que c'était un nouveau personnage. Je me disais : « C'est curieux. Ce général a la même figure et la même voix que Perrin. C'est le frère de Perrin. Et on le fait jouer par le même acteur que Perrin précédemment, ce qui prépare et m'annonce des quiproquos, des méprises et des scènes de vaudeville. Nous allons enfin nous amuser. » Avais-je si tort ? C'était possible. Il n'y a jamais assez de clarté au théâtre, et non-seulement le premier mot de l'acte IV aurait dû être : « Perrin n'est pas mort », mais c'eût été à la fin du III que quelqu'un aurait dû me dire : « Il n'en réchappera pas » ; sur quoi je me serais dit : « Il va reparaître à l'acte suivant. »

Tant y a que Perrin est vivant, se promène en général dans le Lyonnais, et en particulier à Fontaine, près Lyon, et y rencontre tous les personnages du premier acte, sans qu'on sache comment diable ils sont tous là. Il y a ici, outre Perrin que nous croyions tué à Verdun et qui respire, le comte de Val-Suzon que nous supposions tué au 10 août, n'en ayant plus entendu parler depuis, et qui voit la lumière des cieux. Il y a la chanoinesse, et il y a Blanche. Et tous, sauf Perrin, sont poursuivis et traqués, et Perrin cherche à les sauver. J'oubliais Boussanel, le rêveur et « promeneur solitaire » du premier acte, qui est devenu un procureur général de la lanterne et de la guillotine, et un « noir recruteur des ombres », et qui déclame, qui déclame... nous reviendrons là-dessus.

Perrin ne réussit qu'à se compromettre en essayant de sauver les aristocrates, et la toile tombe.

Au cinquième acte nous sommes à Paris et tout notre monde va être guillotiné. La chanoinesse de Val-Suzon, à la foule qui crie : « A la guillotine ! » jette le mot historique : « On y va, canailles ! » et Perrin et Blanche, qui se sont toujours aimés, sentent une infinie douceur, la seule qu'ils aient eue ici-bas, à mourir ensemble.

Tel est ce drame chaotique et cahoté, qui, à partir du second acte, n'intéresse pas un seul instant, parce que l'agencement en est nul et la suite flottante, indécise, incertaine et comme volontairement déconcertante ; parce que, ensuite, il est, dans le détail, d'une fidélité historique absolument déplorable au point de vue du bon public. Savez-vous ce que sont ces discours et ces dialogues qui se succèdent ? C'est un recueil des mots du temps. Ce drame est fait avec des fiches. Il donne au lecteur, même instruit, car enfin j'ai lu quelques livres dans ma vie, la sensation *qu'il n'est pas assez fort pour comprendre ce qu'il entend*, qu'il n'est pas au courant, que cela le dépasse. Si vous tenez absolument à échouer, au théâtre, donnez au public cette sensation là. Vous êtes sûr de votre affaire.

Thiers disait : « La première règle, c'est d'être persuadé que l'auditoire ne sait pas un mot de la question. » Au théâtre, où personne n'a « préparé sa séance », vous pensez assez que c'est bien pis encore. Continuellement le public avait l'air d'être en présence d'un livre d'archéologie. Un exemple, ou plutôt deux : « Tu n'as pas l'âme sans-culotte », dit un des personnages. Moi, c'est vrai, je ne bronche pas. Il se trouve que j'ai assez de lecture révolutionnaire pour être presque habitué à l'expression. Elle m'amuse même comme un trait de mœurs. Mais la majorité du public la souligne par des rires de protestation ; il la considère comme une exagération grotesque, du crû de l'auteur. Prenez donc garde ! Partez du point où il est à croire qu'en est le public en fait d'érudition.

Ailleurs Boussanel fait un éloge enthousiaste de Chalier, le Marat lyonnais. Eh bien, moi-même je ne connais de Chalier que le nom. Je me rappelle avoir rencontré ce nom dans l'histoire de la Révolution, et voilà tout. Et je fais effort pour tirer la notion de Chalier des pénombres de ma mémoire. Je m'interroge et je me fouille. Vous jugez, si, pendant que je me fouille, je fais attention à ce que me récite Boussanel, si je suis la scène, si je suis attentif au drame. Savez-vous à quoi a réussi l'auteur ? A faire *que je ne suis plus au théâtre,* mais dans ma bibliothèque, ou au cours, un peu lointain, de mon professeur d'histoire.

Un autre fléau de *Patrie en danger,* c'est l'intarissable éloquence des personnages. Tout en monologues, à un certain point de vue, voilà la pièce. Premier acte, deux monologues : Boussanel raconte ses rêveries et élévations sur la montagne ; Perrin raconte la prise de la Bastille. — Deuxième acte : immense monologue de madame de Val-Suzon demandant au ciel le salut de la monarchie. — Troisième acte tout entier en monologue : Perrin essayant de ramener à de meilleurs sentiments les capitulards de Verdun. — Quatrième acte : Monologue immense de Boussanel sur son sans-culottisme et son implacabilité révolutionnaire, avec apostrophe de cinq minutes au grand Chalier.

Je ne trouve une scène, une vraie scène, une scène où deux personnages échangent (enfin !) des sentiments, et non plus vont parallèlement chacun devant soi, qu'au cinquième et dernier acte. C'est la scène genre *Abbesse de Jouarre* entre Perrin et Blanche qui vont mourir. Hélas ! il n'y avait presque plus personne dans la salle pour l'entendre, et sous l'averse dense et indéfinie des tirades, des harangues, des apostrophes et des monologues, le bon public, quoiqu'il plût aussi dehors, s'était retiré. Il préférait la pluie du ciel.

Patrie en danger restera comme le type même et le modèle du drame qu'il ne faut pas faire.

X

ODÉON. — *Révoltée*. comédie en quatre actes, de Jules Lemaître.

14 Avril 1889.

Mon Dieu, oui, et comme tout le monde le dira, et comme du reste cela rendra plus claire mon exposition, je le dirai comme tout le monde, c'est le sujet de la *Gabrielle* d'Emile Augier.

Vous vous rappelez *Gabrielle*. Une femme sur le bord de l'adultère, parce que son mari, étant un honnête homme, est un travailleur, et étant un travailleur n'est pas un « homme aimable »; la mère de cette femme (dans Augier cette mère n'est qu'une tante, parce que dans ce temps-là on atténuait, mais ce n'est qu'une manière différente de prononcer) la mère, donc, de cette femme, malheureuse parce qu'elle a failli elle-même autrefois, essayant d'arracher la jeune femme à son penchant funeste, et n'y réussissant point, parce qu'on n'a pas raison d'une passion par des discours; enfin la jeune femme sauvée on ne sait pas assez pourquoi et de telle sorte qu'il n'est pas impossible qu'elle retombe un peu plus tard, mais sauvée enfin pour le moment : voilà *Gabrielle* en ses lignes générales, — et, en son dessin d'ensemble, voilà *Révoltée*.

Seulement les deux pièces sont tout de même aussi différentes que possible. Pourquoi ? Parce qu'elles sont *vraies* toutes deux, et parce que l'une est la vérité de 1849, et l'autre la vérité de 1889. Ce que sont les Gabrielle d'aujourd'hui, voilà ce que M. Lemaître a voulu peindre, et il y a admirablement réussi, et c'est cruellement intéressant, allez ! Vous allez voir.

De mon temps, mes enfants, quand une femme mariée se laissait aller aux bras d'un amoureux, c'était parce qu'elle était amoureuse de l'amoureux. (Du moins, je me suis toujours flatté que c'était pour ça). Aujourd'hui, c'est bien différent, du moins à un certain degré de l'échelle sociale, car j'imagine qu'au rez-de-chaussée, c'est toujours à peu près la même chose. Mais dans le monde que peint M. Lemaître, c'est bien différent. La femme qui s'abandonne, s'abandonne par un immense dégoût mêlé d'une pointe de méchanceté ; par un immense dégoût de son mari d'abord (ici nous sommes encore dans la tradition) de la vie telle qu'elle est, c'est-à-dire de la vie, et un peu d'elle-même ; de plus par une sorte d'esprit de malice et de révolte, pour se venger de ce qui est, de ce qui l'ennuie à force d'être, de ce qu'elle rencontre à chaque pas autour d'elle, lois, devoirs, règles, chemins tracés et battus. « Ah ! que tout cela est assommant, et terne, et gris, et bête, et cruel de bêtise ! Ah ! quelque chose de plus triste et de plus cruel encore, mais qui ne soit pas la cruauté et la tristesse de tous les jours ! » — Il est assez naturel qu'on se jette dans le désordre par horreur de l'ordre.

Voilà Gabrielle *junior,* voilà Hélène, femme Rousseau.

C'est ainsi qu'elle nous est présentée par gradations insensibles et très savantes. C'est une « orpheline par destination du père de famille, » une enfant naturelle, pour parler moins spirituellement, que Rousseau, professeur de l'Université, naïf et passionné, comme tous les professeurs, a épousée par amour, sans s'apercevoir qu'elle ne le préférait qu'à un couvent. Maintenant ils sont à Paris. Hélène va dans le monde comme une enragée, je veux dire comme une ennuyée; et Rousseau, avec quatre heures de classes et six heures de répétitions dans le larynx, l'y suit jusqu'à trois heures du matin, parce qu'encore vaut-il peut-être mieux qu'elle n'y aille pas seule. — C'est mauvais, cette pièce-là, parce que ça détourne les professeurs du mariage.

Et Hélène se révèle progressivement à nos regards. Quinteuse et amère, c'est le premier trait. Un petit Desgenais en cotillons : « Vous avez *blagué* la vertu dans votre discours sur les prix de vertu, M. Barillon. C'est une très jolie page... Il y a quelque chose de plus difficile à faire, c'est une belle action... Du reste, si cela devait rendre les humbles amoureux du désespoir, ce serait assez bien fait.

— Vous êtes pessimiste ?

— Oui, monsieur, et ça me désole ; il y a tant d'imbéciles qui le sont... Il est vrai qu'il y en a beaucoup aussi qui ne le sont pas.

Et elle va, elle va ! On voit qu'elle en veut à tout le monde. Très juste, ceci. Cela veut dire qu'elle est gâtée, au moins un peu. Un certain degré d'optimisme n'étant pas autre chose que le contentement de soi-même, c'est très souvent du snobisme, mais c'est souvent de la bonne conscience. Hélène n'a pas la conscience nette. Et en effet, à deux ou trois symptômes irrécusables, nous voyons qu'elle a l'appétit de la faute. Elle... je ne dirai pas elle aime... elle est curieuse du comte de Brétigny.

Ce Brétigny est le Don Juan moderne, ce Don Juan froid, sceptique, railleur et méchant, si moderne, et je ne plaisante pas, que c'est celui de Molière. Molière a été souvent en avance de trois cents ans. Et c'est *à cause* de ses mauvaises qualités qu'Hélène est attirée à lui. Autrefois les victimes de Don Juan l'aimaient sans se douter de son horrible fond de cœur. Hélène recherche Brétigny *parce qu'*elle le connaît à fond. Son scepticisme la séduit, et sa perversité la chatouille. C'est bien là son frère ; ils sont de même race, lui plus radical, elle plus centre gauche. Mais la conjonction s'impose, et le radical doit absorber l'autre, ainsi qu'il sied.

Et mettez autour de cela la mère d'Hélène, madame de Voves (qu'Hélène ne connaît pas pour sa mère) qui voit avec terreur sa pauvre fille prendre un chemin trop connu ; le fils de Voves, André, jeune homme généreux et brave ; une mondaine à prétentions littéraires et à jargon précieux ; un académicien aimable, spirituel et nonchalant ; et la conversation parisienne la plus fine, la plus mordante, la plus folle et la plus amusante, vous avez le premier acte, qui est une des expositions les plus lumineuses, les plus simples et les plus aisées que nous ayons entendues depuis les grands maîtres.

Au second acte, dans une soirée brillante et chaude, nous voyons les progrès du mal et les premiers essais de remède. Brétigny est là, et Rousseau, et Hélène et tout le monde. Brétigny presse Hélène avec une décision froide et impérieuse. Elle est belle, cette scène-là, et bien profonde. Pas un mot sentimental, pas une phrase. Ce n'est plus de notre temps. Elle est loin, la *Nouvelle Héloïse !* Une volonté immense chez Brétigny, une certitude du succès qui est la condition et la cause aussi du succès : « Vous allez être à moi ! »

Chez Hélène, une résistance qui n'est qu'une sorte d'ennui préalable et de déception sentie par avance : « Vous aussi, vous dites *pour toujours !*

— Je ne puis pourtant pas dire autre chose. »

Et l'on sent à merveille qu'ils ne s'aiment pas, qu'ils ne se sont jamais aimés, qu'ils ne s'aimeront jamais, et qu'ils sont l'un à l'autre par l'attraction de leurs natures mêmes. Leurs tristes amours sont l'échange de deux désenchantements dans le contact de deux impertinences. C'est encore s'aimer, cela, puisque s'aimer c'est se comprendre. C'est encore une sorte d'amour. J'en aime mieux une autre, soit ; mais je sens que celle-là est vraie, et j'admire combien elle a été bien étudiée et bien saisie, et je suis stupéfait de l'audace de cette difficulté si bravement attaquée de front. Celui-là joue la difficulté ; c'est incontestable ; j'ajoute presque qu'il s'en joue.

Voilà le mal ; il est imminent. Et les remèdes, où sont-ils ? On en essaye ; on va les essayer tous. Hélène, attaquée maintenant par tous ceux qui ont le désir de la rejeter dans le bon chemin, voilà désormais ce que sera la pièce.

La mère d'abord. La mère voudrait bien ne pas en venir aux grands moyens. Elle est bonne, elle est brave même ; elle n'est pas héroïque. Avouer à sa fille sa propre faute ancienne, pour conquérir sur elle l'autorité qu'elle n'a pas, lui dire : « J'ai été une femme coupable », pour lui dire : « Je suis ta mère ; écoute ta mère ; ne fais pas ce qu'elle a fait ». Cela lui est un peu dur tout d'abord. Elle préfère aller à son fils, et lui dire : « Prends les intérêts de Mme Rousseau. Surveille-la. Surveille surtout M. de Brétigny... »

Vous voyez tout de suite où une conversation ainsi commencée doit mener. André va naturellement s'étonner d'un tel intérêt pris pour cette petite dame Rousseau ; et Mme de Voves va être comme jetée dans un premier aveu, l'*aveu au fils*. Pour qu'il soit fait, il faut qu'il échappe comme arraché par une nécessité ou par une passion violente. Or, il n'y avait aucune raison pour que l'entrevue entre Mme de Voves et son fils fût violente et, en conséquence, l'aveu ne semble pas arraché ; il semble fait très doucement, douloureusement, mais doucement ; il n'étonne pas Mme de Voves au moment où elle le fait. Il n'apparaît pas assez que Mme de Voves comptait en commençant la conversation, ne pas le faire. La scène très vraie et très bien menée, est un peu molle.

Dès qu'André sait qu'Hélène est sa sœur, sa décision est bientôt prise. Il écartera Brétigny. Il ne préviendra pas Rousseau, car il est peut-être temps encore de parer au danger sans jeter le soupçon et la fureur dans le cœur du mari ; mais il ira à Brétigny et verra ce qu'on peut en faire.

Il y va tout droit et la scène est admirable. André cherche d'abord à donner de bons sentiments à Brétigny. Vous pensez comme le Don Juan le reçoit avec une tranquille et courtoise impertinence ! Et André insiste. Et Brétigny : « Ah ! mon Dieu ! mon cher, vous m'étonnez. Vous n'avez pas l'air de vous apercevoir que vous êtes grotesque. De quoi vous mêlez-vous ? » Tant et si bien qu'André finit par provoquer Brétigny. Cette scène, ici, n'a l'air de rien. Elle est conduite d'une main si sûre, si ferme, si rapide, tout ce qui s'y dit est si juste ce qui doit être dit, il y a dans tout cela un tel air d'absolue vérité, que tout le public, sans hésitation, a reconnu la main d'un maître.

Au troisième acte, nous sommes chez Rousseau. Nous allons assister aux assauts que tous ceux qui s'intéressent à Hélène vont donner à son obstination irritée et hautaine. Et, ici, voyez ce souci et cette intelligence de la vérité, cruelle peut-être, mais de la vérité, qui m'a, plus que toute chose, ravi dans la pièce de M. Lemaître. Dans *Gabrielle*, c'est la mère qui donne le premier assaut, parce qu'elle doit échouer, et c'est le mari qui donne le dernier, parce qu'il doit réussir. Dans *Révoltée*, c'est le contraire. La morale voudrait que le mari reconquît sa femme à force d'éloquence, le public le souhaite secrètement peut-être, je dirai même que j'en suis sûr. M. Lemaître ne le veut pas, parce que ce n'est pas vrai. Et c'est le mari qui donne le premier, parce qu'il doit être repoussé avec perte.

Il donne, le pauvre mari, de tout son cœur, dans une scène merveilleuse de vérité et de poignante tristesse. Il explique passionnément à sa femme toutes les raisons qu'il a d'être aimé. S'il n'est pas aimable, c'est que le travail l'abrutit et l'enlaidit, le pauvre diable ; mais s'il travaille c'est par amour pour elle. Qu'elle le comprenne donc ! il n'y a pas une ride de son front et un pli de ses paupières fripées qui ne soit une déclaration d'amour, une protestation de tendresse, et une preuve surtout d'immense passion !

Il est idiot, ce mari, puisqu'il a raison ; il donne

les raisons pourquoi il doit être aimé, ce qui, si j'en crois Pascal, « est ridicule ». Il est idiot ; mais comme il est vrai ! Comme nous sentons bien tous (et tout est là) que nous dirions, à sa place, exactement tout ce qu'il dit, et comme passionnément nous suivons dans ses discours notre histoire éternelle, dont les uns pleurent, dont les autres rient, où les autres se résignent, dont tous, quoi qu'ils disent ou fassent, souffrent, comme de la plus affreuse absurdité et iniquité qui soit sur la terre. La scène, magistralement traitée, avec une intensité et une profondeur incroyables, a été couverte d'applaudissements.

Rousseau a échoué. Non ! il a réussi à irriter sa femme. Au tour de la mère maintenant.

Elle y vient, Mme de Voves. Elle vient à l'aveu qu'elle eût voulu ne pas faire. Ce sont les dernières cartouches. Je ne veux pas dire que c'est la vieille garde. Elle supplie Hélène, lui parle de sa dignité et de son repos, et puis, enfin se décide : « Je suis votre mère. Ne m'imitez pas ! »

Hélène est-elle vaincue ? Pas le moins du monde, et c'est là le coup d'audace, de franchise, de loyauté littéraire de M. Lemaître, et le point saillant, et la plus grande beauté de son drame. Hélène n'est pas vaincue, parce que si elle l'était ce serait touchant, si vous voulez ; mais ce serait conventionnel, traditionnel, et ce ne serait pas vrai. Pourquoi Hélène s'écrierait-elle : » Ma mère ! Dans mes bras, ma mère ! » Mais au contraire, s'il vous plaît ! Cette mère l'aflanquée au couvent, et est allée la voir vingt fois en dix années. Mais c'est elle qui est responsable de tout. Si Hélène est sèche comme un bâton de chaise et aigrie comme un corton de restaurant, c'est qu'il lui a manqué l'éducation de la tendresse, c'est qu'elle n'a pas eu de mère pour lui apprendre la vraie tendresse en la lui montrant. Aussi Hélène est là, étonnée, interdite, nullement émue, et disant : « C'est étrange ! J'apprend que... Je retrouve une mère... Et je ne sens rien, je ne sens rien. » — Vérité, vérité ! mépris de la sensibilité de romance ! Sûre et profonde connaissance du cœur ! Voilà à quoi je crie bravo.

Et je dis tout, nonobstant. La scène n'a pas porté ; parce que, ici encore, si M. Lemaitre est vrai, il n'est pas brutal. Il y a des occurences où il faut l'être. Quand on est sûr, — il devrait l'être M. Lemaitre — quand on est sûr que la scène qu'on fait blesse le secret désir du public, et ses préjugés, et ses habitudes, et l'éducation littéraire qui lui a été faite par les troubadours du roman, du théâtre et de la romance sentimentale, il faut être violent. Il faut aller droit au monstre l'épée haute. Il faut nous enfoncer la vérité à grands coups de massue. Il ne suffisait pas qu'Hélène dit : « Je ne sens rien... Je vous en demande bien pardon. » Il fallait qu'elle dît : « Ah ! vous êtes ma mère... Eh bien ! Je vous hais ! Je vous hais, pour tout ce qu'il y a de mauvais en moi, pour ma sécheresse de cœur... » etc. Il fallait refaire la superbe scène de Touroude dans le *Bâtard :* « Vous êtes mon père ?...

Hein?... Allons donc!... On est le père des enfants qu'on aime, et non pas des enfants qu'on fait. »

Mélodramatique! dira M. Lemaire. — Peut-être; mais outrance nécessaire quand il s'agit d'imposer une chose qu'on croit la vérité, et qui est la vérité.

Et vous me dites : « Mais, si tous les assauts sont repoussés, comment sortira-t-on de là? Est-ce qu'on n'en sortirait point? Es-ce que le crime sera consommé? » Vous oubliez qu'André, au moment où nous causons, se bat avec M. de Brétigny. C'est de là que viendra le dernier coup qui pourra, je dis qui *pourra* faire fléchir Hélène. Hélène est sèche, il est vrai, et assez profondément perverse. Cependant remarquez que tout ce à quoi elle a résisté jusqu'à présent, ce ne sont que discours. Discours de son mari, discours de sa mère, petit discours de son frère au quatrième acte. Peut-être qu'un *fait*, qu'un évènement tragique pourra faire sur elle une de ces rudes et terribles impressions auxquelles on cède, et qui, quelquefois, renouvellent tout notre fond moral.

C'est ce qui arrive, et sans croire absolument à la durée définitive de la conversion de Mme Rousseau, je ne trouve rien d'invraisemblable dans ce dénouement au moins provisoire. André revient blessé à mort. Il expire devant Hélène, devant sa mère, devant Rousseau. Un homme qui meurt pour avoir voulu vous sauver, ce sang qui coule et que c'est vous qui avez versé, je ne vous connais pas, madame, mais si canaille que soit Brétigny, et si honnête homme que soit votre mari, je veux croire que cela fait sur vous quelque effet. Hélène n'était pas capable de céder aux douces ou pressantes sollicitations ; elle est capable de reculer d'un bond devant un ruisseau de sang coulant à cause d'elle. Cela, c'est chose qui se voit, qui entre dans notre système nerveux par la prunelle, et une vision pèse longtemps sur notre pensée et notre volonté. Pendant ce long temps c'est à Rousseau de profiter de cet avantage, de ramener peu à peu Hélène, de se faire son ami (c'est ce que je lui conseillerais ; point d'attitudes amoureuses pendant quelques temps !) de la calmer et de l'endormir, enfin de faire ce qu'il pourra. Je n'irai pas jusqu'à dire que j'y voudrais être. Hélène, qui semble avoir vingt ans, pourra bien avoir une rechute vers la trentaine. Mais ce sera avec un autre. Je le dis, non pour consoler Rousseau, mais pour montrer que la pièce est finie, bien finie, que ce qui pourra arriver ne peut être qu'une autre pièce, et que, par conséquent, « il y a un dénouement ».

Ce drame vigoureux, solide, éclatant de vérité, parfois profond, toujours original, écrit dans une langue sobre, nette, aux arêtes vives et fortes dont on croit sentir sous la main le relief, contenant du reste deux scènes que les plus grands maîtres du théâtre seraient fiers d'avoir écrites, est une admirable promesse de talent, de succès et de gloire.

J'ai dit combien il avait été bien joué par Mlle Sizos, par Mme Tessandier, par l'élégant et chaleureux Dumény, par M. Candé surtout, qui nous a donné un professeur achevé, complet, des pieds à la tête, étourdissant de vérité et d'exactitude.

J'ai parlé beaucoup de *Gabrielle*. Après la première de *Gabrielle*, je vois cela encore comme si j'y étais, M. Cousin s'approcha de M. Augier et lui dit : « Monsieur, ceci est le chemin de l'Académie française. » Quand j'y réfléchis, c'est encore en ceci que *Révoltée* ressemble le plus à *Gabrielle*.

XI

Théatre-Libre : L'*Ancien,* drame en vers de M. Léon Cladel; *Madeleine,* drame en trois actes de M. Emile Zola; *Les Inséparables,* comédie en trois actes de M. Georges Ancey.

7 Mai 1889.

Le Théâtre-Libre, qui semblait s'endormir, nous a rappelés à lui cette semaine, et il nous a donné une soirée très remplie. Les noms de M. Léon Cladel et de M. Emile Zola avaient attiré le Tout-Paris, et la petite salle des Menus-Plaisirs était comble. Le spectacle n'a pas laissé d'être assez curieux.

Je dirai peu de chose de l'*Ancien.* C'est une petite pièce sans grand intérêt dramatique et très fausse de ton, à l'ordinaire. Des paysans s'y expriment en une langue tantôt plus, ou, si vous voulez, moins que vulgaire, tantôt dans le haut jargon parnassien le plus fleuri de descriptif et le plus empanaché de métaphores, sans compter qu'il est relevé des inversions les plus inaccoutumées dans les campagnes, du moins dans celles que je connais.

Il s'agit dans ce petit drame d'un conscrit qui est

appelé sous les drapeaux. Je n'ai jamais pu savoir si le jeune homme s'y rendait avec plaisir ou avec répulsion ; car il m'a semblé qu'il exprimait tour à tour ces deux sentiments avec une égale chaleur. Ce qu'on sait bien, c'est que son vieux père tient à ce que le garçon reste à la ferme. Pour que cela se puisse, le vieillard finit par se jeter dans son puits. Le fils sera « fils unique de veuve » et ne partira pas. La pièce a été froidement accueillie, sauf, bien entendu, les vers où se trouvait enchassé le verbe dont l'infinitif rime à poutre. Ce mot est, comme on sait, la seule beauté littéraire et artistique qui ne manque jamais son effet sur l'école naturaliste, la seule qui excite infailliblement ses transports. Dès lors pourquoi ne pas réduire à ce mot seul les pièces que l'on tient à faire applaudir ? Le laconisme aussi est une beauté.

Madeleine est un ouvrage intéressant au point de vue de l'histoire littéraire. Il nous renseigne sur le point d'où est parti Emile Zola. Il a été écrit en 1865, c'est-à-dire tout au début de la Carrière littéraire de l'auteur de *Germinal*. A cette époque M. Emile Zola cherchait sa voie, et, engagé dans une erreur dont il est bien revenu depuis, il faisait ce qu'il condamne très énergiquement à cette heure, il faisait de la psychologie. *Madeleine* est une étude psychologique. Rien, du reste, ne montre mieux combien M. Zola a eu raison de renoncer à ce genre littéraire ; car *Madeleine* est l'étude psychologique la plus parfaitement manquée qui se puisse. L'auteur a voulu se représenter « l'état d'âme » d'une femme honnête qui n'a pas toujours été une femme honnête, et que « son passé » resaisit, qui, à travers sa vie régulière, se heurte à ses anciens amants et à ses anciennes compagnes de « plaisirs ». — Et il lui a semblé que cette femme deviendrait folle à lier, et que malgré un enfant qu'elle aime, une belle-mère disposée au pardon, et un mari qui l'adore, elle se réfugierait dans le suicide. Cet « état d'âme » a étonné. Il est possible, car tous les états d'âme sont possibles; mais il a étonné profondément ceux qui croient connaître quelque chose à la vie.

Vous en jugerez; car je vais déduire très impartialement toute l'aventure.

Madeleine est une petite étudiante du quartier latin que Francis Hubert, étudiant en médecine, a eue pour maîtresse, et qu'ensuite, lui trouvant des qualités de cœur et des instincts honnêtes, il a épousée.

Il l'a amenée dans son petit pays, où maintenant il exerce pacifiquement la médecine auprès de sa vieille maman, dans la vieille maison paternelle. Madeleine est heureuse, un peu triste mais très heureuse. Elle a un petit poupon qu'elle idolâtre. Sa belle-mère est tout à fait aimable et bonne pour elle. Son mari l'aime profondément. Seule, une vieille servante la regarde de travers. Mais une vieille servante qui vous regarde de travers suffit-elle à empoisonner l'existence? Non, sans doute. On peut, je crois, se débarrasser d'une vieille servante.

Tout à coup un ami de Francis, qu'on croyait mort au Mexique, vient tranquillement dire bonjour à sa vieille amie Mme Hubert, à son vieux camarade Francis. C'est Jacques Gauthier ; c'est ce cher Jacques ! Mais figurez-vous que ce cher Jacques a été l'amant, dans le temps, avant Francis, de la pauvre Madeleine.

Et vous, je vous vois venir. Vous dites : « Madeleine, bien que son *passé* soit connu de son mari, n'osera pas lui dire que Jacques a été son amant, et il y aura des quiproquos, et nous aurons une comédie! » Pas du tout ! Le premier mot de Madeleine, et elle est parfaitement sensée et raisonnable en le disant, est celui-ci : « Francis, je ne puis pas voir ton ami Jacques : il a été mon amant ! »

Et je vous vois encore : Vous dites : « Eh bien ! il n'y a plus ni comédie ni drame, ni rien du tout. Francis va aller à Jacques, et lui dira : Voilà les faits. Ta présence est déplacée. Va-t-en. Je t'aime bien. Mais j'aime ma femme. Et tu comprends !... — Parfaitement, répondra l'autre ; car il lui sera absolument impossible de répondre autre chose, et l'aventure sera terminée ; ou plutôt il n'y aura jamais eu la moindre aventure. »

Vous êtes à cent lieues de la vérité ; c'est-à-dire, vous êtes dans la vérité, et c'est pour cela que vous êtes à cent lieues de *Madeleine*.

Madeleine dit à son mari ; « Fuyons ! » Et son mari lui répond : C'est cela ! fuyons ! Il n'y a pas autre chose à faire. »

Pourquoi diantre ? Mais pourquoi ? Parce qu'ils ont perdu la tête. Oui, mais pourquoi ont-ils perdu la tête ? Craignent-ils que Jacques ne révèle à Mme Hubert, la mère, le passé de Madeleine ? Non ; car Jacques ne nous est nullement présenté comme un coquin, tout au contraire. Qu'ont-ils donc ? Mais qu'ont-ils donc ? Ça les prend comme cela. Ils fuient comme des enragés.

Au second acte ils se trouvent, la nuit, dans une chambre d'auberge, et se préparent à souper. Francis descend faire un tour à la cuisine, et, pendant qu'il est absent, Jacques survient. Si je sais d'où il sort, celui-là ? Enfin il survient ; et trouvant Madeleine, il la traite légèrement en propos, plus légèrement, je crois, qu'on a accoutumé de traiter une fille entretenue ; mais ma compétence a des limites. Madeleine se révolte et lui dit : « Je suis mariée ! Allez-vous-en ! Mon mari monte l'escalier ! » — L'autre s'en va, et dès lors je ne sais guère pourquoi il est venu.

L'auteur le sait. Il l'a fait venir pour porter un second coup à la raison chancelante de Madeleine. Madeleine commence à s'aliéner sensiblement. Pourquoi ? Ce n'est pas très clair. Sûre de son mari, sûre aussi de sa bonne conscience et de la fermeté de son retour au bien, elle s'aliène si vite ! Non, vraiment, cela m'étonne.

Troisième coup à sa raison trébuchante : une ancienne camarade tombée dans la dernière misère, et qui l'a reconnue quand elle entrait à l'auberge, vient lui présenter ses hommages. C'est ennuyeux. Mais y a-t-il bien là de quoi se pendre ? Il ne me semble pas. Quelle singulière organisation que l'organisation de Madeleine !

Comprise ou non comprise de moi, la folie de Madeleine n'en est pas moins un fait désormais acquis. Quand son mari rentre, elle lui crie : « Je veux mourir. Je vais mourir.

— Pourquoi, puisque je t'aime ? »

Il a parfaitement raison ce mari. — Il a raison en sentiment ; car jamais une femme ne se tue quand elle aime celui dont elle est aimée. Ça n'a pas dû se voir souvent. — Il a raison en raison ; car il me semble qu'une femme peut et doit croire que son mari, quand il est honnête homme, est son vrai directeur de conscience, et elle peut et doit s'en fier à lui sur les questions de dignité conjugale.

Mais Madeleine n'entend plus rien. « Tu vois cette chambre d'auberge ! J'y ai aimé Jacques. Je veux mourir ! Tu vois ces chromos je les ai contemplés avec Jacques. Je veux mourir ! Tu vois cette table ! J'y ai écrit : J'aime Jacques ! Tu vois bien qu'il faut que je meure ! »

Puis, s'interrompant : « Au fait ! je ne sais pas pourquoi je te dis tout cela ! » On a souri. Ah ! ni nous non plus nous ne le savions, certes, pas !

Puis, reprenant : « Tu vois, cette chambre... »

Le pauvre mari, ahuri comme vous pouvez penser, finit par dire : « Retournons chez nous. » Il a toujours raison ce mari. Revenue un instant au bon sens, Madeleine répond : « Soit ! Retournons chez nous. »

Nous y retournons avant eux, au commencement du troisième acte, et nous y voyons Madame Hubert mère s'entretenant avec la servante aux regards farouches. Elle a reçu une lettre de Francis et de Madeleine, où le passé est avoué ; et la vieille bonne femme, qui aime son fils et son petit-fils, se montre parfaitement disposée à l'indulgence. La vieille servante, elle, se montre féroce. Mais que nous fait la vieille servante ?

Vous en jugez ainsi ? Vous avez tort. Cette vieille parque, c'est elle que Madeleine, quand elle revient, rencontre d'abord, et c'est ce qui enfonce Madeleine au tombeau. Car l'Erinnye lui déclare net qu'elle ne transige pas avec le péché. Vous êtes prévenue, madame, que si vous avez un bon mari, une bonne belle-mère, et une servante qui ne transige pas avec le péché, vous êtes perdue. Vous n'avez plus qu'à mourir. C'est comme cela, du moins si vous avez le tempérament de Madeleine, qui est un étrange tempérament. Dès que Francis rentre, Madeleine lui crie : « Tu vois cette servante. Elle me condamne ! Il faut que je meure ! »

« Mais puisque je t'aime ! » hurle le mari avec l'obstination du désespoir.

« Cela n'y fait rien du tout. Du moment que la servante me condamne !... »

Et elle avale un demi-setier de strychnine.

Ce drame a remporté un immense succès, et le

nom de l'auteur a été couvert d'applaudissements et d'acclamations d'enthousiastes. Il n'est que loyal de le déclarer. Pour moi, il m'a prouvé que M. Emile Zola a été avisé de renoncer de bonne heure au drame et au roman psychologiques. Il y aurait trouvé, sans doute, des succès analogues à celui qu'il a obtenu jeudi dernier au Théâtre-Libre, mais son propre sentiment d'artiste n'aurait peut-être pas été vraiment satisfait ; car l'artiste est toujours plus sévère pour lui-même que ses admirateurs.

Madeleine a été joué avec chaleur et avec talent, par M. Antoine et M. Mayer. Madame France dans le rôle épisodique de l'ancienne amie de Madeleine a fait applaudir son réalisme exact, mais qu'elle me permette de le lui dire, extrêmement facile à attraper. Madame Antonia Laurent, dans le personnage de la vieille servante, a dessiné une silhouette de rigide et têtue dévote, où il y a beaucoup d'art, de sûreté, d'autorité et d'intelligence artistique.

Les Inséparables sont une comédie bouffe, bien amusante, ah! bien amusante. J'en ris encore tout seul en y pensant. Ce M. Ancey qui est un tout jeune, tout jeune homme, a l'esprit le plus naturellement drôlatique qui soit au monde. Nul effort, nulle manière, nulle recherche, nul travail même, évidemment. Ce jeune homme est spontanément comique et plein d'imaginations joyeuses, et a eu en naissant le sens du bouffe. Il est dans la Comédie ce qu'Auguste Villemot était dans la chronique. Il met la plume sur le papier blanc en comptant sur elle, et sa plume répand des choses comiques inattendues et naturelles. C'est de ces tempéraments là que se font les Labiche, et M. Georges Ancey est tout simplement une des plus grandes espérances de notre théâtre comique.

L'année dernière il nous avait donné *M. Lamblin*, un acte très court, au Théâtre-Libre, et tout de suite j'écrivais dans ce feuilleton : « Retenez le nom de M. Georges Ancey ! » Pour mon compte je l'avais retenu, et quand j'ai vu dans le programme du Théâtre-Libre une comédie « *en trois actes* » de M. Ancey, j'ai dressé l'oreille. Une comédie en trois actes, voilà l'épreuve, voilà la pierre de touche, voilà la grande partie ! M. Georges Ancey (et je répète son nom, M. Ancey Georges, et il faudra bien que le public se le mette dans la tête, et, du reste, je n'ai aucun doute à cet égard, et M. Ancey y mettra bon ordre), M. Georges Ancey a gagné cette partie haut la main, et avec une aisance, une bonhomie, un « ça va tout seul » qui me comblait de joie. Celui-là n'est pas un précieux au moins ; il ne se trémousse point, il ne se désopile pas, il ne se décarcasse nullement. Il est amusant sans se faire de mal aux jointures et je vous réponds que c'est chose rare.

Les *Inséparables* sont deux jeunes gens dont l'un domine l'autre de toute l'autorité d'une complexion énergique sur une âme faible, ainsi qu'il arrive toutes les fois qu'il y a quelque part deux inséparables. L'un, Gaston, est à son aise, gentil garçon, du reste, quoique un peu gauche dans ses manières, et le plus loyal garçon du monde. L'autre, Paul du Courtial, est un aigrefin criblé de dettes qui vit aux crochets de Gaston depuis cinq ans, lui coupe toujours l'herbe sous le pied, et du reste, se fait remercier très humblement à chaque fois. Les deux types sont posés devant nos yeux, au premier acte, avec une franchise et une netteté très remarquables. Nous sommes à Viroflay chez les Leroy-Granger, dont Gaston recherche la fille. Naturellement Paul du Courtial est là, sous prétexte de protéger Gaston, de soutenir sa timidité, de réparer ses gaucheries, en réalité pour le ruiner sourdement et tâcher de se subsister à lui comme fiancé. Gaston voit très bien ses manœuvres et il bout intérieurement. A chaque instant : « Paul, j'ai quelque chose à te dire...

— Quoi donc ?

— Quelque chose de pénible.

— Plaît-il ?

— Rien, rien... Donne-moi un cigare.

— A la bonne heure ! Brave Gaston ! Tu ne sais pas combien je t'aime. »

Et ainsi ils vont, l'un magnifique d'assurance, l'autre avec des révoltes vite comprimées, qui sont d'un naturel exquis. A la fin de l'acte, Gaston étant seul, prend un grand parti. Il écrira à Paul. Ah ! mais ! une lettre à cheval ! Il l'écrit : « Paul, tu me gênes ici. Fais-moi le plaisir de t'en aller. Le train pour Paris est à 7 heures 10. » Il appelle le domestique.

« Cette lettre tout de suite à M. du Courtial. Allez !... Revenez ! J'ai oublié quelque chose. » Il relit la lettre. « Cette lettre n'est pas assez raide. Je... je préfère lui parler. Dès que je le reverrai, je lui parlerai. »

Le second acte est un petit chef d'œuvre. Paul du Courtial cause avec les Leroy-Granger. Son patelinage perfide est absolument délicieux. Il fait, bien entendu, l'éloge de son ami, mais un éloge ! « Je crains d'être aveuglé par l'amitié que j'ai pour lui. Mais, vraiment, c'est un jeune homme charmant. Bien conduit dans la vie, car il ne sait pas se conduire tout seul, il fera un chemin admirable. Retenu par une main ferme, comme était la mienne, et comme sera celle de Mlle Leroy-Granger, il ne fera plus une fredaine.

— Il en a donc fait ?

— Jamais ! Jamais ! Et, du reste, quel est le jeune homme qui...? Moi-même !

— Oh ! vous !

— Mais oui, madame. Quand j'étais volontaire à Cambrai, je m'échappai tous les mercredis soirs pour aller dîner en ville, chez une personne que j'adorais, et qui avait pour moi presque des faiblesses... Ah ! le bon temps...

— Et cette personne, c'était ?

— L'archevêque, madame. »

Les parents sont ravis. Ce n'est pas Gaston qui ferait des escapades de ce genre, ses sentiments religieux sont...

« Mais si, madame. Sans être précisément pieux,

sans peut-être même avoir la foi, et sous des apparences un peu libertines, Gaston a... les convenances nécessaires. Il va tous les dimanches à la messe.

— Vous en êtes sûr ?

— Si j'en suis sûr ! C'est moi qui l'y mène ! »

Etc. Tout cela est de la bonne comédie, franche, large et copieuse. Nous étions ravis, vraiment à l'aise, et nous sentant en plein courant.

Et la leçon de piano ! Ce bon du Courtial tient à faire briller son ami. Il veut montrer que Gaston a des talents, que sa modestie offusque peut être, mais qu'il suffit de remettre en lumière. « Gaston ! joue donc un peu du piano.

— Prenez garde !... dit à Gaston un vieux monsieur qui la protège, Paul vous tend un piège.

— Mais non, répond Gaston avec bonhomie, je ne joue pas mal. »

Et il se met au piano, Paul, pour l'encourager, se tient auprès de lui : « Ne t'intimide pas ! Ne te trouble donc pas. Ça va bien. Ça va très bien. Tu n'es pas en mesure. Mais ça va très bien... très bien... Un peu plus vite, par exemple. Tu n'es pas dans le mouvement... Tu n'es pas, pas du tout dans le mouvement... Laisse-moi le tabouret un instant pour te donner le mouvement. »

Et il s'installe, enlève le morceau avec désinvolture. On applaudit : « Ah ! M. du Courtial ! Un vrai talent ! »

— Oh ! rien du tout ! Rien ! Je ne voulais que donner le mouvement à Gaston. »

Il y a vingt scènes comme celle-là, d'un naturel et d'une franchise d'exécution extraordinaires. Mais je suis forcé d'abréger.

Tant y a que les parents de la jeune fille et la jeune fille elle-même se coiffent de Paul, et se dégoûtent absolument de Gaston. On élimine Gaston. Gaston s'en va, consolé par du Courtial : « Tu vois ! J'ai fait tout ce que j'ai pu pour te protéger... » Paul est désormais le fiancé officiel de Mlle Cécile. Cependant le père Leroy-Granger reçoit une lettre très grave de son ami, de son vieil ami M. des Ponteils. — Impayable encore cette lettre : « Mon cher vieil ami, je suis bien souffrant. J'ai une goutte terrible. Je ne digère plus. J'ai une sciatique atroce. Je suis ataxique. Je crache mon dernier poumon. Je n'ai plus que trois semaines à vivre. Mais tout cela ne t'intéresse pas. Je passe. Du Courtial est un chevalier d'industrie. Il n'a pas le sou, et soixante mille francs de dettes. Avant de lui donner ta fille, réfléchis un peu. Peut-être y a-t-il un autre moyen de t'en débarrasser. Du reste, ce que je t'en dis, n'est que par convenance. Car ça m'est égal, comme tu penses bien. »

« Renvoyons du Courtial et reprenons Gaston, dit M. Leroy-Granger. » On annonce cette décision à Mlle Cécile. Mais Cécile est éprise de du Courtial. Elle se fâche. « C'est insupportable, à la fin ! Je ne peux pas changer de fiancé tous les huit jours, même à la campagne. J'ai des parents extraordinaires.

— Mademoiselle !

— J'ai des parents extraordinaires ! Oui, papa, vous êtes une girouette.

— Une girouette ! Morbleu ! Je ne sais pas où cette fille-là a été élevée ! »

Voilà le ton. C'est d'une fantaisie immense et d'un inattendu exquis dans le naturel le plus parfait. Ah ! l'heure excellente, que nous avons passée là !

Finalement, on rappelle Gaston, et du Courtial s'écrie : « Que te disais-je ? T'ai-je sauvé ! T'ai-je tiré de l'abîme, contre toute espérance ? J'irai te voir de temps en temps ! N'est-ce pas ? Tu me dois bien ça ! Après comme auparavant, inséparables ! »

Que M. Georges Ancey travaille. Il sait trouver, que dis-je, il trouve sans le savoir et sans s'en inquiéter, le mot juste et drôle. Il sait faire une scène. Qu'il mette plus de solidité dans la conduite de sa pièce, et le voilà demain au premier rang de nos auteurs comiques. Il a trop de talent pour que tous nos théâtres importants ne lui soient pas obstinément fermés pendant vingt ans ; je sais ce que je dis. Mais nous avons, grâce à Dieu, une foule de petites scènes d'amateurs qui font le métier de grands théâtres, depuis que les grands théâtres sont des maisons de reprises ou des fabriques d'adaptations ; et de cette façon nous sommes certains de revoir et d'applaudir souvent M. Georges Ancey. Je suis sûr que lui-même tient que c'est l'essentiel.

Il a été bien secondé au Théâtre Libre. M. Antoine, dans le rôle de Gaston, a été excellent ; M. Mayer, qui avait si finement tracé l'année dernière la silhouette de *M. Lamblin,* a montré sa sûreté et son adresse habituelles dans le personnage de du Courtial. M. Philippon, un tout jeune débutant qui... ce que la plume me démange d'écrire son vrai nom ?... enfin M. Philippon s'est révélé dans le rôle du vieux Leroy-Granger. Il en fait une ganache solennelle, une girouette grave, impérieuse et cassante du meilleur bouffe. M. Philippon, puisque Philippon il y a, a un très bel avenir.

XII

Vaudeville. — Les *Faux Bonshommes*, de Théodore Barrière et Capendu.

12 Mai 1889.

Oh mihi prœteritos referat...

Mais précisément ! C'est toute ma vie théâtrale qui recommence, et rien qu'à regarder cette rampe chérie, je redeviens enfant.

Hier, c'était *Maître Guérin*, et je me revoyais en petit étudiant, allant applaudir Delaunay d'un banc du parterre. Et aujourd'hui je me revois, collégien en veste à boutons d'or, admirant la désinvolture de Félix, qui, du reste, était gros comme un muid. Ah ! c'est bon, les souvenirs ! On n'a jamais su si cela rajeunissait ou vieillissait, et tout dépend de la manière de considérer les choses, mais cela rapproche du moins et mêle ensemble deux âges différents et fait une sensation complexe, et il n'y a rien d'intéressant comme ces sensations-là.

Elles ont cela pour elles qu'on ne s'y reconnaît pas beaucoup. On s'y égare comme dans les paysages confus. Elles ont du rêve et de la réalité, tout ensemble ; elles sont mixtes et ambiguës. Elles sont charmantes. J'ai rapporté des *Faux Bonshommes* une impression tout à fait charmante.

Je ne les ai peut-être pas écoutés beaucoup ; j'étais trop sûr de les savoir ; je me les suis rappelés en les entendant. C'est adorable. Je gage que vous ne connaissez pas le plaisir des gens d'un certain âge. C'est de somnoler doucement, en soirée, de ce sommeil d'académicien, vous savez, « qui dispense de parler ; mais qui n'empêche pas d'entendre. » Les voix, alors, arrivent à vous, légères et aériennes, comme un brouillard de voix ou un clair de lune de paroles. Elles sont caressantes et fines. Elles ont l'air d'un chant élyséen. Elles ont le sens qu'on leur donne, et ce sens vous agrée infiniment. Il est, naturellement, tout à fait d'accord avec votre sens intime, il s'harmonise admirablement avec votre état d'âme, et vous y acquiescez sans peine. Il vous semble que toutes ces jolies choses, c'est vous qui les dites sans avoir l'effort de les dire ; et il y a une harmonie préétablie tout à fait parfaite entre votre pensée dont vous ne vous rendez pas compte, et elles, que vous ne comprenez pas. Il y a des gens qui aiment mieux le *Nirvana ;* mais ce sont des gens grossiers. Ce néant qui a l'air d'être quelque chose est bien plus raffiné et artistique.

N'imaginez pas que j'aie écouté les *Faux Bonshommes* tout à fait dans l'état que je décris ici avec élégance. Non ! non ! je les ai écoutés les yeux ouverts, mais avec le chant des souvenirs comme trémolo d'orchestre, et je ne pouvais pas les trouver autres que délicieux, et c'est tout ce que je voulais dire. Aussi est-ce plutôt le jugement du public que je donne ci-dessous que le mien, dont peut-être me défierais-je, me soupçonnant d'un peu de complaisance rétroactive.

Or donc, pour commencer par les critiques et regrets, *on* (et non pas moi) a trouvé que ce qui est choses spirituelles, dans les *Faux Bonshommes*, n'était plus très spirituel. C'est cela qui « a vieilli ». Voilà qui n'est pas rassurant. Qu'est-ce donc que l'esprit, s'il passe si vite? L'esprit d'une génération ne paraît jamais spirituel à la génération suivante. Je crois cependant qu'il faut distinguer, ou préciser. Je dis l'esprit d'une génération et non l'esprit d'un homme spirituel. L'esprit d'un homme spirituel ne passe pas, complètement du moins. Des gaietés de Voltaire, il n'y en a guère que la moitié, à l'heure présente, qui paraisse sotte. Le reste fait encore bonne figure. C'est un joli succès. Je dis l'esprit d'une génération, cet esprit général, à peu près également répandu, qui défraie les chroniques, les feuilletons, les mots de la fin, les petites brochures, et qui fait qu'un homme qui lit beaucoup de journaux est qualifié d'homme spirituel dans les salons. Cet esprit diffus et communal dont vit une génération tout entière, voilà ce qui disparaît bien avec elle, par exemple.

On l'a vu dans les *Filles de marbre;* on le voit

presque aussi bien dans les *Faux Bonshommes*. L'homme spirituel à titre d'emploi dans les *Faux Bonshommes*, c'est le peintre Edgar, celui que jouait Félix, celui que joue à présent Dieudonné. Il n'y a pas à dire, ses mots sont terriblement éventés à l'heure où nous sommes. Ils font tous long feu. On ne comprend rien à l'air de profond contentement avec lequel il les répand dans les sociétés, ni à l'effet surprenant qu'ils produisent sur ceux à qui il les adresse. C'est fini ; c'est l'esprit de 1860 qui est mort.

Une remarque à ce propos. Voici, ce me semble, sans plus parler de la manière qu'on avait d'être spirituel en ce temps-là, voici, ce me semble, une « convention » qui tend à disparaître. Pour permettre à un monsieur d'être spirituel, et de faire des mots, on admettait à cette époque, que ce monsieur pût gouailler sans détour et presque sans précaution toutes les personnes avec lesquelles il vivait, sans que celles-ci s'en aperçussent, et exerçât son ironie sur elles pendant cinq actes sans être un seul instant mis à la porte. On admettait qu'une ironie grosse, généralement, comme un fort quartier de roche, et assénée avec la raideur usitée chez les héros d'Homère, fût comprise par quinze cents spectateurs à première vue, et parfaitement inaperçue de ceux sur la tête desquelles elle tombait comme un écroulement de montagne.

C'était une convention, très analogue à celle des *a-parte*. Elle paraît un peu forte et difficile à admettre à l'heure où nous sommes. Elle est probablement remplacée par une autre dont nous n'apercevons pas l'énormité et dont nos héritiers souffriront fort. Tout coule, comme disaient les Grecs ; tout tourne, comme nous disons, tout « évolue ». C'est probablement deux manières, peu différentes du reste, de dire la même chose.

Autre critique que je crois qu'on a faite. On ne comprend plus guère le titre. Les *Faux Bonshommes !* Mais il n'y a guère de faux bonshommes dans la pièce. Sur quinze personnages, il n'y en a que deux, c'est à savoir Bassecourt et Dufouré.

Dufouré c'est le faux sensible, et Bassecourt le faux bienveillant. Tous deux sont bien attrapés. Dufouré, c'est l'homme qui ne vide sa bourse dans la main des pauvres que quand il est vu de trente personnes ; qui ne rentre pas chez lui quand sa femme est malade pour ne pas la voir souffrir, et qui, du reste, attend sa mort avec une douce impatience pour aller s'établir à la campagne : « J'aurai un petit bien-être accommodé à mes goûts. Je serai tranquille. Une fois par semaine je viendrai passer une soirée à Paris. » Oui, le personnage est bien saisi. Et d'un !

L'autre, Bassecourt, est le faux bienveillant, et celui-là est devenu presque classique. Il a un « ... *Seulement !* » qui est fameux, qui est resté dans la mémoire des hommes. Toujours un grand éloge de la personne dont il parle ; avec force détails ; puis, toujours à un moment donné : «... *Seulement...* » et la petite calomnie arrive avec des airs de sainte Nitouche : « Oui, monsieur, oui, monsieur Anatole est un garçon charmant, seulement..... sa conduite est ignoble ! »

Admirable, ce personnage-là. Il était déjà (et ce n'est pas pour faire, moi aussi, mon *seulement* que je le dis ; car les bons personnages le sont parce qu'ils sont immortels, et quelqu'un les a toujours attrapés avant vous ; le tout est de les bien empoigner à votre tour) il était déjà dans ce bon Boileau :

> Alidor, dit un fourbe, il est de mes amis ;
> Je l'ai connu laquais avant qu'il fut commis.
> C'est un homme d'honneur, de piété profonde.
> Et qui veut rendre à Dieu ce qu'il a pris au monde.

Et Boileau, bien entendu, l'empruntait à Horace : « Œsopus (mettons Œsopus, je ne me rappelle plus le nom véritable) Œsopus, un homme de bien, un homme antique, bon citoyen, citoyen intègre. Seulement, je me demande toujours comment il a fait pour éviter les galères, vous savez, autrefois, dans ce fameux procès... »

Voilà le personnage, et il est si vrai et si immortel, si bien de tous les temps, que c'est un jeu de société où je m'amuse souvent, et que je vous recommande en cette saison surtout, dans les loisirs des après-midi, à la campagne.

Vous entamez l'éloge de quelqu'un. Vous parlez de son bon cœur, de sa loyauté, de sa franchise, de son talent, de son esprit, de sa bonne santé, de son bon appétit ; enfin vous faites son panégyrique aussi complet, aussi sans ombre que vous pouvez et qu'il est possible. Puis vous vous arrêtez brusquement. Vous vous taisez net. Observez. Il y a un silence général, plein d'interrogation et d'attente. On attend que vous disiez : « Seulement... » Personne n'admet que vous ayez fait un tel éloge de quelqu'un pour le faire, que vous ayez accumulé tant de louanges sinon comme préface d'un éreintement formidable. On attend. Souvent même il arrive que quelqu'un dit : « Eh bien !... » On vous encourage. En tout cas on attend. Vous vous taisez. La déception est universelle. Jouez à cela. Ça ne rate jamais.

Voilà donc un faux bonhomme très juste, très bien saisi. Et de deux.

C'est tout. Car Vertillac, le monsieur en bois, n'est pas un faux bonhomme. C'est... je ne sais pas tout ce que c'est. C'est un bonhomme en pain d'épices plutôt, mais ce n'est pas un caractère, ce n'est pas même une silhouette, et ici, vraiment on ne sait pas du tout ce que les auteurs ont voulu faire.

Deux faux bonshommes donc, seulement, dans cette pièce longue et touffue qui porte le titre de *Faux Bonshommes*. Ce n'est pas assez. Il y en avait vraiment bien d'autres à nous peindre sans sortir de la définition, sans nous donner une galerie d'hypocrites, mais simplement en nous montrant les gens de diverses sortes qui affectent la bonhomie.

Il y a, par exemple, le *faux loyal*, le faux franc, celui qui déteste la flatterie et qui vous dit toute la journée que vous avez du génie en vous priant d'excuser sa brutale franchise.

« Moi, vous savez si je suis complimenteur. Je ne puis pas dire un mot aimable. Ça m'étrangle. Je suis un paysan, qu'est-ce que vous voulez ? Mon père était charretier. Aussi quand je vous dis que vous êtes un grand homme, c'est que c'est aussi par trop vrai. Ce n'est pas moi, d'ailleurs, qui le dis. C'est tout le monde. C'est vrai, ils sont tous là à dire... Alors, moi, je le répète, comme un imbécile. »

Il y aurait encore le *faux modeste* ; celui qui passe son existence à dire qu'il est nul, pour qu'on le contredise :

« J'ai fait de déplorables études. Demandez à Tardiveau.

— Mais non ! tu étais toujours premier.

— J'étais premier dans une classe de deux élèves, à Louis-le-Grand. Du reste les succès scolaires !... C'est dans la vie qu'on voit ce qu'en vaut l'aune. Enfin, je suis assez content d'être un imbécile. On n'excite pas la jalousie. On est bien accueilli. On ne fait pas ombrage.

— Et puis on est aimé des femmes, n'est-ce pas ?

— Mais non ! Mais non ! je vous assure ! »

Et le *faux indifférent !* Type très répandu dans la société actuelle. Vous connaissez ce monsieur languissant et doux, qui a des mouvements d'une lenteur si abandonnée. Oh! lui! rien ne l'émeut, rien ne le passionne. A quoi bon? Mon Dieu, à quoi bon? La fortune! oh! si vous saviez le peu que c'est pour le bonheur. Les succès! c'est tellement affaire de hasard! Il en a eu, mais oui, beaucoup même, énormément. Il en est comme étonné. Tiens! c'est drôle! Oui, vraiment, il en a eu beaucoup ; c'est vrai, énormément. Il n'y songeait pas. Il ne s'en souvenait point. Il est bon qu'on le lui rappelle. Quand on le lui rappelle, il s'en souvient, et les énumère ; vous fait observer même que vous en oubliez un. C'est pourtant vrai... Mais après cela! Ah! mon Dieu! Qu'importe? Non, vraiment, oh! vous pouvez l'en croire, qu'importe! »

Et le *faux approbateur!* Plus rare, celui-là. La contradiction est trop le fond de la nature humaine pour que l'approbateur systématique soit bien répandu. Mais il existe, et est bien agréable à observer.

Il cause, il parle de la tour Eiffel. Il la trouve ridicule. Vous l'interrompez pour lui dire qu'elle est merveilleuse : « Comme vous avez raison, monsieur ; oh! comme vous avez raison! Je ne suis pas de votre avis ; mais vous avez raison... Elle paraît toute petite, mesquine, étriquée.

— Mais non! Elle paraît gigantesque.

— Très juste! Très juste! C'est le mot que je cherchais. Merci. Vous avez raison. Cette impression de petitesse est particulièrement frappante lorsque...»

Quand on le quitte il vous remercie de l'échange d'idées si agréable — et où c'est lui qui a tout gagné

— qu'il vient d'avoir avec vous. Il vous reconduit vers l'escalier d'une démarche déférente, d'une allure approbatrice, d'un geste qui acquiesce et d'une poignée de mains qui adhère :

« Oui, oui, oh ! oui ! Certainement ! C'est bien juste ! Sans doute !

— Au revoir, monsieur !

— Sans doute ! Ah ! je crois bien ! Parfaitement juste ! »

Je crois que la comédie des *Faux Bonshommes* pourrait être récrite tout entière de nos jours, avec une plus grande variété, peut-être, de types et de caractères. Dans les *Faux Bonshommes* de 1860 il n'y a vraiment que deux faux bonshommes, dont encore, l'un, remarquez-le, est plutôt un faux homme bon, ce qui n'est pas tout à fait la même chose.

Et, enfin, le caractère principal, central, celui sur lequel tombe la lumière, Péponnet, n'est pas, même dans la pensée des auteurs, un faux bonhomme. Il n'a rien de faux. Il est la sincérité même. Il est l'égoïsme dans toute sa candeur. Il est vrai que peu importe, s'il est excellent, et il est excellent. Il est d'une touche large et d'une manière facile et ample qui est un charme. On se sent, avec lui, loin du conventionnel, d'une part ; d'autre part, loin de ce vrai un peu étroit, un peu mince, de ce vrai microscopique qui est pour le spectateur un plaisir acheté par un peu de travail, et qui nous fait dire : « Oui, c'est vrai, c'est pourtant vrai », toujours un peu après coup.

On se sent, avec Péponnet, en plein courant de grande comédie. Il a ces mots de parfaite et profonde inconscience qui sont les vrais mots humains, les grands traits de pinceau : « Il t'aime, ma fille, il t'aime ! Qu'est-ce que tu chantes ? Puisque je te dis que tu n'as plus le sou ! » Ai-je besoin de rappeler la grande scène de la lecture du contrat, Péponnet lisant tout bas les articles, avec un air de douce approbation, puis se rembrunissant un peu, puis s'attristant, puis se crispant, et enfin s'écriant avec violence : « Ah ! ça ! mais ! il n'est question que de ma mort là-dedans ! » A quoi on lui répond tout de suite : « Mais de quoi voulez-vous donc qu'on y parle ? » Et il reprend : « C'est juste, après tout ! »

Tous ces traits, tous ces mots d'égoïsme ingénu et naïf sont parfaitement énormes. Le coup de crayon est appuyé et gras comme dans un Daumier. Il me semble bien que c'est ce qu'il faut, et que cette manière caricaturale est la vraie. La comédie est avant tout une caricature de l'humanité. Le vrai au fond, et puis l'exagération puissante, la déformation qu'apporte avec elle l'imagination comique, voilà, depuis Aristophane, de quoi la comédie, la large et forte comédie, est faite.

En écoutant les *Faux Bonshommes*, je ne pouvais m'empêcher de songer au *M. Lamblin* et aux *Inséparables* de M. Georges Ancey, et de me dire que la manière, le procédé, si vous voulez, est le même dans M. Georges Ancey et dans Théodore Barrière, et que par conséquent M. Georges Ancey n'est nullement le fantaisiste et l'excentrique qu'on a dit, mais reprend tout simplement le grand chemin traditionnel de la grande comédie, qu'on avait un peu oublié peut-être.

Ces mots énormes, où l'égoïsme humain s'exprime avec une si parfaite candeur, ce sont les mots tels que Molière en mettait dans la bouche de ses Harpagon et de ses Arnolphe. Ils viennent en droite ligne des *Sans dot!* et des *Mais c'est pour moi que je marie ma fille!* et des *Le pauvre homme!* Ils sont exagérés. Eh! sans doute! L'art ne vit que de vérités exagérées. Je vous prie de croire que les cris de passion, d'amour et de haine des bonnes tragédies et des bons drames, et que les cris d'héroïsme de Corneille sont parfaitement exagérés aussi dans un autre sens.

Seulement — Ah! vous aussi, monsieur le critique, vous faites votre Bassecourt? — Qu'est-ce que vous voulez? je suis ici pour cela... Seulement le fond humain tel que l'étudie la comédie, étant horriblement triste, il y a toutes les chances du monde pour qu'une comédie, quand elle est bonne, quand elle est vraie, et quand elle a son degré convenable et nécessaire d'exagération, soit la chose la plus triste du monde, ce qui est un singulier succès pour une comédie. C'est l'antinomie, la contradiction, si vous aimez mieux, qui est au fond de tout théâtre comique, quel qu'il soit. La comédie vit des tristesses de l'humanité, et doit faire rire. Elle doit faire rire de tout ce qu'il y a de plus lamentable dans le monde, et en l'exagérant. Voilà pourquoi l'art du comique ne laisse pas, si vous voulez m'en croire, d'être difficile.

Il n'y a qu'un moyen de se tirer de là, c'est d'être gai. La gaîté, qui est du reste la chose la plus naturelle du monde, et qui ne s'acquiert pas, la gaîté est l'élément le plus nécessaire d'une comédie, parcequ'elle est le correctif indispensable du vice secret, du danger immanent et inévitable que toute comédie porte en elle. Voilà pourquoi Labiche qui a connu et exagéré, comme il faut, la laideur humaine, a, nonobstant (en même temps que pour cela) été un excellent comique. Voilà pourquoi Molière...

Eh bien, dans Théodore Barrière, dans le très remarquable Henri Becque, dans M. Georges Ancey, il n'y a pas toujours assez de gaîté. Il y a des moments, fréquents chez Barrière, plus fréquents chez Becque, moins fréquents chez Georges Ancey, où c'est l'amertume toute crue que l'on nous donne. Le ragoût nécessaire de la gaîté, tout à coup, fait défaut. Ainsi, par exemple, dans le troisième acte des *Inséparables*, ainsi, dans le troisième acte de la *Parisienne*, ainsi, dans le quatrième acte des *Faux Bonshommes*. Dufouré faisant ces petites dispositions en prévision de la mort attendue et espérée de sa femme ; il fallait peu de chose pour que cela fût comique ; il fallait peu de chose pour que ce fût seulement répugnant. Cela penche un peu de ce côté-là. Le grain de gaîté a manqué, que Barrière avait si bien trouvé sous sa main pour la grande scène du contrat au troisième acte.

Tout compte fait, voilà une grande et belle comédie qui a victorieusement subi l'épreuve du temps. Elle a été très bien jouée. Jolly est d'une intensité de bouffonnerie absolument inimitable. Boisselot a des « seulement » tout à fait louables. M. Michel nous fait un Dufouré peut-être trop lugubre, mais très vrai et minutieusement composé. Mme Grassot a de la verve fantasque. En somme, très belle interprétation.

XIII

Cluny. — *Trop aimé*, vaudeville en trois actes, de MM. Grenet-Dancourt et Matias Vallady

20 Mai 1889.

Trop aimé est une pièce d'été. Elle nous annonce juin, les rues arrosées largement par les tonneaux à roulettes, et les jeunes personnes en cheveux jouant aux grâces dans la largeur du trottoir par dessus votre chapeau. Pour ces raisons *Trop aimé* est très aimable ; pour quelques autres aussi que vous n'êtes point incapables de démêler ci-dessous.

Nous sommes dans la République d'Andorre, cette république idéale, le modèle des républiques, comme disait Aristophane ou autre réactionnaire, parce que c'est celle dont on est le plus vite sorti. Nous sommes à Andore et au ministère de la morale publique. M. Guibinos, Son Excellence M. Guibinos est titulaire de ce ministère considérable, et il est un peu ennuyé ; car il est dans une situation délicate. D'une part, il est du dernier bien avec Mme Viélajus, femme du député Viélajus ; d'autre part, il est de l'extrême mieux avec Mme Coubeyron, femme du sénateur Coubeyron, et, d'une troisième part, il veut épouser la charmante Maria, fille du millionnaire marchand de fromages Crampagna.

Or, Mme Coubeyron et Mme Viélajus sont les femmes les plus tenaces qu'aient jamais connues les marchands de colle forte ; et le digne M. Crampagna de Camember y Roqueforr y Gruyèros ne badine point sur l'article *Dominos roses*, et entend que tout soit rompu et les lettres compromettantes remises par ses maîtresses à M. le ministre, ce soir, à minuit, au plus tard, faute de quoi sera M. le ministre débouté des fins de sa poursuite conjugale.

Voilà ce dont s'entretient M. le ministre avec son secrétaire Barbazan et le secrétaire de son secrétaire, M. Escujo.

— Je connais toute la situation, M. le ministre, dit Barbazan...

— Comment ! vous la connaissez ! vous lisez donc mes lettres intimes ?

— Je ne lis que celles-là, M. le Ministre.

— A la bonne heure !

Mais cela éclaire la situation sans la résoudre. Comment désarmer l'inflammable Mme Coubeyron et la dolente Mme Viélajus, à leur faire rendre les armes, c'est-à-dire les lettres, ce soir avant minuit... C'est là-dessus que M. Coubeyron lui-même et M. Viélajus *ipsissimus* arrivent au ministère, et chacun à part, disent au ministre : « Eh ! Eh ! farceur ! glorieux ministre de la morale publique ! Il paraît que vous ne vous ennuyez pas? — Peste! (dit Coubeyron), tout le monde sait que vous êtes dans les faveurs de Mme Viélajus.—Peste! (dit Viélajus), personne n'ignore que Mme Coubeyron n'a rien de caché pour le gouvernement.

Et le ministre s'épanche : « Oui, Viélajus, madame Coubeyron.., Et je voudrais bien m'en débarrasser pour me marier... Oui, Coubeyron, madame Viélajus... et je voudrais bien m'affranchir...

— Je vous débarrasserai de madame Coubeyron dit Viélajus. — Je vous débarrasserai de madame Viélajus, dit Coubeyron. » — Et le second acte est consacré aux efforts de ces excellents amis pour débarrasser le ministre.

Il est pénible ce second acte et peu clair. Ce ne sont qu'allées et venues précipitées des maris qui poursuivent leurs femmes, et des femmes qui fuient leurs maris en courant après le ministre, ce ne sont que placards qui s'ouvrent et se ferment sans qu'on sache très précisément pourquoi, si ce n'est parce que les auteurs croient encore que les procédés Hennequin sont à la mode. Et, dans tout cela, l'action n'avance nullement, et même semble reculer.

Deux scènes seulement ont un peu amusé. Dans l'une, le ministre supplie son futur beau-père d'avoir pour lui un peu d'indulgence : « Que diable ? M. Crampagna ? Vous n'avez donc jamais été jeune ?

— Non !... Pas encore ! répond le marchand de fromages en retraite.

Dans l'autre, le même M. Crampagna croit avoir mis la main sur une des maîtresses de M. le ministre. Ce n'est qu'une solliciteuse acharnée, cariatide d'antichambre ministérielle. « Madame ! lui dit Crampagna, ce que vous faites est indigne. Je comprends la passion ; mais...

— Ce que j'en faisais, monsieur, c'était pour mon mari !

— Ah ! quel aplomb ! Mais étiez-vous autorisée par monsieur votre mari à... ?

— Il m'y poussait même avec insistance.

— Oh ! quelles mœurs ! Et, comme cela, sans plaisir... ?

— C'est même assommant ! Mais je suis infatigable.

— Ah ! quel cynisme !

Le troisième acte est meilleur, parce que les deux maris, et les deux auteurs aussi, ont trouvé quelque chose. Las de courir l'un après la femme de l'autre, et de se démener comme des aliénés, Coubeyron et Viélajus ont eu une idée. C'est de faire une diversion, de tâcher de faire séduire les deux maîtresses du ministre, par les deux secrétaires du ministre. Chacun, tour à tour, endoctrine l'un des secrétaires, et MM Barbazan et Escujo se préparent à mener l'attaque rondement.

Le petit Escujo, en un souper improvisé, conquiert en un tournemain Mme Coubeyron et obtient d'elle la restitution des lettres fatales. Et c'est au tour de Barbazan ; mais celui-ci se dérobe.

« Pourquoi donc? lui demande Escujo.

— Parce que je suis amoureux de Maria, la fiancée du ministre, et que j'ai rendez-vous avec elle au bout du jardin. Prends ma place, et sus à Mme Viélajus.

— C'est que j'ai déjà soupé assez vivement, répond Escujo, et que je me sens un peu gris.

— Raison de plus! Tu seras irrésistible!

Escujo se dévoue, et s'élance sur les traces de Mme Viélajus. Quand il revient, il est victorieux une seconde fois et a dans sa poche la seconde liasse de lettres amoureuses; mais il est touché à fond par le champagne. Il rencontre les deux maris :

« Bonjour Coubeyron, dit-il à Viélajus... Bonjour Viélajus, dit-il à Coubeyron.

— Oh! dans quel état vous êtes-vous mis! lui disent les deux bons hommes.

— Moi? dans la politique! répond avec dignité le sire Ebriolus.

— Mais avec qui avez-vous donc soupé? demande Viélajus.

— Avec ta femme, la maîtresse du ministre, tu le sais bien.

— Ah! Ah! dit Viélajus. Il me prend pour Coubeyron.

— Avec qui avez-vous soupé? demande Coubeyron.

— Avec ta femme, la maîtresse de Guibinos.

— Ah! Ah! dit Coubeyron, il me prend pour Viélajus.

Et tous deux ensemble : « Mon Dieu ! que c'est bête, un homme qui a bu ! »

Cette scène, bien jouée du reste, a emporté le succès. Cependant Guibinos revient en scène tout guilleret. Il est soulagé. Parlez-moi d'un secrétaire aussi dévoué et intelligent que M. Escujo ! Vous avez deux maîtresses qui vous gênent, Escujo passe ; vous n'en avez plus. Nettoyé. C'est homme est une éponge. Cela se voit du reste à l'état où il est ; car il est en train de verser une bouteille de champagne dans le bocal d'un poisson rouge pour donner un peu de gaîté à « cette petite morue » qui lui rappelle Mignon regrettant sa patrie. Guibinos, donc, reçoit de la main gauche la liasse des lettres à la bergère et de la main droite le paquet des lettres à la pastourelle, et se tournant vers Crampagna : « Beau père, tout est rompu ! Donc j'épouse ! »

Mais, patatras ! une rumeur, un bruit de scandale. Savez-vous qui on a trouvé au fond du parc, dans un bosquet, et, comme dit le poète,

> Ce n'était point, monsieur, pour jouer au piquet...

Qui donc ? Barbazan, l'autre secrétaire, et Maria, la douce fiancée. « Je réparerai, monsieur le ministre, je réparerai, dit le chef de cabinet, plein d'aisance. Il réparera. Le ministre, débarrassé de ses deux maîtresses, l'est aussi de sa fiancée. Les secrétaires ne rendent pas des services à moitié. Ils vont jusqu'au bout de leur œuvre. Guibinos reste seul avec son portefeuille,

et un air navré, pendant que Mme Coubeyron dit
à Escujo : « A demain matin ! » et Mme Viélajus :
« A demain soir » ; à quoi Escujos, décidément achevé.
répond avec stupidité : « Tiens ! Pourquoi faire ? »

Cette bonne folie où il y a beaucoup de mots vraiment spirituels, et qui serait un très joli petit ouvrage si le second acte était aussi bon que le troisième, ou seulement que le premier, a eu du succès, et en aura davantage, un peu allégée et remaniée, et devant un public plus facilement divertissable que l'orgueilleux public des premières.

Elle a été enlevée avec ardeur, et non sans talent, par cette très bonne troupe de Cluny qui est la meilleure troupe de vaudeville de Paris parce qu'elle a de la cohésion et joue d'ensemble. Ce vieux Allart, qui a tant de qualités, dont la plus caractéristique, et certainement la plus enviable, est de rajeunir à chacune de ses créations, si bien qu'il finira par jouer les petits gommeux, a mené la chose avec sa verve et sa sûreté habituelles. Il faut le voir au premier acte quand Barbazan, son secrétaire, le traite avec une absence complète de cérémonial : « Vous êtes encore en retard, monsieur le secrétaire !

— Non ! en avance !

— Comment ! en avance !

— Oui ! en avance sur hier.

— Parbleu ! hier, vous n'êtes pas venu du tout.

— C'est une simplification du rouage administratif. Je suis un simplificateur.

— Monsieur !... Mais je ne peux pas me fâcher. Il sait tout !

Et encore : « Monsieur pourquoi prenez-vous un auxiliaire ?

— Pour m'aider. Les auxiliaires ne servent pas à autre chose.

— Mais vous ne faites rien.

— C'est bien pour cela que j'ai toujours tout à faire !

— Monsieur !... Mais je ne peux pas le brusquer. Il sait tout ».

M. Dorgat, dans Coubeyron, a montré un vrai talent de grime, et M. Lureau un merveilleux naturel dans le personnage de Viélajus. Une duègne aux effets énormes, Mme Cuinet, nous a beaucoup amusé dans le rôle d'une vieille anglaise, gouvernante de la suave Maria. Cette Maria elle-même, à savoir Mlle Doriel, est une ingénue très agréable qui a roucoulé d'une manière fort gentille un petit duo d'amour avec M. le secrétaire intime.

Enfin M. Calvin fils est à signaler comme se faisant une place très honorable au théâtre. Jusqu'à présent il avait la sûreté de jeu et les intonations, un peu trop copiées, de son père ; hier il a montré, avec la même sûreté, un petit bout d'originalité qui nous a fait beaucoup de plaisir. Le troisième acte repose sur lui, et il l'a porté avec beaucoup d'aisance, de verve et d'entrain. Ce jeune homme a certainement un très bel avenir dans les théâtres de genre.

XIV

Menus-Plaisirs : *Le Chien de garde,* drame en cinq actes de M. Jean Richepin. — **Comédie-Française :** *Le Premier baiser,* comédie en un acte de M. Emile Bergerat ; *Alain Chartier,* un acte, en vers, de M. de Borelli.

27 Mai 1889.

Le *Chien de garde* est un ouvrage, à ce qu'il m'a semblé, de l'extrême jeunesse de l'auteur, et il ne conviendrait pas de juger, sur cette pièce, du talent dramatique de M. Richepin. Et, toutefois, il est curieux à examiner, parce qu'à travers l'inexpérience, quelquefois presque enfantine, qui marque ce petit drame, on démêle déjà les qualités d'écrivain et même, je ne dirai pas d'auteur dramatique, mais de poète et de créateur de types, qui ont fait depuis la réputation incontestée, certes, et inattaquable, de M. Richepin. Vous allez voir comme s'y mêlent curieusement des défauts que sauraient éviter les petits fils de M. d'Ennery et les qualités qui sont déjà d'un maître sinon du théâtre, du moins de l'art poétique.

Ce *Chien de garde,* c'est un gardien d'honneur, une sorte de préposé à la garde d'un nom glorieux.

Comme les rois avaient leur garde du corps, le général Renaud, comte d'Olmutz ; a, dans le sergent Féron un garde du nom. Ce général Renaud est parti jadis comme volontaire, en 92, avec Féron, Il est devenu général, mais il est toujours resté intime ami du sergent qui lui est dévoué corps et âme. Il a confié un petit garçon, enfant naturel qui lui est resté sur les bras, aux soins de la femme Féron, la vivandière Jacqueline, et le petit a suivi les armées de l'Empire à travers l'Europe. Du côté de Leipsig, à ce que j'ai cru comprendre, dans un combat d'avant-postes, le général Renaud est blessé à mort, il demande à voir son fils, lui fait ses dernières recommandations, et le confie pour la vie entière à Féron, en ordonnant au sergent de veiller sur l'honneur du nom de Renaud. « C'est le seul héritage que je lui laisse, l'honneur ! Fais qu'il garde mon nom intact. Tu entends, Féron, sauve mon nom, s'il est en péril jamais, *par tous les moyens possibles !*

— Je le jure, mon général, je le jure, comme sur le drapeau ! »

Ce prologue ne manque pas de relief, ni même de grandeur. — Douze ans se sont passés. Nous sommes sous la restauration. Le petit Renaud, maintenant jeune homme du bel air, a été recueilli par certain parrain, riche banquier qui en a fait comme son caissier. Il vit avec le sergent Féron et l'ancienne vivandière Jacqueline dans un pavillon de l'hôtel du banquier, et le sergent Féron n'est pas très content de lui. Le jeune homme se lève trop tard, est trop bien mis, et voit un monde qui ne revient pas à Féron. Aujourd'hui même il a un petit déjeuner en partie carrée que Jacqueline prépare de ses propres mains ; et Féron trouve qu'elle fait là un un métier douteux, et nous sommes de son avis. Le sergent commence à craindre pour le nom de Renaud, comte d'Olmutz.

Les choses sont beaucoup plus graves qu'il ne croit. Non seulement Paul s'amuse, mais il joue ; non seulement il joue, mais il vole pour jouer. Il a pris une vingtaine de mille francs dans la caisse de son parrain ; ce n'est qu'un emprunt ; car il les remettra demain pour peu que la dame de pique le favorise ; mais cela l'inquiète un peu. Aussi il se montre romantique et désenchanté et sert une page d'Obermann au sergent Féron qui ne comprend pas le rapport. Nous non plus. Mais ce n'est pas une affaire.

L'affaire grave, c'est que pendant que Paul romantise avec Féron, l'oncle, le riche banquier, s'avise de mourir. Le banquier se meurt, le banquier est mort ; et déjà les gens de justice viennent mettre les scellés sur ses meubles. Vous comprenez la situation. Il manque vingt mille francs dans la caisse. Paul est le caissier. Le nom de Renaud, comte d'Olmutz, est déshonoré. Que faire ? Féron et sa femme se regardent. Ils ont eu, à la même minute, la même pensée qui est absurde, héroïque et cornélienne. Ces vingt mille francs ce sera Jacqueline, ou ce sera Féron, qui les aura pris, et le nom de Féron sera déshonoré, mais non pas le nom de Renaud.

Ça n'a pas le sens commun aux yeux d'un homme d'affaires. Le premier justiciard à qui Féron contera cette bourde, lui dira : « Laissez-moi tranquille ! C'est M. Paul Renaud qui est le caissier, c'est lui qui est responsable, et non pas son maître d'armes ».

— « Mais, lui répondra Féron (c'est indiqué dans le texte de M. Richepin ; c'est là son invention ingénieuse) mais M. Renand avait ces vingt mille francs, appartenant à la caisse, dans son appartement particulier, et c'est là que je les ai pris. »

— « Drôle de caissier, répondra le commissaire. Ne voyez-vous pas, Féron, que vous l'accusez en voulant le défendre ! »

Idée impossible donc, au point de vue de la vraisemblance matérielle. Au point de vue de la vraisemblance morale, j'ai beaucoup à dire. Si vous croyez que le sergent Féron ne tient pas à l'honneur du nom de Féron, chevalier de la Légion d'honneur, autant qu'à l'honneur du nom de Renaud, comte d'Olmutz, vous m'étonnez un peu. Je comprendrais le sacrifice de Féron dans d'autres conditions. Je comprendrais ceci par exemple : Féron est furieux. Il traite Paul de voleur, et le giffle vigoureusement, ou plutôt se retire de lui et l'abandonne. Plus d'affaires. Mais les gens de justice arrivent. Ils s'emparent de Paul, le mettent entre deux gendarmes.

« Votre nom ?

— Paul Renaud, comte d'Olmutz.

— Ce n'est pas vrai ! s'écrie Féron perdant la tête, ce n'est pas vrai ! Paul Renaud n'est pas un voleur. C'est... c'est moi qui ai volé... ! » — et il invente rapidement une histoire.

Cela, qui serait très difficile à faire, du reste, mais qui pourrait être très beau, je le comprendrais. Mais que, froidement, d'avance, alors qu'il a beaucoup de temps devant lui, alors qu'il y a, après tout, des chances pour que le vol soit inaperçu, Féron se dévoue ainsi tout de go, cela paraît comme artificiel, factice, voulu. — Ce n'est que mal arrangé. L'habileté mélodramatique consiste en ceci précisément, à disposer des incidents de telle manière que les caractères les plus en dehors du commun en prennent un air de vraisemblance. Ici, c'est l'inverse. L'invraisemblance des incidents se communique et se répand sur les caractères, et rend Féron plus invraisemblable encore qu'il n'est réellement.

Quoi qu'il en soit, la chose réussit dans cette singulière histoire où les gens de justice me paraissent peu psychologues. On prend pour bon argent la déclaration bizarre de Féron et on l'envoie au bagne avec nonchalance ; et c'est la fin du second acte.

Au troisième, nous sommes à une guinguette du faubourg Saint-Marceau. C'est Jacqueline qui la tient. Paul y demeure avec elle et est devenu conspirateur. Paul, conspirateur ? Oui. Tout cela est assez incohérent ; mais ce n'est pas uniquement ma propre faute.

Paul, le joueur, l'homme de tripot et le voleur mélancolique, est devenu une manière de Philippe Brideau, sans savoir pourquoi. Il le dit lui-même : « Servir une cause à laquelle on ne croit point ! » Alors pourquoi la sert-il ? Et qu'est-ce qui lui prend ? Le jouisseur voleur du second acte ne pouvait devenir que l'un des deux personnages dont la silhouette suit : ou la leçon a été bonne, et il est devenu un petit commis timide, appliqué, correct et humble ; ou, ce qui est plus probable, le tempérament a continué à l'emporter, et ses cheveux se sont promptement allongés en accroche-cœur autour des tempes. Mais conspirateur, homme de coups de main et d'audace ! Nous n'y comprenons rien du tout.

L'auteur avait ses raisons, ou plutôt il avait ses besoins. Il lui fallait que Renaud devînt conspirateur impérialiste, pour que Féron, retour du bagne, se reprît à l'aimer et à l'estimer, et voilà le secret de la transformation inattendue de Paul Renaud.

Car il revient du bagne, le sergent Féron. Il n'y pouvait pas rester. Il était inquiet. Il voulait surveiller Renaud, et le nom, le nom, le nom de Renaud comte d'Olmutz. Ce n'est pas très fort de sa part ; car il le surveillait presque mieux forçat en exercice que forçat évadé. Forçat résidant, il savait assez facilement, par Jacqueline, ce que devenait le nom et celui qui le portait. Forçat évadé, obligé à se cacher, à errer, traqué de toutes parts, quelle surveillance compte-t-il exercer, si sûre et si efficace ? Tout cela nous paraît du domaine de l'imagination, et d'une imagination assez indigente. Nous nous sentons dans le pur *mélo*, et dans un *mélo* fabriqué sans habileté de main. Jusqu'au cinquième acte, nous nous ennuyons décidément.

Voici ce qui arrive jusqu'au cinquième acte :

La conspiration est découverte. Un très grand personnage de l'Etat y est compromis, moralement du moins. On n'a pas les preuves écrites. On sait qu'il en existe, mais on ne les a pas. On soupçonne qu'elles sont chez Paul Renaud. Un policier vient chez celui-ci :

« — Monsieur, vous avez les lettres de M. X..., pair de France ?

— Non, monsieur l'agent !

— Ça veut dire oui. D'ici à huit heures du soir vous aurez la bonté de les faire remettre chez moi, rue Grange-Batelière, 127, moyennant quoi vous ne serez pas poursuivi. Si à huit heures je ne les ai pas, je vous arrête entre huit et neuf et vous aurez le col tranché de haut en bas, dans le courant du mois, ainsi qu'il est arrivé aux sergents de la Rochelle que Dieu garde. J'ai dit ! »

Le bon agent se retire, et ici est la scène capitale du drame.

Renaud, décidément, est-il un plat coquin, ou va-t-il se redresser et racheter par un acte de sacrifice tout son vilain passé ? Nous sommes tout oreilles. Cette scène l'auteur n'a pas su, n'a pas voulu, n'a pas osé... Enfin il ne l'a pas faite. Il a biaisé, il a louvoyé, et il a fait la chose la plus confuse, la plus louche et la plus coquesigrue qui se puisse. Renaud est avec sa maîtresse, et cette maîtresse, Julia, une actrice sentimentale, dévouée et romantique, — dans ce temps-là il y en avait peut-être, — cette maîtresse lui dit :

« — Ces lettres sont en lieu sûr ?

— Oui, chez mon ami Philibert.

— Donne-moi une lettre pour Philibert ; *il me les remettra ; et je les brûlerai.* »

Pourquoi diable cette histoire-là ? Il est plus simple que Paul écrive à Philibert par commissionnaire, ou même par Julia : « Brûle *toi-même* et tout de suite les lettres de X... » Si Julia veut les avoir, ces lettres, il est clair, et il doit être clair pour Paul, que c'est pour les donner au commissaire, dans le dessein de sauver son amant.

Eh bien non ! Paul n'a pas l'air de s'en douter, *ni Julia non plus !* Il dira à l'acte suivant : « Non ! ce n'est pas pour me sauver que j'ai mis ces lettres entre les mains de Julia ». Julia dira : « Je n'avais nullement l'intention de livrer ces lettres quand je me les suis fait donner » Alors quoi ? Pourquoi les demande-t-elle ? Pourquoi Paul, au lieu de les faire détruire simplement, accepte-t-il qu'elles passent par les mains de Julia avant d'être détruites ?

Parce que l'auteur d'abord n'a (n'avait, quand il a écrit le *Chien de garde*), aucune habileté dramatique, ensuite parce que, je ne sais dans quelle intention, il n'a voulu faire ni Paul ni Julia trop odieux. Cela lui faisait de la peine. Et il les a faits tous les deux agissant sans aucune raison appréciable, ni aucune suite dans les idées. Il les a faits parfaitement saugrenus.

Toujours est-il que Paul donne à Julia la lettre par laquelle Philibert est prié de remettre, — comme cela !... C'est tout naturel ! — les lettres de X... à Mlle Julia, des Bouffes.

A peine Julia a-t-elle entre les mains la lettre à Philibert que Féron arrive. Féron est dans la joie du martyre, lui : « La conspiration est découverte. Tant mieux ! Sacrebleu ! C'est comme à la guerre ! Nous allons mourir en braves. C'est une fière joie, allez ! Je ne donnerais pas pour une fortune la place que j'aurai devant les juges quand je leur crierai : « Vive l'Empereur ! » Cette courte scène, magnifiquement enlevée du reste, et par l'auteur, et par Taillade, d'un mouvement superbe, d'une âpre éloquence, et vraie (enfin !) parfaitement vraie et originale, nous a tous remués profondément.

Mais vous sentez l'effet qu'elle produit sur Julia. Julia ne voit que l'échafaud où montera son amant, et quand elle sort, nous savons bien ce qu'elle fera des fameuses lettres. Au cinquième acte, en effet, la honte est consommée. Julia a été chez Philibert...

(Non ! ç'a dû être une drôle de scène chez Philibert. « Monsieur Philibert, la conspiration est découverte. M. X... est compromis. Paul vous prie de me remettre ses lettres, pour que je les brûle. Je suis la petite Julia des Folies-Diplomatiques.

— Ne serait-il pas plus court et plus sûr que je les brûlasse moi-même ?

— Non ! je les brûlerai plus élégamment.

— C'est juste. Les voilà, ma belle enfant. Mon Dieu, ces bonnes lettres, comme elles sont sûres maintenant d'être brûlées !

— De plus de feux que je n'en allumai.

— Vous êtes exquise ! »

Ah ! les drôles de conspirateurs).

Julia a été chez Philibert, a obtenu les lettres tout de suite, et les a portées rue Grange-Batelière. Paul Renaud est un traître. Féron lui dit : « Il n'y a plus qu'un moyen de sauver l'honneur du nom. Tu le connais. Les pistolets de ton père sont dans la chambre à côté. Va ! » — Renaud y va ; mais il se fait attendre. Il tergiverse. Féron voit qu'il faudra l'aider. Il boit quelques verres d'eau-de-vie pour se donner du cœur. (Encore une gaucherie. Ce qui doit n'être qu'un coup de frénésie féroce, mais non sans grandeur, va passer pour un trait de délire alcoolique ! que de gaucheries ! Enfin !) et se dirige vers la chambre où Renaud tremble et pâlit devant la mort. On entend un coup de pistolet, et Féron rentre en disant : « Il s'est tué ! Tout le monde dira qu'il s'est tué ! Personne n'aura le droit de dire que Renaud, fils du général Renaud, comte d'Olmutz, était un J... F... ! »

On voit ce qu'est ce drame mal bâti et vraiment

puéril, où se dessine, pourtant, nette et fière, et assez sûrement dessinée, une magnifique silhouette de grognard de Charlet. C'était déjà, quand il écrivit le *Chien de garde,* le talent de M. Richepin. Il ne sait pas faire une pièce, il ne sait pas non plus grouper cinq ou six caractères qui se tiennent et se soutiennent. Il trace des crayons pâles et indistincts où l'on sent que sa main tremble ; et au milieu de tout cela il campe un bonhomme solide, vigoureux, bien conçu, jamais moderne, et toujours un peu conventionnel et livresque, mais qui a de l'aplomb, de la hardiesse de touche et du relief. Dans la faible comédie de *M. Scapin,* c'est Scapin, dans le *Flibustier,* c'est le vieux Legoëz, dans le *Chien de garde,* c'était Féron. De là vient que jamais M. Richepin n'a fait une pièce de théâtre qui fût complète et qui satisfît l'esprit, et que, toujours il y a eu dans ses pièces un rôle qui nous intéressait et dont nous gardions un long souvenir.

Peut-être devrait-il faire court, de telle sorte que sa pièce ne fût qu'un cadre à entourer une solide et vigoureuse « étude ». L' « étude » est toujours intéressante chez lui ; c'est le tableau » qui est pâle et mal composé. Il a du reste un si long et si grand avenir devant lui que c'est à lui de mesurer ses forces actuelles, et de voir ce qu'il a à faire de ce conseil non seulement respectueux, comme il sied à l'égard d'un talent de premier ordre, mais encore parfaitement sympathique.

MM. Rosembeau, Claude Berton, Lacroix (surtout M. Lacroix) et Kéraval ont joué le *Chien de garde* très convenablement. Madame de Fehl, dans le rôle de Julia, a montré un beau tempérament dramatique qui, avec de l'étude et plus de mesure, lui promet une belle carrière artistique. Madame Marthol a été, dans le rôle de Jacqueline Féron, admirable de naturel et d'émotion simple. Enfin Taillade a remporté avec le *Chien de garde* le plus beau triomphe qu'il ait jamais obtenu depuis qu'il est acteur, et il y a longtemps. Il est absolument magnifique. Bonhomie paternelle dans les parties douces du rôle, exaltation superbe à l'idée de la mort glorieuse, fureur sombre de fanatique dans son rôle de justicier et de gardien d'honneur, tout cela c'était du grand, du très grand art, original, personnel, trouvé, inventé. J'ai rarement éprouvé une émotion pareille au théâtre. La pièce en son ensemble mérite cinq représentations ; le rôle de Féron pris à part en mérite cinquante ; Taillade en mérite cent, et je demanderai après qu'il recommence.

La Comédie-Française nous a donné deux petits actes, l'un en prose et l'autre en vers. C'est un effort louable, et dont il convient de la féliciter. Le *Premier baiser* de M. Emile Bergerat a été peu compris le jour de la première représentation. Il y s'agit d'une jeune fille qui se rappelle que, quand elle était enfant, sa mère avait un amant. Cet amant, par discrétion, ce qui est un peu bizarre, et peut-être parce qu'il en avait assez, ce qui est une supposition de ma part que je reconnais qui est grossière, s'est retiré bien loin. Mais voici qu'il revient avec son neveu. Et ce neveu aime la jeune fille et la jeune fille l'aime. Mais elle ne peut pas l'épouser. Sa délicatesse s'y oppose. On n'épouse pas le neveu de l'amant de sa mère. Elle fait le diable à quatre, interroge son fiancé sur ses anciennes maîtresses, et sa mère sur ses anciennes amours. C'est un petit démon, assez inconvenant pour tout dire, et surtout très singulier. On ne la comprend pas du tout pour le moment.

Tout à l'heure on la comprendra un peu moins. Voilà qu'elle fond, comme neige au printemps. Elle pardonne à sa mère, noblement; elle pardonne à son fiancé d'être le neveu de son oncle, généreusement; elle pardonne à l'amant de sa mère d'être l'oncle de son neveu, magnanimement, et elle se marie de tout son cœur, finalement. — Pourquoi? on n'a pas bien su le premier soir; mais depuis il a été expliqué que c'était parce que ce scélérat de fiancé l'avait embrassée, et que « l'éveil physique », ou « l'éveil psychique » (le concept est double, ou il est même triple) avait eu lieu. C'est bien possible. Les gens qui ont embrassé leur fiancée qui était la fille de la maîtresse de leur oncle ont la parole.

Alain Chartier, de M. Borelli, est une erreur artistique compensée par beaucoup de patriotisme et quelques beaux vers. Vous savez la légende de Marguerite d'Ecosse et du poète Alain Chartier. Alain Chartier, le grand poète du temps, s'est endormi sur un banc. Il est assez vieux et fort laid. Marguerite d'Ecosse, la dauphine, passe par là. Elle aperçoit le poète endormi. Elle sourit. Une jolie idée de grande dame artiste a passé dans sa charmante tête. Elle s'approche et donne un baiser au poète devant tout son cortège de dames et de seigneurs, et souriant : « Ce n'est pas l'homme que j'ai embrassé, on peut m'en croire, mais ces lèvres d'où sont tombés de si beaux vers. » C'est ravissant, cette espièglerie émue, ce baiser de reine cueillant la poésie sur la bouche d'un artiste, comme une fleur.

Et maintenant, supposez que ce baiser... je frémis en y pensant... que ce baiser, *il soit demandé*, oui, demandé par le poète, et demandé comme dans un trafic, donnant donnant, et qu'il soit marchandé par la reine, et qu'il soit accordé sous condition expresse que moyennant ce prix, le poète *fera* de beaux vers et des vers patriotiques, pour exciter les courages et relever la France abattue. Voyez-vous comme tout le charme s'en va ! La légende s'épaissit en quelque sorte, s'alourdit, devient opaque. Le baiser devient un baiser diplomatique, un baiser patriotique et un baiser solennel.

C'est malheureusement ainsi que l'auteur a pris les choses.

— Faites des vers, dit Marguerite.

— Non, dit Chartier, je suis trop vieux.

— Faites des vers patriotiques !

— Non, je ne suis plus aimé ! Ah ! si vous m'embrassiez !

— Alain !

— Si, madame, embrassez-le, dit Agnès Sorel. C'est pour la France !

— Allons ! soit !

Et Alain Chartier *fait semblant de dormir*, et Marguerite appelle toute sa cour, et dans un grand discours du trône : « Soyez témoins, je vais l'embrasser. Il tiendra sa parole. Il écrira des Marseillaises. »

Et le baiser est donné. C'est un baiser officiel. Ah ! mes amis, je n'en ai plus beaucoup à recevoir, et ne dois pas me montrer bien regardant ; mais, tout de même, je donne ma démission de ces baisers-là.

XV

Théatre Libre. — *Le comte Witold,*
pièce en trois actes, en prose, de M. Stanislas Rzewuski.

3 Juin 1889.

Le Théâtre Libre nous a donné un drame assez curieux, et sur lequel j'avais même, après le premier acte, fondé de très grandes espérances. C'est le *Prince Witold*, de M. Stanislas Rzewuski. M. Stanislas Rzewuski est, paraît-il, un petit neveu de Balzac. Ce que je sais, c'est que c'est un lecteur assidu de Dumas fils.

Le fond du *Prince Witold,* c'est la *Princesse Georges.*

Supposez la princesse Georges telle qu'elle est, un peu plus slave si vous voulez, en donnant au mot slave le sens de têtu, qu'il peut avoir; et supposez le prince Georges tel qu'il est, mais un peu plus têtu aussi, et n'ayant pas la bonne fortune du coup de pistolet qui se trompe; vous avez le *Prince Witold.*

Le prince Witold a épousé très jeune Louise Kelkonkoff, et, très vite, il l'a abandonnée pour s'attacher à une actrice parisienne qui, en dix ans, lui a mangé trois cents millions, ce qui fait que, maintenant, il est très pauvre. Sa femme le rappelle, sous main, paye cinq milliards de dettes qu'il a faites un peu partout, et on annonce que le prince arrive.

Toute la maison est en rumeur. Les domestiques sont émus, les parents pauvres sont inquiets, la petite fille du prince, qui n'a jamais connu son père, interroge avec anxiété. Constance, jeune nièce de la princesse, dit en *a parte :* « Elle l'aime encore ! Quel homme est-ce donc ? » et devient rêveuse. Et tout cela fait un acte d'exposition excellent, admirable, minutieux, clair et précis, comme il en faut un à une grande comédie aux ressorts nombreux et aux péripéties variées. Il est admirable ce premier acte ; mais il est décevant ; car tous les germes de grand drame que l'auteur y a déposés avec soin, il les y laisse précieusement. Ces parents pauvres ne serviront à rien, ni (ou à si peu !) cette Constance, ni cette petite fille. A partir du second acte nous n'avons qu'un drame assez vigoureux, si l'on veut, mais direct, sans péripéties, sans courbes, sans déclivités, un drame horizontal, un drame où deux passions se heurtent, tout simplement, de plein contact, toujours sur le même point, et un drame enfin, pour lequel il n'était besoin d'aucune espèce d'exposition.

Le prince Witold est au château, et sa femme, qui l'adore, ne cherche pas à le reprendre, ce qui m'a fort étonné, mais le boude avec obstination, pour le ramener, et l'oblige, par sa sécession permanente, à causer toute la journée avec Constance.

Puis elle prétend que cette Constance est la maîtresse de son mari, et, sans explication préalable avec son mari, sans enquête, sans discussion, rassemblant tout le château en conseil de famille, elle la chasse avec grand éclat.

Le public (c'est le public du *Théâtre Libre* ; pourvu que ce ne soit ni du Dumas fils, ni du Meilhac, ni du Halévy, cela lui suffit ; il est aux étoiles) applaudissait avec conviction ; mais quelques critiques encroûtés se regardaient avec étonnement. Comment l'auteur du premier acte pouvait-il faire preuve et d'une pareille indigence, et d'une pareille maladresse ?

Il serait inepte, ce second acte, sans la scène finale, nullement préparée, ou plutôt affaiblie à l'avance par ce qui précède, mais belle en elle-même et puissante. Le prince Witold se fâche. On lui fait la vie trop dure, et stupidement. Tout cela n'a pas le sens commun (il a bien raison) ; quand il a été ruiné, il aurait dû se brûler la cervelle, et c'est en définitive ce qu'il va faire. Alors sa femme se jette à ses pieds, s'attache à lui, le supplie : « Mais tu vois bien que je t'aime, que je t'adore, que c'est parce que je t'adore que je suis folle et méchante...

— Je le sais, répond le prince ; mais j'aime l'autre ; j'en suis possédé. Je n'ai qu'à mourir. Je mourrai. »

La toile tombe.

Au troisième acte, le prince Witold meurt, et c'est tout. Absolument tout. Il s'est empoisonné, avec un poison subtil et inconnu, pour lequel on ne connaît pas d'antidote. Le médecin de Kief en trouverait peut-être un ; mais il est trop loin, et il arrivera trop tard. Le prince meurt. Sa femme le veille, très dévouée. Il ne songe qu'à « l'autre, » à l'actrice de Paris (toutes les actrices de Paris étaient dans la salle et se montraient très flattées). Il pardonne à sa femme, et sa femme lui pardonne. Mais il lui demande le portrait de « l'autre » qui est là, dans le tiroir de gauche. Cette double agonie, agonie matérielle du prince, agonie morale de la princesse, a bien quelque chose de poignant. On sent la fatalité de la passion qui pèse sur ces deux êtres. Mais tout cela, vraiment, *n'est pas difficile*. C'est gros, c'est compact et c'est lourd. Mettre en présence deux êtres séparés par une fatalité de passion et les laisser dans cette situation l'un en face de l'autre sans aucun incident qui nous révèle les nuances et les détails de leur complexion morale, est bien un peu primitif ; c'est presque à la portée d'un chacun.

Il faut bien finir. Le prince meurt, le portrait de l'autre sur les lèvres ; et, alors la princesse se jette sur lui en criant : « Enfin ! Tu es à moi, rien qu'à moi ! »

On s'est récrié d'admiration sur ce dernier trait. Pour moi c'est un mot d'auteur, qui n'a rien de vrai ni d'humain. La princesse a pu le dire avant, non après. Elle a pu dire, avant : « Ah ! je l'aimerais mieux mort qu'amoureux d'une autre ! » ; mais devant la mort, après la mort, ce mot féroce ne peut guère venir à l'esprit de personne. La mort fait réfléchir. Ce que la princesse, à moins qu'elle ne soit une simple bête fauve, doit se dire, c'est à peu près ceci : « C'est moi qui l'ai tué... Et je ne pouvais pas faire autrement que de le tuer. Maudit soit l'amour ! Ah ! que ma fille n'aime jamais ! »

Ce drame qui n'est pas sans mérite, après tout, comme on a pu voir, et dont la conception est forte, si la maladresse y est énorme, a eu un succès éclatant. Il est faiblement joué ; mais il est clair, et il s'écoute sans trop d'ennui. Le Théâtre Libre a bien fait de nous le montrer.

XVI

Menus-Plaisir : *La Peur de l'être*, comédie en trois actes de MM. Emile Moreau et Pierre Valdagne.

4 Août 1889.

La *Peur de l'être* était attendue avec une certaine curiosité. Des deux auteurs l'un, M. Pierre Valdagne, n'est connu que par quelques petits actes gentiment troussés; mais l'autre est M. Emile Moreau, une de mes manies littéraires, un de ces amis dont je suis coiffé, et que, du reste, je n'ai jamais vus, M. Emile Moreau, très agréable poète, couronné par l'Académie française pour son beau poème sur **Pallas-Athénée**, auteur de ce drôle et amusant *Matapan* dont je vous ai parlé jadis et qui contient les plus savoureux vers burlesques qu'on ait écrits peut-être en ce siècle. M. Emile Moreau a infiniment d'esprit. La préface de ce même *Matapan* est une des clowneries les plus extraordinaires que je sache. Il y a là une puissance d'*humour* et de comique pince-sans-rire tout-à-fait de premier ordre. Enfin M. Emile Moreau est quelqu'un, et de quelqu'un, il est assez naturel qu'on attende quelque chose. La curiosité était donc très éveillée à l'endroit de la *Peur de l'être*.

Elle n'a pas été déçue. La *Peur de l'être* n'est pas un chef-d'œuvre ; mais c'est une pièce bien intéressante. On n'y rit point à gorge déployée, on n'y sursaute pas sur les banquettes, mais on s'y sent captivé par un intérêt littéraire très vif, et on se surprend à dire à chaque instant : « Eh ! mais, c'est original ! » ou : « Décidément cela est fait par des gens très intelligents ! » On se promet de « lire cela ».

Eh ! oui ! à un certain point de vue ce n'est pas un très bon signe. C'est signe, par exemple, que ce n'est pas un vaudeville. Mais, à un autre égard, comptez les pièces de théâtre qui vous font dire : « Il faut que je lise cela ». Il n'y en a pas des nombres.

La raison du « *il faut que je lise cela* » c'est d'abord que la *Peur de l'être*, comme *la Parisienne*, dont elle procède, est plutôt une nouvelle en dialogue qu'une comédie proprement dite. Elle n'est pas ramassée, concentrée, vigoureusement serrée autour d'un point, très visible et très solide, de gravitation. Elle est en trois actes, cette comédie, et, bien plutôt, est en trois phases. Un personnage principal, toujours en scène, en fait l'unité, je le sais bien ; mais cette unité, qui serait très suffisante pour un roman, ne l'est pas, il faut le croire, si l'on s'en rapporte à l'impression du spectacle, dans cette œuvre dramatique un peu lente et comme discursive. Voici la suite des choses dans tout le détail ; car cet ouvrage très soigné vaut qu'on l'analyse avec soin.

Premier acte, première situation : Un ménage à

trois : M. Balemblais, vieux savant tout occupé d'hypnotisme, Mme Balemblais, la jolie Thérèse, tout occupée de tout autre chose, et le jeune gommeux, moraliste de la *vie parisienne*, M. Paul. La jeune femme aime très vivement M. Paul, mais quelque chose refroidit un peu son bonheur, c'est que son mari soit si peu gênant. Pas un soupçon, pas un signe de jalousie, même par hypothèse. Ah ! il n'y a pas à dire, trop de sécurité, ce n'est pas assez d'émotion. Il n'y a pas de ragoût.

« Comme M. Balemblais fait bien son office de mari ! »

« Non, vraiment, répond Thérèse, c'est trop, il le fait trop bien ! »

Et elle l'aguiche, elle l'entraîne : « Voyons ! pourtant, M. Balemblais, si je te trompais ?

Pourquoi me tromperais-tu ? Est-ce que je te trompe ? »

Ce *est-ce que je te trompe ?* dit par cette tête vénérable, est merveilleux.

M. Paul, lui, est très satisfait, mais tout à fait satisfait, et dans le présent et dans l'avenir. C'est qu'il est, comme je l'ai dit, un philosophe. Il est convaincu de cet axiome que le seul mérite de l'amant est de ne pas être le mari. Renversez l'ordre des facteurs, et que le mari devienne l'amant, c'est le mari qui sera aimé, n'en doutez pas. Sur quoi, précisément, M. Paul fonde son assurance ; car lui ne sera jamais le mari, jamais, jamais ! La loi y a pourvu. La loi, la bonne loi de 1884 permet le divorce, mais interdit formellement à la femme coupable d'épouser son complice. « C'est affreux », dit Thérèse à M. Paul. « Ah ! oui ! Ah ! ne m'en parlez pas, c'est affreux ! c'est épouvantable ! » répond M. Paul avec la conviction que vous pouvez penser.

Et les choses vont ainsi, autour des trois amis circulant un quatrième personnage, rapin spirituel et gai, qui fait à Thérèse une petite cour sans prétention, et qui l'amuse de ces jolies audaces joyeuses qui rassurent par leur gaîté, troublent par leur vivacité de charges à fond, et sont, m'a-t-on dit, assez dangereuses sans en avoir l'air.

Là dessus, bien entendu, Paul et Thérèse « se font pincer ». Je parle la langue de la chose, et, en y réfléchissant, je me dis que les auteurs n'ont pas si mal fait d'en user ; tout cela serait très répugnant, s'il n'était sauvé par l'air et le ton de forte charge répandu sur le tout.

Donc Paul et Thérèse se font pincer. Rentrant à l'improviste, le vieux savant les trouve s'embrassant avec une douceur mélancolique. Fureur épouvantable du vieillard, puis tout à coup (ah ! si cela avait été bien joué, quel joli revirement), tout à coup, à cette question : « Pourquoi vous fâchez-vous ? vous allez vous faire du mal ! » — Pourquoi je me fâche, répond Balembais, pourquoi ?... mais parce que l'hérédité, l'éducation et l'influence des milieux sont des forces incalculables, mes enfants, incalculables. Depuis trois cents générations j'ai dans le sang qu'il ne faut pas l'être ; depuis soixante ans, avec ce Molière et ce Dumas fils, j'apprends qu'il est affreux de l'être ; et depuis que je vis dans le monde je me persuade qu'il est ridicule de l'être... Alors, au premier moment, par un mouvement involontaire, oh! bien involontaire, j'ai envie de vous étrangler, mon cher Paul, et de t'étouffer sous un oreiller, ô Desdémone... Et ce qu'il y a de bon, c'est que je n'en pense pas un mot. Voilà dix ans, ma chère Thérése, que tu m'empêches de travailler et que je voudrais te voir au diable. Voilà trois ans, mon cher Paul, que je me dis tous les matins que vous feriez un très bon mari pour cette chère Thérèse. Eh bien ! mais voilà qui se présente à merveille. Vous allez l'être...

— Hein !

— Vous allez être le mari de Thérèse. Divorce et mariage subséquent. Donnez vos mains que je les unisse.

— Ah ! mais non, s'écrie Paul, ah ! mais non. Loi de 1884, article 298. La femme coupable n'épouse pas son complice !

— N'est-ce que cela ? Jurisconsulte incomplet et maladroit ! Croyez-vous que j'y tienne à ce que ce soit l'adultère de ma femme qui soit constaté ? Je vais faire constater le mien, voilà tout. Vivianne, ma petite Vivianne, avec laquelle j'étudie l'hypnotisme, fera l'affaire...

— Ah ! mais non ! s'écrie Paul.

— Comment ! monsieur ! reprend Thérèse, mon

mari, me chasse, et vous vous réfugiez derrière la loi pour ne pas me prendre ! Est-ce que vous seriez un misérable ?

Paul est pris. Il épousera.

Vous lirez partout que ce premier acte est ennuyeux, et... c'est vrai. C'est vrai, à cause de certaines longueurs et de certaines scènes épisodiques qui l'alourdissent inutilement. Il faudrait le refondre. Mais il est, en substance, d'une originalité et d'un talent peu ordinaires. Mais il est plein de mots drôles et pénétrants. Mais il ne faudrait que peu de travail de la part des auteurs, et un jeu plus vif de la part des interprètes pour qu'il fût un petit chef-d'œuvre.

Deuxième acte, deuxième situation : L'amant est devenu le mari, et, de par ses propres théories, il est persuadé que sa femme ne songe qu'à le tromper, qu'à regretter l'autre au besoin, qu'à songer à y revenir ; et, de par cette persuasion, il est insupportable de jalousie avec sa femme ; et, de par cette humeur insupportable, il prépare précisément la catastrophe qu'il redoute ; car ainsi vont toujours les choses.

Il amène sa femme au bal, et il est, de la tête aux pieds, le mari qui amène sa femme au bal : fatigué d'avance, soupçonneux par anticipation, et jaloux par provision : « Vous ne dansez pas avec moi, mon ami ?

— Non ! je ne danse plus avec vous... Je ne danse plus avec personne... parce que, si je dansais, je ne pourrais pas voir avec qui elle danse ».

Et il rôde autour des valseurs avec des regards noirs, perçants et des affectations d'indifférence.

Et voici que son ami André, le rapin du premier acte, qui ignore les événements, revenu du fond des Indes, tombe en plein bal sur lui, lui serre les mains, lui demande des nouvelles de cette « chère Thérèse. » « Toujours fidèle ! Très-bien ! Mais prends garde ! Tu vas la garder toute ta vie...

— Mais !... Mais !...

— Toute ta vie, mon cher. Quand je songe que c'est pour éviter le mariage, que tu... et précisément tu es aussi enchaîné qu'un mari, et avec qui...

— Adrien ! Thérèse est une femme...

— *Qui mérite tous les respects*, je sais la formule. Eh bien ! précisément ! Tu vois bien !

— Mais sacrebleu ! c'est ma femme !

— Ah ! Ah ! je crois que j'ai manqué de tact.

Et Thérèse rencontre Adrien et ne peut s'empêcher de lui faire quelques confidences, et une petite scène de flirtation commence, que le mari, toujours rôdeur, surprend. Et Thérèse rencontre Balemblais son premier mari, et, mise en bonne humeur par le caquetage de tout à l'heure, ne peut s'empêcher de taquiner « son premier. » — J'ai l'air de jouer une charade, mon premier, mon second... Dites donc, cher M. Balemblais, on dit que c'est très dangereux de feindre le crime... Tel Lorenzaccio... On dit que Vivianne va chez vous, non plus pour dormir... Je n'en crois rien, au moins... »

— Eh ! Eh ! madame vous avez peut-être tort...
— Oh ! oh !
— Voulez-vous des preuves ?
— Ah ! dites donc...
— Oh ! des présomptions fortes seulement. Venez brusquement et discrètement demain chez moi à deux heures...
— Vous êtes fou !
— Ce qu'il y a d'amusant, c'est que vous y viendrez. Je connais les femmes. Demain chez moi à deux heures, brusquement et discrètement.
— Oui ! oui ! Ah ! ah ! oui ! oui !
Inutile de vous dire que le mari rôdeur a entendu les derniers mots de cet entretien, et, sombre comme une nuit d'Othello, répète automatiquement : *Demain ! chez moi, à deux heures, discrètement et brusquement. Oui, oui...* Est-ce bien cela ! Est-elle juste ma théorie ? Non, mais est-elle juste ? Interversion de l'ordre des facteurs. Il n'est plus le mari, donc... ça suffit parfaitement... Oh ! ça suffit. *Demain chez moi à deux heures, discrètement et brusquement. Oui, oui...* Et Adrien ? la scène avec Adrien ? Parbleu, c'était un piège ! Procédé classique. Détournement des soupçons sur un tiers... Tiens ! Te voilà, Adrien, ah ! te voilà ! Eh bien, je me suis amusé tout à l'heure. Je ne t'ai pas soupçonné un moment. Tu peux faire ta cour à madame Paul, mon cher ami, tu peux parfaitement faire ta cour. Partons-nous ensemble ? »

Jaloux, soupçonneux, insupportable, et clairvoyant de travers, c'est-à-dire aveugle, Paul est mari complet ; sa métamorphose est achevée.

Troisième acte, troisième situation. Nous sommes chez Paul, le lendemain, et il est deux heures moins le quart. Paul surveille sa femme. Sa femme s'habillera-t-elle ? Si sa femme s'habille, c'est qu'elle va chez Balemblais, brusquement et discrètement, à deux heures.

Sa femme s'habille et revient gentiment l'embrasser. Et ici, une scène supérieure, admirablement conçue et merveilleusement menée.

Paul contemple la toilette de sa femme, interroge son visage, questionne son teint, examine son front, scrute ses yeux.

« Vous êtes de bien bonne humeur, madame, ce matin !

— Sans doute mon ami, je me suis amusée hier à ce bal. Cet Adrien est un grand fou.

— Adrien ! ah ! oui ! le tiers, le détourneur de soupçons. Avec moi, ça ne prend pas. J'ai été amant ; je ne suis pas un mari comme les autres... Et, s'il vous plaît, madame, s'il vous plaît, où allez-vous cette après-midi ?

— Je vais chez mon couturier.

— Chez son couturier ! Elle n'est pas forte. Les femmes ne sont pas fortes. Du temps que j'étais l'amant, elle disait : « chez ma couturière ; » maintenant elle dit : « chez mon couturier. » Pour endormir ma vigilance et donner le change à mon soupçon, voilà toute la différence qu'elle a trouvée... Ah! madame, vous allez chez votre couturier. Parfaitement! Parfaitement!!! Je vous annonce, étant donnée la médiocre faculté de renouvellement de votre imagination, que demain vous irez au Louvre, après demain au Bon-Marché, et après-après-demain poser quelques sangsues salutaires à votre tante..... Maintenant, madame, allez chez votre couturier!

— Mais, oui ! j'y vais !

— Allez-y, brusquement et discrètement. Partez! Il est deux heures moins cinq! Allez-y! Mais craignez d'y trouver Hermione. Craignez, si vous y êtes à deux heures dix, chez... *votre cou-tu-rier*, que je n'y sois à deux heures vingt. Car je connais votre couturier, je sais son adresse, à votre couturier, et je sais qu'il s'appelle Balemblais, votre couturier ! »

Stupéfaite, Mme Thérèse s'assied carrément et déclare qu'elle reste à la maison.

« C'est bien ! s'écrie M. Paul. Vous n'y allez pas! Eh bien ! c'est moi qui y vais. Je vais monter son escalier discrètement, je vais sonner brusquement, il viendra ouvrir mystérieusement et je jouirai de voir sa jolie petite déception. Je la vois d'ici. Ah! ah! Je vais me payer la tête du couturier. Voilà un divertissement de haut goût. »

Il prend son chapeau et sa canne et s'élance vers la porte avec un air de mauvais garçon. Juste à ce moment — vous l'attendiez — Adrien entre avec bonhommie.

« Ah ! c'est toi ! Tu viens bien. J'avais précisément besoin de toi. Je vais traverser une petite intrigue de cette malheureuse ; je vais cueillir sous son nez un petit rendez-vous qu'elle avait donné à son respectable amant. Mais j'avais peur que, par un moyen quelconque, elle ne s'échappât, arrivât avant moi, ou ne fît prévenir rapidement le joli cœur. Tu arrives, tu me sauves. Je t'institue son gardien. Garde-la à vue. Ne la quitte pas, tu m'entends ?

— Bien !

— Surveille tous ses mouvements.

— Bien !

— Ne la laisse communiquer avec qui que ce soit.

— Non !

— Je vais éloigner, sous divers prétextes, tous les domestiques.

— Eh ! eh !... Très bien !

— Et je vous enferme ensemble ! Là on verra si je suis un mari imbécile ! »

Je n'ai sans doute pas besoin de vous dire que cette scène est de l'excellente, de la haute, de l'admirable comédie, et qu'on est doué quand on trouve de ces choses-là. Pour ce qui suit, je ne sais ; car quoi qu'on puisse croire, je suis très loin de prétendre trancher, sur une impression rapide, ces petites questions de composition et conduite dramatique qu'évidemment des auteurs aussi intelligents que MM. Moreau et Valdagne ont dû vingt fois discuter et contrepeser entre eux... Je ne sais donc, mais il me semble que la scène suivante, il fallait tout simplement ne pas la faire, ou l'indiquer, très brièvement, d'un coup de crayon, de deux mots rapides entre les deux personnages restés en scène.

Est-ce que ce n'est pas fini? Est-ce que nous n'avons pas compris toute la suite ? Est-ce que le sujet de la pièce n'est pas la métamorphose de l'amant en mari, et est-ce que M. Paul n'est pas métamorphosé entièrement? N'est-il pas un mari complet. Non, mais je vous le demande, monsieur, et, préférant, en pareille affaire, m'adresser à qui de droit, je vous le demande, madame, n'est-il pas complet? Et la scène qui va venir, après que Paul a introduit le loup dans la bergerie, avec défense d'en sortir, et en l'enfermant avec la bergère, ne la voyons-nous pas, nécessaire et fatale qu'elle est, beaucoup mieux qu'on ne peut nous la montrer ?

Les auteurs ont tenu pourtant à nous l'écrire, et elle n'est pas mauvaise, mais elle est un peu longue pour les experts qui l'ont parfaitement vue à l'avance, et un peu audacieuse (je le crains, du moins) pour le grand public. Ah ! elle est encore très bien faite, du reste. La chute, la seconde chute, la... je ne sais pas trop le numéro, parce que dans cette pièce-là, c'est comme le Niagara, la chute enfin, et le numéro d'ordre, ou plutôt de désordre, importe peu, la chute de cette petite décadente de Thérèse arrive bien, avec une précision et une sûreté très satisfaisantes. La scène est bien faite ; elle est un peu longue, un peu gênante, aussi, peut-être, et un peu prévue, et un peu pâle, après l'admirable scène précédente.

Il y aurait eu un moyen de la rendre plus piquante ; c'était de présenter Adrien comme séducteur sans le vouloir et à son cœur défendant, mais véritablement forcé, par toutes les précautions prises par Paul, à... ma foi, mon ami, mettez-vous à sa place.

Telle est cette jolie comédie, que les vieux experts en théâtre ont écoutée avec ce demi sourire qui veut dire : « Oui, oui, mes enfants vous êtes maladroits encore, et puis vous croyez qu'il y a le monde entier dans votre sujet, et vous en faites le tour, de ce monde qui n'est qu'un demi quart de monde, avec une lenteur consciencieuse et pénétrée, qui sent bien encore la jeunesse ; mais vous aurez beau faire, vous avez du talent, beaucoup de talent, c'est moi qui vous le dis, et vous ferez de bien jolies pièces dans quelques années. »

Cette pièce distinguée a été jouée avec distinction. M. Eugène Didier, des Variétés, si je ne me trompe, a établi le rôle de Paul d'une manière très originale et parfaitement juste. On me dit qu'il n'avait eu que quelques jours pour apprendre ce rôle très long, très difficile et très varié. Il y paraissait un peu, nullement à son jeu, qui était excellent, mais aux *temps* trop nombreux que sa mémoire trop peu sûre encore le forçait de prendre. Mais à l'heure où j'écris, on doit l'écouter sans inquiétude et avec un parfait plaisir. Il a dit certains mots d'une manière bien amusante et avec un exquis naturel, et l'ensemble du personnage est composé d'une façon très savante et très judicieuse. Voilà un très bon acteur, qui n'avait guère eu l'occasion de se manifester, et qui, dès qu'il la trouve, montre qu'il est de ceux avec qui l'on compte et sur qui l'on peut compter.

Je n'ai guère aimé M. Chambéry dans le rôle, si joli pourtant, du vieux savant, qui rappelle, sans qu'il y ait démarquage, le délicieux personnage de Leverdet, dans l'*Ami des femmes*. Mon humble avis est qu'il n'y a rien compris du tout, et cela ne va pas sans faire un tort assez grave à tout l'ouvrage.

Mais nous avons été enchantés de Mme Faustine Chartier, qui a fait du personnage de Thérèse un composé, un ambigu charmant, comme disaient nos pères, de coquetterie, de malice, d'espièglerie et d'ingénuité vicieuse sans rien de cynique, ce qui, je vous jure, n'était pas une affaire bien commode. Elle a un drôle de prénom Mlle Chartier. Faustine, voilà qui est bien tragique. « C'est antique seulement, me dit mon voisin, qui vient d'être reçu à l'Ecole normale, c'est un nom de gladiateur, ou de *gladiatrix*, si vous voulez. Vous voyez bien que Mme Chartier possède admirablement l'art de tomber avec grâce. »

L'explication est parfaitement justifiée par la façon dont Mme Chartier nous a joué Thérèse. Cette jeune femme, dont nous ne connaissions pas le nom, et que j'avais pris bonnement pour une débutante, tout en étant stupéfait d'un talent si sûr et si aisé pour un début, je sais maintenant qu'elle revient de Saint-Pétersbourg, le vrai conservatoire français, comme on sait, ou plutôt le « vrai théâtre d'application. » Nous sommes sûrs que Mme Chartier nous restera et se fera une belle place dans nos théâtres de genre. Qu'elle reste, d'ailleurs, aux Menus-Plaisirs qui me paraissent en train de devenir un « Gymnase » ou un « Vaudeville » fort honorables.

XVII

Palais-Royal. — Reprise de *Divorçons*, de Sardou et de Najac.

24 Aout 1889.

Les théâtres, qui ne manquent aucunement de flair, avaient prévu le refroidissement de la température et s'étaient dit que la semaine du 18 au 25 août serait une bonne semaine d'hiver, en conséquence de quoi ils avaient donné trois rendez-vous au public ces jours derniers, trois grands rendez-vous, trois rendez-vous de vraie première ou d'importante reprise. Le public n'a point trompé l'attente des directeurs, et il était nombreux au Palais-Royal comme à Cluny, et à la Renaissance comme au Palais-Royal. Il était même très bien disposé et allègre, avec cette joie et ce « bonheur de se revoir » qui caractérise les rentrées. On se disait : « Cela sent le mois d'octobre » et l'on avait l'air tout réjoui. Hélas ! Est-ce donc si gai de voir ou de sentir venir l'hiver ? Pour des Parisiens, il parait que oui. Ne discutons point ; ce ne sont pas nos affaires.

Divorçons n'a pas bougé comme on dit en jargon

de coulisse. Il est toujours lui-même. Il est toujours excellent. On pouvait craindre que l'exploitation qu'on a faite, depuis le temps où *Divorçons* a été écrit, de la nouvelle matière que le divorce fournissait au théâtre ne nuisît au prototype. Il est excellent de s'emparer le premier d'un sujet et personne, dans le temps, ne s'étonna que Sardou, qui est le plus avisé des *actualistes*, mit le premier la main sur les surprises du divorce. Seulement, c'était pour les futures reprises qu'on pouvait craindre. Vous savez l'effet que produit d'ordinaire, au milieu des machines perfectionnées, la machine du premier inventeur. Elle a un air, le plus souvent, assez gauche et maladroit. Elle semble inachevée et embryonnaire. Il est besoin qu'on mette sur elle une pancarte, avec cette mention, qui, du reste, est une mention honorable : « C'était la première » ; sur quoi, tout le monde admire une locomotive qui ressemble à un tuyau d'orgue, ou un bateau à vapeur qui figure un vague vélocipède.

Il n'en a été nullement de même de *Divorçons*. La première des pièces sur le rétablissement du divorce en est aussi la plus vive, la plus pénétrante et la plus achevée. Elle est toute charmante, et remarquez aussi que c'est en même temps la plus hardie. Sardou n'a pas craint, avec un sujet qui, à cette époque, était gênant, compromettant, plein de questions graves, et qui mettait tout le monde mal à l'aise, d'aller franchement jusqu'à l'extrême limite, ce me semble, de ce qui pouvait passer en pareille matière.

Notez même qu'il a joué la difficulté. L'éternelle idée centrale de toute pièce sur le divorce (traitée en comédie et non en vaudeville), c'est *le retour au mari*; c'est l'amant devenant ridicule dès qu'il est mari, et le mari, dès qu'il n'a plus ce fâcheux caractère, reprenant ses petits avantages. Or ce qui paraît « indiqué », comme disent les médecins, et ce qui semble le plus facile, c'est de montrer l'amant ridicule, et de faire porter toute la comédie sur le ridicule de l'amant. Vous savez fort bien que ce n'est pas ainsi que Sardou a entendu les choses.

L'amant n'est point le personnage principal de *Divorçons*; c'est même un personnage très effacé dans cette pièce. Ce n'est pas sur l'amant ridicule que Sardou a fait porter sa pièce, c'est sur le mari ingénieux. « Comment j'ai reconquis ma femme » tel pourrait être le titre de *Divorçons*. C'est ce qui donne à cette pièce son originalité, son haut degré artistique aussi ; et c'est encore ce qui fait que, quoique terriblement scabreuse, elle n'a pas un caractère d'immoralité trop choquant ; mais c'est aussi ce qui la rendait singulièrement malaisée à traiter. Heureuse gageure, parti-pris qui a porté bonheur à Sardou ! Le sujet ainsi compris, il ne s'agissait plus d'avoir recours aux petits incidents, aux complications d'intrigue, et aux ficelles bien ménagées et savamment conduites. Il fallait être un bon petit psychologue et un bon petit moraliste très expert, très délié et très sûr.

Vous savez que Sardou, mon Dieu, presque pour

la première fois, du moins à ce degré, a parfaitement réussi à l'être. Son Desprunelles est un malin, sournois, bien informé et habile comme je souhaite à tous les maris de l'être ou de le devenir et il est parfaitement vrai. On sent que le petit duel éternel du mari et de la femme doit développer chez un homme, à la condition qu'il ait de l'esprit, cet art de haut stratégiste et de diplomate raffiné. Aussi vrai est ce mari-là que celui qui est exactement son contraire, le mari de *Révoltée*. Le mari de Jules Lemaître est un brave cœur tout simple, qui laisse parler, tout franchement, la passion profonde, forte, robuste, et par conséquent un peu lourde et maladroite, qui remplit son âme. Et aussi il ne reconquiert point sa femme ; ce sont les circonstances qui lui rendent le service de la conquérir pour lui et de la ramener pour un temps du moins, dans ses bras, ou à peu près.

Le mari de *Divorçons*, avec sa passion bien moins puissante, qui lui laisse le loisir d'être plus habile, n'est pas moins vrai dans son genre. Il voit vite dans le mariage une jolie partie bien liée, où il s'agit de jouer serré, avec un soin toujours en éveil, mais qui est infiniment amusante non seulement à gagner, mais à jouer, et plus encore peut-être à jouer qu'à gagner. Et il prend un plaisir d'artiste en même temps que d'amoureux dans ses petites combinaisons de tacticien conjugal. Il y a certainement de ces maris-là, et si le mari de *Révoltée* est le mari que nous sentons que nous sommes, le mari de *Divorçons* est le mari que nous sentons que nous voudrions être, et que nous sentons que nous pourrions être, le cas échéant, si nous étions de la race de Talleyrand.

Et remarquez qu'il ne faut pas dire que *Divorçons* n'est qu'un épisode du poëme héroï-comique du mariage ; que rien n'est terminé à la fin de *Divorçons*, parce que tout peut recommencer, et que si Desprunelles a reconquis sa femme aujourd'hui il lui reste à la reconquérir demain, après-demain et tous les jours.— Quand j'assure qu'il ne faut pas dire cela, vous m'entendez bien, on peut le dire tout de même, et ce ne serait pas absolument faux, car en choses de sentiment, tout est toujours à recommencer. Cependant Desprunelles me semble avoir fait sinon une conquête définitive, du moins un progrès tellement décisif, que, sans se reposer dans une molle incuriosité, il peut encore avoir bonne espérance dans l'avenir. Ce qui distingue Mme Desprunelles c'est qu'elle n'a jamais, jusqu'à présent, vraiment aimé son mari. Elle ne peut pas dire comme je ne sais quelle épouse de comédie : « Je vous ai aimé ; car nous commençons toujours par là. » Ce qui l'a frappée dans l'institution du mariage, c'est cette idée que le joyeux M. Desprunelles l'avait épousée pour se reposer, et que cela était pour lui une fin qui était pour elle un commencement.

Elle l'a épousé parce qu'on le lui a dit. M. Desprunelles était pour elle un épouseur quelconque. Mais après *Divorçons* M. Desprunelles n'est plus le même homme qu'auparavant ; c'est un homme qui a su conquérir; c'est un homme qui s'est montré supérieur ; c'est un homme qui a battu un rival ; c'est un homme qui a su se faire choisir. Désormais il a sa petite auréole, ayant son petit laurier. Il n'est plus du tout le même qu'auparavant ; et ce n'est pas à cause du ridicule de l'amoureux que madame est revenue au mari ; c'est à cause du mérite du mari, ce qui vaut beaucoup mieux pour celui-ci, et constitue une vraie partie gagnée.

Voilà donc une comédie qui a un dénouement, et qui, du reste, est encourageante pour les maris. Elle est très réconfortante. On me dira que le plus court et le plus sûr serait encore de ne pas épouser Mme Desprunelles. Il est probable ; mais le plaisir de la chasse n'est pas non plus à dédaigner quand on a des loisirs, et M. Desprunelles ne s'est pas ennuyé pendant sa petite expédition. Du caractère dont il est, c'est peut-être bien encore une Mme Desprunelles qu'il lui fallait.

XVIII

Comédie-Française: *Jean Baudry,* comédie en quatre actes,
de M. Auguste Vacquerie.

22 Septembre 1889.

J'ai revu avec infiniment de plaisir *Jean Baudry,* d'Auguste Vacquerie. Voilà une pièce définitivement classée, et très haut dans le répertoire dramatique du dix-neuvième siècle. Elle ne vieillit point, elle « ne bouge pas », elle ne bronche point entre les mains de nouveaux interprètes. Voilà qui est conclu : c'est bien bâti.

C'est le chef-d'œuvre d'Auguste Vacquerie, et c'est un ouvrage qui prend rang au théâtre immédiatement après les plus grands. L'idée en est à la fois originale et très accessible, très abordable, et de celles où l'on entre du premier coup. C'est une étude sur les obligations que crée le bienfait, et sur la nécessité d'aller jusqu'au bout quand on a un pied dans l'héroïsme, comme quand on a un pied dans le crime. Géruzez disait : « Il y a des bienfaiteurs ingrats. » J'ai traité cette pensée en dissertation française, très brillamment.

Je ne l'ai jamais comprise. Car il y a bien des manières à un bienfaiteur de montrer de l'ingratitude. Par exemple, faire sentir le service rendu, c'est être indigne de l'avoir rendu. Voilà une manière d'ingratitude. S'arrêter en chemin et ne pas comprendre que bienfait oblige, en voilà une autre. Il y en a d'autres encore. La pensée de Géruzez est donc un peu trop compréhensive et elle est comme flottante. Au fond, c'est une boutade qu'il avait arrangée en maxime. En sortant d'un ministère il s'était dit : « Il y a des protecteurs qui sont des cuistres. » Il a donné à cela, rentré chez lui, un petit air de La Rochefoucauld. La rédaction primitive était plus claire.

Mais vous vous rappelez la vache de Mme Geoffrin, qui est moins célèbre que celle de Fénelon, mais qui est aussi digne de l'être. Le lait de la table de Mme Geoffrin était discutable. On le lui faisait remarquer. « Oui, ma laitière me vole. Mais elle avait perdu une vache ; je lui en ai acheté une autre. Je ne puis pourtant pas destituer cette laitière-là ! » — Voilà qui est plus clair et qui définit admirablement l'idée maîtresse de *Jean Baudry*. Jean Beaudry est un philanthrophe, un homme ayant la complexion des pères de Térence. Les pères de Térence sont des pélicans. Il a rencontré il y a quinze ans la main d'un pick-pocket de dix ans dans sa poche. Il a pris cette main, et voilà que ç'a été pour la vie. La misère morale intéresse une âme bien située plus que la misère matérielle. Sauver l'âme de ce jeune gredin, explorateur de goussets, a paru à

Jean Baudry une belle œuvre, à laquelle il ferait très bien de consacrer son existence.

Il n'avait pas tort. Un grand devoir difficile est un sport qui passionne ce qu'il y a de meilleur en nous, de manière à nous empêcher indéfiniment de nous ennuyer. Jean Baudry s'est donc fait cette gageure : « Je parie de sauver la vie à cette âme. » Il l'a tenue. Olivier a maintenant vingt-cinq ans. Il est docteur-médecin, a débuté par un coup d'éclat, est un honnête homme et sera un homme d'élite. Jean Baudry a gagné sa partie.

Il croit, du moins, l'avoir gagnée. Mais si une dernière difficulté se dressait, si quelque chose venait compromettre l'œuvre patiemment conduite et élevée, de telle sorte qu'elle s'écroulât, ou qu'il fallût un dernier effort de vertu héroïque pour l'achever et la rendre définitive ?

Cela est possible. Vous savez ce que sont les jeunes gens, surtout les jeunes gens énergiques et concentrés qui n'ont eu d'adolescence et de première jeunesse que de par l'état civil, qui n'ont eu que ce que j'appellerai une jeunesse chronologique. Un jeune homme de telle sorte peut aimer follement, et si la réalisation de son désir est impossible, de désespoir briser sa carrière, son avenir, tout le travail fait, toutes les promesses prêtes à aboutir, détruire toute l'œuvre de Jean Baudry.

Or, supposons que l'obstacle à l'amour d'Olivier, ce soit Jean Baudry lui-même. Qui se verra contraint de se sacrifier? Qui sera obligé par le bienfait même à pousser le bienfait jusqu'à l'immolation de soi? Et, aussi, qui trouvera le sacrifice un peu rude après tout? Qui se révoltera contre une pareille conséquence d'une première générosité, et une pareille récompense de ses peines et soins? Qui hésitera, qui se cabrera, qui se déchirera, qui se dévorera, et qui, en définitive cèdera ou ne cèdera point?... Vous voyez bien qu'il y a un grand drame.

Oui, mais combien difficile à faire? A le reprendre par la base et en démêler les éléments premiers, j'en suis effrayé. Il n'y avait dans ce sujet que des difficultés, et à première vue, que des impossibilités. Car, raisonnons.

Jean Baudry et Olivier amoureux de la même personne. Bien. C'est à Olivier de se sacrifier par reconnaissance; c'est à Baudry de se sacrifier, étant donné le caractère d'Olivier tel que je l'ai indiqué plus haut, pour ne pas rejeter Olivier à la misère morale d'où jadis il l'a tiré. Bien. Mais la personne aimée de Jean Baudry et d'Olivier, savez-vous bien que de ses sentiments dépend tout le drame, et que Baudry ou Olivier va être un monstre moral selon qu'elle aimera ici ou là, et que, dans l'un ou l'autre cas, soit qu'elle aime là, soit qu'elle aime ici, il n'y a plus de drame possible; et qu'encore faut-il bien pourtant qu'elle aime quelque part pour que le drame existe?

Supposez en effet qu'elle aime Baudry. Plus de drame. Olivier est un tel chenapan, s'il prétend contraindre non seulement Baudry à se sacrifier, mais aussi la jeune fille dont il n'est pas aimé à s'immoler à lui, qu'il n'y a plus qu'à le laisser aller à toutes les abjections dont il pourra menacer de se salir. Oh ! qu'il se salisse, l'animal ! Pas de drame possible.

Supposez que la jeune fille aime Olivier. C'est la même chose en sens inverse. Plus de drame. Le bonhomme Baudry n'a pas à se sacrifier, il n'a qu'à s'incliner. Il n'a pas à renoncer à celle qu'il aime par générosité à l'égard d'Olivier ; il n'a qu'à renoncer à une jeune fille parce que cette jeune fille ne l'aime pas. C'est bien simple. Cela n'a plus rien de cornélien, ni de dramatique, ni... rien. Pas de drame possible.

Il faudra donc que la jeune fille les aime également tous deux, ou soit neutre. Nous tombons dans l'absurde.

A oublier ce drame après l'avoir vu, et à n'en retenir que les données premières, il n'y a qu'une chose qui frappe l'esprit ; c'est que ce drame était impossible à faire.

L'ingéniosité de M. Vacquerie — et c'est précisément pour montrer en passant que ce n'est rien d'avoir une grande idée dramatique et qu'il faut, en outre, quoi qu'on en dise, avoir une extrême habileté dans l'invention des moyens accessoires et une infinie dextérité à les manier, que je me livre à cette petite analyse — l'ingénuosité de M. Vacquerie est venue à bout de ce petit tour de force.

Il s'est arrangé de manière à ce que la jeune fille

fût neutre en effet, ou, du moins, aux yeux de tous, semblât l'être jusqu'au dénouement, et pourtant ne fût pas absurde, et au contraire, elle aussi, fût dans une situation psychologique intéressante, touchante — et vraie.

Voici comment.

La jeune fille, Andrée, aime Olivier. Elle est aimée d'Olivier et de Baudry. Mais ni l'un ni l'autre ne lui a déclaré, ni ne songe à lui déclarer ses sentiments, Olivier parce qu'il est pauvre et elle riche, Baudry parce qu'elle est jeune et lui vieux. N'étant sollicitée par aucun d'eux, elle aime l'un, mais ne montre son amour ni à l'un ni à l'autre. Elle est neutre, sans être absurde. Mais ce triple silence et cet équilibre à trois forces peut durer longtemps. Jamais Baudry ne se déclarera, j'ai dit pourquoi ; jamais Olivier ne se déclarera, j'ai dit pourquoi ; Andrée restera silencieuse et voilée, vous voyez pourquoi. — Comment donc le drame s'engagera-t-il? Supposons que le père d'Andrée perde sa fortune. Voici l'équilibre des forces détruit. Il peut y avoir mouvement. L'obstacle a disparu pour Olivier. Il va se déclarer. Mais comme Andrée l'aime, et n'attendait rien, sinon qu'il parlât, elle va n'être plus neutre, et il n'y a plus de drame possible. Il faut, pour qu'il y ait drame, qu'Andrée soit neutre, ou semble l'être jusqu'à la fin. Nous ne pouvons arriver à poser ce malheureux drame.

Pardon ! Baudry est riche et va proposer au père d'Andrée de le sauver de la faillite. A quel titre ? va répondre le père d'Andrée. Vous n'êtes pas mon parent. Même avec un parent j'hésiterais. Je ne puis pas dépouiller un ami de sa fortune pour rétablir la mienne. Failli ! soit. Ruiné ! soit. Mais ruiner les autres ! Non !

« Eh bien ! dit Baudry, que Mlle Andrée épouse un homme riche !

— Qui ?

— Moi ! je l'aime ! » — Andrée accepte pour sauver son père, et nous y voilà. Aimant Olivier, mais ne pouvant pas le dire, n'aimant pas Baudry, mais liée à lui, sans que celui-ci sache que c'est à contre-cœur, Andrée est dans cette situation particulière qu'il fallait trouver pour qu'elle ne fût pas absurde, aimée de Baudry et d'Olivier, et ne déclarant pas à Olivier qu'elle l'aime, et n'avouant pas à Baudry qu'elle ne l'aime point. Et maintenant le drame peut marcher. Ce n'était pas commode de le mettre en branle.

Il marche d'une allure simple, précise, sûre et admirable. Pas un mot inutile, pas un ornement, je ne dis pas superflu, mais même qui dépasse, si peu que ce soit, la ligne nécessaire, la ligne mathématique du dessin architectural. Tout détail, toute parole dite est strictement nécessaire au plan et au but. Le dialogue tout entier s'adapte au plus juste comme les dents des roues d'une machine bien faite s'engrènent avec une absolue exactitude. Tout est mesuré savamment par rapport à la conclusion cherchée, et uniquement par rapport à cette conclusion.

Cela donne à l'œuvre tout entière un caractère de certitude, d'infaillibilité et de puissance singulièrement attachant et qui impose. On sent la main d'un maître ingénieur. Autrement dit, c'est une œuvre classique ; la puissance, la netteté, la sobriété et l'aisance précise dans la marche étant ce qui distingue avant tout les ouvrages classiques. J'ai rarement eu cette impression aussi vivement qu'en présence de la pièce de M. Vacquerie.

Mon Dieu, comme tous ces gens-là disent bien ce qu'ils doivent dire, font bien ce qu'ils doivent faire et disent bien uniquement ce qu'ils doivent dire, et font bien strictement ce qu'ils doivent faire, et comme cela est rare au théâtre, comme ailleurs ! Je ne vois guère d'œuvre où il y ait moins de flottement, je n'en vois guère où il y ait moins de *bavures* que dans ce drame d'une netteté et d'un poli comme métalliques.

Je cherche ce que je pourrais reprocher ; car encore faut-il bien reprocher quelque chose... Peut-être était-il inutile de faire le jeune Olivier méchant, de le faire « *mauvaise nature* ». Il suffit, pour que la situation soit ce qu'elle est, et pour que le drame soit ce qu'on l'a vu, qu'Olivier soit simplement tel que je l'ai décrit plus haut, fougueux, exclusif, capable de faire une forte sottise par désespoir, et méchant *accidentellement*, méchant par occasion, méchant seulement depuis qu'il est amoureux sans espoir. Oui, cela suffisait. Réfléchissez aux données du drame, et à la situation.

Je ne vois pas trop pourquoi M. Vacquerie a tenu à dire, deux ou trois fois, qu'Olivier a vraiment *un fond* assez mauvais, dont il se débarrasse lentement, et non sans effort, et que sa vertu est acquise, et que le peu de bonté qu'il a est très voulu et très forcé. Cela ne laisse pas de le rendre un peu antipathique, et encore que l'homme aimé, au théâtre, ait toujours pour lui le public, quoi qu'il puisse faire, il ne faudrait peut-être pas déconcerter ainsi, sans avoir de raison que j'aperçoive, les sentiments ordinaires de la foule.

Et maintenant, me dira-t-on, pourquoi ne parlez-vous pas de ce dont tout le monde a parlé depuis que *Jean Baudry* a vu la rampe, de l'impression un peu sèche, un peu pénible que fait sur tout le monde le malheur immérité de Jean Baudry? Pourquoi ne dites-vous pas qu'il n'est personnne qui ne le trouve trop puni de sa générosité, et trop malheureux pour avoir fait le bien, et qui ne souhaiterait, encore que la récompense de la vertu soit dans la vertu même, qu'il eût, cependant, au moins une petite compensation, une petite douceur?

Je n'ai pas d'opinion très arrêtée sur ce point, en ayant deux. J'hésite un peu, et je flotte. D'une part... d'autre part... Tout coup vaille, je vais dire, pour une fois seulement, le pour et le contre, parce que vraiment, cette fois, je sens le contre et le pour à peu près également.

D'une part, oui, telle qu'elle est faite, la pièce de M. Vacquerie est plus *distinguée* qu'elle ne serait, faite autrement. Elle nous dit : « Faites le bien. Vous n'en serez pas récompensé. Au contraire. Faites le bien ! »

Et elle ajoute : « Faites le bien. Vous en serez récompensé, sans qu'il y paraisse, à miracle. La récompense du bien, c'est le bien. » — Si Jean Baudry se sacrifie, c'est qu'il sent, obscurément, que ce devoir où il s'est attaché, c'est sa vie même, et qu'à ne pas l'achever, c'est non seulement quinze ans de sa vie qu'il raturerait, mais le reste de sa vie qu'il gâterait sans retour.

C'est de son œuvre entreprise qu'il vit, cet homme, depuis quinze ans. Remarquez-vous — et combien le mot est profond ! — remarquez-vous qu'il dit : « J'étais vieux, il y a quinze ans. Ces quinze ans m'ont bien rajeuni ! »

Détruire l'œuvre de ces quinze ans-là, ce lui serait un suicide moral absolu. Il sent cela, tout au fond. Il aime Andrée, certes ; mais je ne sais qui lui dit, très bas, très distinctement tout de même, qu'Andrée serait un plaisir, un noble et pur plaisir, mais un plaisir, et que le bonheur pour lui c'est encore l'intime et immense douceur du sacrifice. « Le sacrifice est un de ces poisons divins auxquels on ne peut renoncer sans mourir quand si longtemps on en a savouré le goût. »

Voilà ce que nous dit la pièce, et cela est très beau ; cela donne à l'œuvre une élévation, une grandeur philosophique, et pourquoi ne pas dire religieuse, puisque c'est vrai, que je comprends très bien qui ait séduit M. Vacquerie, et que je comprends très bien qu'il n'ait pas voulu perdre. — C'est très distingué, oui, je sens combien c'est distingué, et j'admets le haussement d'épaule du raffiné à l'adresse de tout spectateur qui concevrait et souhaiterait la pièce autrement.

D'autre part, mon Dieu, le sacrifice de Jean Baudry bien consommé, bien subi tout entier par lui, bien complètement savouré par lui, si vous voulez, serait-il si vulgaire de condescendre au secret désir des petites gens et des bonnes gens, en laissant entrevoir, en indiquant d'un mot qu'il aura, dans un temps donné, un adoucissement à sa peine ?

Ce serait très facile, vous savez, si parfaitement facile qu'il est bien évident que si M. Vacquerie ne l'a pas fait, c'est qu'il ne l'a pas voulu, et a tenu à ne pas le vouloir. Il suffirait (vous y avez déjà songé), d'avoir en réserve, comme dans mille et une comédies, une cousine charmante ou une aimable jeune tante, doucement amoureuse de Jean Baudry tout le long de la pièce, et qui, d'une phrase à la fin, ferait prévoir au spectateur que Jean Baudry, plus tard, retomberait insensiblement de son côté.

Ce pourrait même être assez piquant (rédigé par M. Vacquerie) le dernier mot de l'aimable jeune tante.

« Il est bien malheureux... Il ne fait pas attention à moi... C'est très aisé d'obtenir qu'il fasse attention à

moi. Olivier est sauvé définitivement. Je vais devenir
« *mauvaise nature* », moi ! Je vais manifester des
penchants à la perversité. Il s'attachera à me sauver ;
je le connais. Je me ferai sauver très malaisément,
très lentement. Et un jour, peut-être... A nous deux,
terre-neuve ! »

Et le public s'en irait plus content, avec un poids
de moins sur la poitrine, sans ce sec, vous savez,
dans la gorge, qu'on emporte de *Jean Baudry*, en
parlementant avec l'ouvreuse.

— Oui, mais c'est banal, cela, bien banal, et bien
vulgaire. — Un peu, peut-être ; mais quand j'y songe,
je ne crois pas que Molière y eût manqué, nonobstant. Qu'en pensez-vous ?

Et puis, notez que, vulgaire tant que vous voudrez ; mais *c'est vrai*. Songez donc à la réalité, à ce
qui se passerait dans la vie réelle. Voyez donc Baudry
dans le monde où nous sommes. Il a consommé son
sacrifice. Il a marié Olivier à Andrée. Que lui arrivera-t-il d'ici cinq ans ? Vous le savez très bien, vous
n'en doutez pas. Vous savez très bien qu'un homme
comme Baudry est aimé exactement de toutes les
femmes qui ne sont pas amoureuses. Je n'ai que l'air
de dire une sottise. Toute femme qui n'aura pas en
tête une passion fatale, romantique et verdâtre, aimera Baudry de tout son cœur. C'est pour lui qu'a
été fait beaucoup plus que pour René de Charzay le
joli mot de la *Question d'argent:* « Toutes les femmes
que tu connaîtras t'aimeront ! — Toutes ? — Toutes !

Tu représenteras pour elle le bonheur, parce que tu es le bien. »

D'ici à cinq ans, donc, il sera aimé d'une charmante femme « encore jeune », et, désorienté dans la vie depuis qu'il n'aura plus d'œuvre de la sainte enfance à poursuivre, il s'habituera peu à peu à la douceur d'être aimé.

Eh ! bien, ce qui lui arrivera certainement dans la réalité, dans la pièce le laisser prévoir, pour vulgaire que cela puisse être, tout compte fait, et tout désolé que je sois d'être avec les petites gens sensibles, je commence à croire que ce ne serait qu'un trait de vérité de plus.

N'importe et n'en parlons plus que pour dire qu'en somme Jean Baudry « a tout à fait l'air des belles choses ». C'est une œuvre supérieure. Et de quelle langue solide, pleine, vigoureuse, et comme *musclée,* elle est écrite. Que de *mots* qui sont des *pensées.*

« La reconnaissance du malade... Ça fait partie de la maladie. Ça se déclare avec la fièvre, ça se calme avec la convalescence ; la santé en guérit. »

Et ceci : « Tout homme a du mal en soi, et *nul ne peut dire ce qu'un grand chagrin ferait de lui.* »

Et ceci dans un autre genre : « A çà ! pourquoi n'a-t-on pas de portiers au Havre ? Il me semble que je ne pourrais jamais m'en passer. Je ne sais pas à quoi ils servent ; mais il faut qu'ils soient bien nécessaires ; car ils ont bien des inconvénients. »

Ceci, c'est du rôle épisodique de la tante Gervais, qui, tout entier, est un petit chef-d'œuvre de drôlerie, et *d'absolue vérité* dans le burlesque. On dirait un personnage de Dickens.

— Je vous y prends, me dit-on, dans cette pièce où il n'y a pas un ornement dont on pourrait se passer à la rigueur, il y a un personnage épisodique !

— Vous n'y entendez rien ! Ce personnage, délicieux du reste, est absolument nécessaire à la pièce, et nécessaire tel qu'il est dans tout son détail, et non autre. Entre ces quatre personnages entre lesquelles il y a un secret qu'ils sont tous trop concentrés et maîtres d'eux pour laisser échapper, il fallait qu'il y eût une tête folle, une étourdie, bavarde comme pie borgne, indiscrète comme Polichinelle, et inconsciente comme le personnage qu'a inventé Hartmann, pour le crier tout du haut de sa tête, juste au moment où il ne faudrait pas, c'est-à-dire juste au moment où, pour la conduite de la pièce, il le faut.

Plus j'y reviens, plus je me persuade que *Jean Baudry*, beau drame et de l'inspiration la plus élevée, et d'une vigueur peu ordinaire, et éloquent, et spituel, est en même temps une des pièces les mieux faites que je sache.

Elle restera au répertoire, et y figurera toujours avec le plus grand honneur. Elle a été jouée avec conscience et intelligence par M. Paul Mounet, avec talent et haute distinction par M. Lebargy, avec un charme exquis par Mme Bartet, et une bonne humeur très aimable par Mme Montalant, avec sûreté et correction par tout le monde. *Jean Baudry* est une œuvre qu'il faut avoir vue, ô étrangers, avant de quitter Paris.

XIX

Théatre du Chateau-d'Eau : *La Conspiration du général Malet*, drame en six tableaux de M. Augé Lassus.

7 Octobre 1889.

Vous avez entendu parler de *La Conspiration du général Malet* depuis une quinzaine. C'était sujet à l'ordre du jour. Le *Château-d'Eau* a la spécialité de ces pièces-là, c'est à savoir des pièces qui donnent du souci au gouvernement. Quand le *Château-d'Eau* prépare quelque chose, le gouvernement dresse l'oreille ; quand le *Château-d'Eau* met un ouvrage en répétitions, le ministère s'émeut : quand le *Château-d'Eau* annonce une première représentation, les troupes sont consignées. C'est en prévision de ces choses que l'Empire a fait bâtir une caserne qui commande ce théâtre ! Ah ! Mais !

Le *Château-d'Eau* a cela de commun, cela seulement, je crois, avec la *Comédie Française*. Il est un théâtre d'Etat, en ce sens que sont affaires d'Etat ses petites affaires de coulisses. Il a le sentiment de cette dignité tout exceptionnelle et de cette importance extraordinaire, et il parle aux autres théâtres avec une nuance sensible, quoique atténuée par une sage réserve, de supériorité.

Autrefois c'était *Juarez* : vous vous rappelez, *Juarez* interdit, imprimé et répandu par la brochure à travers les populations, puis permis enfin, et représenté au milieu du plus beau vacarme qu'on n'ait jamais ouï. Ce sont de beaux souvenirs. J'étais, ce jour-là, auprès d'un jeune homme qui débutait précisément dans la critique dramatique : « Est-ce dans tous les théâtres comme cela? me demandait-il. — Sans doute ! — Tous les soirs? — Tous les soirs! — C'est que je n'entends rien du tout de ce que disent les acteurs. Je serai bien embarrassé pour mon feuilleton. La critique théâtrale est une profession bien difficile. — Ah ! monsieur ! à qui le dites-vous ! »

On a craint qu'il en fût de la *Conspiration du général Malet,* comme de *Juarez,* et, ma foi, je vous avouerai que ces craintes ne me paraissent pas dénuées de tout fondement. Il est très difficile que le public ordinaire du Château-d'Eau écoute une partie au moins de cette pièce sans se partager en deux camps bien séparés, parfaitement hostiles, et à chacun desquels, tour à tour, la pièce fournira des munitions de musique vocale.

Le général Malet malmène certaine commission militaire qui le juge de façon à faire tressaillir d'aise les partisans d'un célèbre cheval noir : « Entre une émeute et une révolution triomphante, il n'y a que l'épaisseur d'un cheveu... Mes complices? monsieur, toute la France, et vous-même si j'avais réussi. » Le mot, historique du reste, sera relevé par qui de droit avec un enthousiasme que je n'ai pas à vous décrire.

Mais à un autre moment, il dit aussi, le bon général : « Condamné ! c'est bien ! Qu'on me mène en prison. Je ne me sauve pas, moi ! » Et à la bonne heure ! J'entends d'ici la belle revanche à grand orchestre que prennent ceux qui n'ont pas le goût des chevaux noirs. Que voulez-vous, les choses sont réglées d'avance. La partition du charivari est tout écrite.

Voilà pourquoi la commission d'examen a refusé jusqu'à présent son petit *visa*. Elle a un raisonnement spécieux, la commission d'examen. Elle se dit : « J'existe. Si j'existe, c'est probablement pour interdire quelque chose une fois par hasard. Si je n'interdis pas les pièces où il y a au moins quelques chances pour qu'on casse les banquettes, c'est que je n'existe pas sérieusement. Je deviens sinécure. Je ne gagne pas mes honoraires. Et dès lors je me fais horreur. A bas les voleurs » — Elle est spécieuse, la commission, elle est spécieuse.

Le malheur, c'est que ces pièces qu'on interdit pour ne pas voler son argent, on finit toujours par les permettre, après avoir gagné son argent à les interdire. Et déjà, hier, j'entendais dire qu'il était bien entendu que la *Conspiration du général Malet* n'était qu'ajournée, renvoyée après la période électorale. Or, tout le bruit fait autour de la *Conspiration,* du moment qu'elle sera jouée, ne sera plus qu'une immense réclame en sa faveur ; l'interdiction provisoire de la censure n'aura été qu'une excitation, une provocation aux plus affreux désordres ; et tout ce qu'on aura dit tant de la pièce que de la commission ne sera plus qu'un élément de trouble ; et les points visés par la censure ne seront que mieux désignés à l'attention des amateurs de brouhaha, comme dit Molière ; et moi-même qui écris ceci, j'ajoute un ferment d'agitation à tant d'autres. Et pourtant, puisqu'il y a là un petit fait d'histoire littéraire théâtrale, il faut bien que j'en parle. Il faut, moi aussi, que je gagne mon argent. A bas les voleurs! Oh! les conflits de devoir! oh! ma conscience! Il le faut. Résignons-nous à nous préparer des remords.

Vous connaissez l'histoire du général Malet. C'était un fier républicain, qui du reste ne donna nullement sa démission en 1804, et était encore gouverneur militaire d'une place, de Pavie, je crois, en 1808. Cela m'a toujours empêché de prendre le général Malet tout à fait au sérieux. Là dessus certains déboires ou certaines difficultés avec ses chefs retrempèrent son républicanisme émoussé, et il se mit à conspirer ou à en avoir l'air, ce qui est exactement la même chose au regard de ce bas monde.

On le mit à la Force ou aux Madelonnettes, je ne sais plus au juste. Il y fut sage, ou en eut l'air, ce qui revient au même ici-bas. L'empereur était en Russie, où il avait été pour signer le décret de Moscou sur le règlement intérieur de la Comédie-Française. Je ne vois, naturellement, l'histoire qu'en homme de théâtre. Rovigo s'adoucit à l'égard de Malet. Il lui permit de faire sa peine dans une maison de santé, chez le docteur aliéniste Dubuisson, près de la barrière du Trône. Je vous dis cela en vile prose. Népomucène Lemercier l'a dit plus noblement, en bien beaux vers. « Le général Malet était interné dans une maison de fous. » Comment diriez-vous cela avec pompe, élégance et clarté, sans rien appeler par son nom? Ah! c'est difficile! Voici comment s'y prend Népomucène :

« Où languissait ce brave? — Au rang des malheureux
Dont le premier Brutus feignit le trouble affreux. »

Pour une périphrase, voilà une périphrase! Celle-là est compliquée au moins! Elle est à double détente.

Donc Malet languissait au rang des faux Brutus, puisque Brutus n'était qu'en faux ce qu'ils sont en vérité. C'est de cet asile de l'infortune et de l'égarement (Ah! moi aussi...!) qu'il ourdit toute une machination d'une suite et d'une audace extraordinaires. Dubuisson! Dubuisson! je vous ai toujours soupçonné de complicité!

Il s'entendit avec certains conspirateurs, qui, du reste, étaient d'affreux aristocrates et de parfaits légitimistes, prépara tout, fausses dépêches, faux décrets du Sénat, fausse nomination du général Malet comme gouverneur de Paris, fausse liste de faux gouvernement provisoire, s'évada, fit croire à la mort de l'empereur, enleva un bataillon, persuada les uns, étonna les autres, pétrifia Rovigo, mystifia Frochot, et, mon Dieu, réussit presque.

Ce n'est qu'à l'état-major qu'il trouva une résistance. Là c'était Hulin. Général contre général. Ils se regardèrent dans les yeux.

Hulin était celui-là même qui avait présidé la commission militaire qui assassina le duc d'Enghien. Il était lié à l'Empire par un terrible pacte. Si, par hasard, il avait quelque soupçon des relations de Malet avec des légitimistes, même l'empereur mort, il avait trop de raisons de rester fidèle. Il résista, demanda si tout cela c'était bien vrai ; sur quoi Malet lui cassa la mâchoire d'un coup de pistolet. — Il était mort, lui, Malet. Ce coup de pistolet était une incroyable étourderie. Il dénonçait Malet comme faux Smerdis. Les officiers de l'état-major l'arrêtèrent. Le lendemain il était fusillé à l'endroit où se dresse aujourd'hui la tour Eiffel, symbole d'ambition démesurée.

Cette histoire est très amusante, et c'est de la vérité qui ressemble à du Dumas père. Rien de plus naturel qu'on songe à en faire un drame de cape et de sabre. Le drame semble tout fait.

Ah ! oui ! tout fait ! Il y a peu de sujets aussi difficiles que celui-là. Voici peut-être pourquoi :

Il nous faut, n'est-ce pas, un personnage sympathique, et il faut que le personnage sympathique soit le général Malet. Eh bien, il n'est pas aisé du tout d'en faire un personnage vraiment sympathique, quelque précaution qu'on prenne. Nous allons, je n'ai pas besoin de le dire, fausser un peu l'histoire dans l'intérêt de notre pièce, donner « le coup de pouce », dissimuler les points faibles. Ça, c'est notre droit. Inutile, par exemple, de dire au public que le général Malet émargeait au budget de l'Empereur et était un gros fonctionnaire de l'Empire, encore en 1808. L'auteur n'a pas manqué de faire cette omission nécessaire. Il nous montre, en un prologue, Malet à l'époque de la proclamation de l'Empire, et protestant contre : puis vite, au second acte, il nous le montre enfermé parmi les malheureux dont le premier Brutus... Le public peut et doit croire que Malet, depuis la proclamation de l'Empire jusqu'en 1812, a langui sur la paille humide des cabines à douche.

Rien de mieux, et même c'est absolument indispensable. Inutile encore de dire au public, quand le public doit être celui du Château-d'Eau, que le général Malet conspirait avec des royalistes. Nous ne le dirons pas ; l'auteur ne le dit point ; et il a parfaitement raison. Il connaît son métier. Il sait que le drame doit ramener la vérité historique, laquelle est toujours complexe, à une certaine unité d'impression, c'est-à-dire altérer la vérité historique.

Voilà qui est bien. Mais cela ne suffit pas. Malgré ces précautions, il est très difficile que le héros soit décidément sympathique. Nous l'habillerons le mieux que nous pourrons. Nous lui ferons crier : « Vive la République ! » toutes les cinq minutes, et : « A bas le dictateur ! » tous les petits quarts-d'heure. D'accord. Mais n'importe. Moi, gros public, que voulez-vous que je voie bien dans cet homme qui tente un coup de main militaire contre le gouvernement militaire ? Un homme qui veut le pouvoir, et rien de plus, un homme qui n'a pas pu faire ce qu'a fait Bonaparte, et qui essaye de le faire après lui, ni plus ni moins, un membre, distingué, si l'on veut, mais un membre de la société internationale des « *Ote-toi de là que je m'y mette.* »

Cette impression est inévitable, et c'est celle, en effet, qui règne pendant toute la représentation. Tous les mots, historiques ou demi-historiques, que l'on met dans la bouche du général Malet confirmeront cette impression : « Vous avez voulu faire un coup d'Etat », lui dit-on. — « Et le 18 brumaire ! » réplique-t-il. — C'est le « *Bête toi-même !* » ou le « *Pas si bête que toi !* » des petits enfants. C'est dire : « Je déteste tant l'Empereur que je lui ressemble. » Le public, quelque gros qu'il soit, sent très bien cela, et s'amuse à peu près, mais ne s'intéresse pas, ne se donne pas corps et âme au héros de l'affaire, et dans un drame de Château-d'Eau, il le faudrait.

Il aurait fallu, pour faire Malet vraiment sympathique, fausser l'histoire, bravement, encore plus qu'on ne l'a fait, et montrer Malet en véritable conspirateur *populaire*, nous le montrer dans un conciliabule de malheureux et de traîne-misère, au milieu de vieillards qui auraient perdu leurs enfants dans les guerres de l'Empire, excité et imploré par des mères et des veuves lamentables et enragées, et qu'ainsi l'idée de l'ambition soldatesque disparût, fût effacée par l'idée de pitié.

Tenez, dans la maison du docteur Dubuisson, au lieu de cette soirée brillante et gaie, de ces femmes aimables, et de ces tasses de thé, montrez-moi donc une femme devenue folle de douleur et de misère après avoir perdu, mangés par l'ogre Empereur, son père, son mari et ses quatre fils; et Malet l'écoutant, s'exaltant, et gagné peu à peu par la folie de la colère. Ce sera faux, banal et déclamatoire, tant que vous voudrez; mais je vous assure bien que l'intérêt est à ce prix.

Sans compter que moi, gros public, pour peu que je réfléchisse une minute, si vous ne détournez pas mon attention par les moyens malhonnêtes, mais nécessaires, que je viens de dire, à quoi est-ce que je vais bien penser? A ceci que l'empereur est à Moscou, ou qu'il en revient, déjà vaincu, et que c'est contre le chef militaire, absent, bataillant au loin dans la neige, et déjà redevenant sympathique, que ce Malet s'insurge. Pour peu que cette idée me traverse la tête, adieu l'intérêt, du moins l'intérêt de cœur, l'intérêt de sympathie et de dévouement. Un personnage quelconque qui aurait, à un moment donné, crié au général Malet : « Au lieu de casser la tête à Hulin, va donc te mettre à l'arrière-garde du maréchal Ney, et fais le coup de fusil pour protéger la retraite », ce personnage-là, quelles que pussent être les opinions politiques du public, soyez sûr qu'il aurait eu son petit succès.

Pourtant, il n'est chose qui n'ait son intérêt, pourvu qu'on sache le dégager, et sans rien altérer de la vérité historique, si tant est qu'on y tienne, on aurait pu faire de la *Conspiration du général Malet* une affaire assez intéressante. Il aurait, alors, fallu la prendre par son côté pittoresque et bizarrement romanesque. Cet homme qui, du fond d'une prison, noue toute une conspiration, et qui s'évade, et qui met la moitié du gouvernement sous les scellés, c'est amusant en soi, abstraction faite des idées, des motifs, des mobiles et des desseins. C'est une bonne farce gigantesque.

Eh bien, c'est cela; traitez la chose de ce biais-là! Faites de Malet ce qu'il a été après tout, une sorte de Jack Sheppard militaire et politique, et ne sortez pas de ce point de vue. Ce sera amusant et ce sera le vrai drame populaire et de Château-d'Eau. Ce sont encore les parties du drame de M. de Lassus qui sont faites, ou essayées, d'après cette idée, qui ont le mieux réussi.

Seulement, vous comprenez bien que c'est l'habileté de main et l'adresse dans la conduite d'une foule de petits détails bien disposés, que c'est du Sardou ou du Dennery qu'avec cette nouvelle manière d'entendre les choses il nous faudrait. Le fond de l'affaire, maintenant, c'est la conspiration dans la prison. Comment Malet communique-t-il avec le dehors, dans quel panier de raisins secs, ou quel sac de blanchisseuse, passent et repassent, au nez du directeur, ses épreuves d'imprimerie, ses proclamations et ses décrets ; comment son évasion est-elle combinée, comment enfin s'évade-t-il, voilà les éléments du drame.

Et notez que si vous réussissez ici, tout le reste du drame prendra un intérêt, un intérêt de qualité secondaire, l'intérêt de curiosité; mais enfin un intérêt. C'est à une partie que nous assistons. Si les premières manches ont été bien jouées, le succès nous en intéresse, et nous voulons voir si ce gaillard, qui est un si adroit coquin, réussira jusqu'au bout.

Je dois dire que ce côté du drame a été traité avec une insuffisante adresse par M. de Lassus. J'ai vu Malet préparant son évasion ; c'est-à-dire causant avec un ancien brosseur à lui, très dévoué, sans rien voir de la profonde habileté de son plan. Je l'ai vu s'évader, et je ne comprends pas comment il a pu s'évader. Je ne sais pas comment, dans l'histoire, le général Malet s'est échappé de la maison du docteur Dubuisson, et il est inutile, pour l'instant, que je fasse des recherches à ce sujet. Mais voici, dans le drame du Château-d'Eau, comment il la quitte.

Le gouvernement a des soupçons. Des bruits de conspiration circulent dans Paris. Un colonel est envoyé à la maison du docteur Dubuisson, avec une compagnie ou deux de grenadiers, à l'effet de s'emparer du général Malet, et de le reconduire à la Force ou aux Madelonnettes, ou dans toute autre bastille. Le colonel arrive le soir à la Barrière du Trône, et... que feriez-vous à sa place ?

Vous feriez cerner la maison, vous iriez réveiller le docteur Dubuisson, et vous lui diriez : « Donnez-moi le général Malet. Voici l'ordre. »

Le colonel de M. de Lassus cerne la maison, en effet, répand deux cents grenadiers dans le jardin, et, sans entrer en rapport avec qui que ce soit du personnel de la maison... attend le général Malet.

Tout simplement.

Et un général se présente, oui, un général en grand uniforme. Et c'est Malet lui-même. Et il dit : « Bonjour colonel. Vous ne connaissez pas de figure le général Malet ?

— Non, mon général.

— Tant mieux ! parce que si vous le connaissiez, ce ne serait pas très fort ce que je fais en ce moment. Eh bien, je suis un général, comme vous voyez. Je ne dis pas mon nom ; c'est inutile ; et je suis venu m'assurer par moi-même que vous exécutiez bien les ordres du gouvernement.

— A votre aise, mon général.

— Et je prends le commandement de vos troupes, qui sont admirables.

— C'est votre droit, mon général.

— Et du reste je m'en vais.

— Comme vous voudrez.

— Maintenant, cherchez bien le général Malet. Le premier monsieur habillé en général que vous trouverez (car un général interné dans une maison de santé reste habillé en général jour et nuit) ce sera le général Malet. Bonsoir colonel !

— Bonne nuit, général. Merci pour vos excellentes instructions.

Malet s'en va, et un fou se trouvant là, qui porte un tricorne galonné, le boncolonel l'emporte à la Force en criant : « J'ai sauvé l'Empire ! »

Et pendant ce temps, avec ces deux cents hommes répandus dans la maison, le bon docteur Dubuisson, ni personne du personnel de l'asile ne s'est réveillé. Il faut avouer que le général Malet a une étoile.

Il y a des choses meilleures dans ce drame. La scène du préfet de police est amusante. Le préfet de police est en train de rédiger un bulletin du *Moniteur* à la gloire de l'empereur. Malet arrive et conte son histoire de mort de l'empereur, etc. Le préfet de police va ôter le buste de l'empereur qui orne son cabinet, le remplace par un buste de la République, et se remet à rédiger un bulletin du *Moniteur* où la République est magnifiquement proclamée. Des dépêches arrivent annonçant l'arrestation du général Malet. Le préfet de police va chercher l'empereur dans le placard et le remet à la place de la République, en disant : « Heureusement que je ne l'ai pas cassé ! »

La scène a fait rire. Elle est un peu longue ; mais assez plaisante.

XX

GYMNASE. — *La Lutte pour la vie (Struggle-for-life)*. Drame en six tableaux, par M. Alphonse Daudet.

3 Novembre 1889.

La Lutte pour la vie (Stuggle-for-life), car il convient de donner à ce drame le titre complet qui lui est donné sur les affiches, n'est pas, comme cette dénomination un peu ambitieuse pourrait le faire croire, un drame philosophique, ni un drame à thèse, ni un drame-pamphlet, ni même un drame satirique. C'est un drame, tout simplement, et l'auteur n'a pas songé, sauf deux tirades, l'une sur Darwin, l'autre sur Berkeley, qui à tous les points de vue sont négligeables, à faire autre chose. C'est un drame à verre d'eau empoisonné, à coup de pistolet vengeur, à « *Assassin ! Assassin !* » avec sa partie vertueuse et sentimentale par ici, sa partie comique et burlesque par là, et nous nous sentons très vite, à y assister, dans le théâtre des succès ordinaires de M. Georges Ohnet.

Cela, certes, est permis de faire un drame bourgeois, et un drame bourgeois bien fait est une bonne chose, comme « la bonne casse est bonne ». Rien n'est impertinent comme de vouloir confiner un auteur dans sa première définition et sa première « formule » et d'assurer qu'en sortir pour lui est déchéance. Le public a dit à M. Daudet : « Vous êtes poète ! » ce n'est pas du tout une raison pour qu'il soit défendu à M. Daudet d'écrire un drame noir et vertueux à l'usage des sensibilités un peu épaisses, mais loyales et saines, des classes moyennes.

J'ai donc très vite pris mon parti d'être gros public devant un gros drame, et je ne me suis plus demandé que si le gros drame était clair, intelligible et bien conduit. Peut-être n'a-t-il pas ces qualités nécessaires au degré suffisant, et c'est là ce qui m'inquiète, non pour le succès, qui est acquis, mais pour la prolongation et la durée triomphale du succès définitif. Vous allez en juger, car je vais raconter tout le drame presque en tout son détail, comme il convient de faire quand il s'agit d'une œuvre un peu touffue et surchargée.

La Lutte pour la vie (Struggle-for-life, pour ceux qui ne savent pas le français) est l'histoire d'un « homme fort », comme on disait de mon temps, d'un « homme sans préjugé », comme on disait un peu plus anciennement, d'un « coquin », comme on disait dans la langue pure et certaine du dix-septième siècle, et d'un *Struggle-for-lifer*, comme on dit plus clairement, paraît-il, de nos jours.

Un homme s'est dit qu'il *arriverait,* par tous les moyens rapides, et que rien ne l'arrêterait dans son chemin. L'idée de M. Daudet a été que cet homme, à un moment donné, après avoir épuisé toute la collection des infamies que la morale réprouve et que la société ne punit pas, serait acculé, sous peine d'arrêt dans sa marche, au crime proprement dit, au crime qualifié, au crime d'après le code, au crime par le couteau ou le poison, et que l'obsession du crime l'envahirait, l'étreindrait, le rudoierait, comme une forme, qu'il doit être en effet, de la folie des grandeurs, et que la question serait alors de savoir si notre coquin, si fort qu'il fût, céderait à cette obsession, — et qu'il y avait là un drame.

M. Daudet ne se trompait point, et il y avait là un drame, un très beau drame, qui pouvait être beau comme *Macbeth*, à peu près, ce qui est déjà fort honnête.

Seulement vous le voyez bien, ce drame. C'est la lutte dans le cœur d'un coquin, entre le crime *moral*, qu'une fois pour toutes, dès l'âge de douze ans, il s'est permis, et le crime *judiciaire*, qu'une fois pour toutes, dès l'âge de douze ans, il s'est interdit, qu'il a cru qu'il pourrait éviter, et qu'il voit, à un moment donné, qui s'impose.

Par définition « l'homme fort » se permet exactement tout ce qui est légal et rien que ce qui est légal, le crime codifié présentant au moins autant de chances d'insuccès — et l'insuccès c'est l'échafaud — que de réussite, et par conséquent étant une sottise, et ne devant pas être joué.

Pour être bien « l'homme fort », il faudra donc que notre homme, jusqu'au moment où il est acculé au crime judiciaire, n'ait pas commis une faute de conduite, pas une infamie inutile ; sinon il ne sera pas l'homme fort, et ne sera qu'un petit gredin, un petit vicieux à la douzaine, sans plus d'intérêt que « la Terreur de Montrouge » ou « la Dévastation de Belleville. » — Et, d'autre part, il faudra qu'acculé au crime, en sentant la hantise qui l'envahit, il se dise : « Je ne suis plus l'homme fort ; je perds pied ; je me trompais donc, et il faut donc en arriver là ! » — Or, ce sera là son châtiment qu'il ne puisse *arriver* que par cela qu'il s'est interdit, et que par cela qu'il sait être une sottise et un mauvais jeu. Et il faudra enfin que, s'il commet le crime, il soit puni par les suites de son crime même ; — que s'il ne le commet pas, il échoue dans son ambition pour ne l'avoir pas commis, ce qui lui prouvera que le chemin où il s'est engagé est mauvais, ne menant à rien si l'on ne va pas jusqu'au Code pénal, menant à la Roquette, ou risquant trop d'y mener, si l'on fait le dernier pas qu'il exige qu'on fasse.

Il faut tout cela pour que la question soit bien posée, et pour que le caractère soit intéressant, pour qu'on ait devant les yeux la vraie biographie de l'homme fort, sa destinée ici bas, les crises par lesquelles il est naturel et presque fatal qu'il passe, et en un mot ce qu'il y a de dramatique dans son affaire. Ne trouvez-vous pas ?

Eh bien vous allez voir si ces diverses conditions nécessaires sont remplies dans le drame du Gymnase. Maintenant, je raconte tout simplement.

Le *Struggle-for-lifer*, c'est Paul Astier, fils d'un membre de l'Institut, ridicule au point de se tuer parce qu'il était honnête. Paul Astier s'est juré qu'il n'aurait jamais ce ridicule-là. Un certain nombre d'infamies ne tombent pas sous le coup de la loi, il se promet de commettre les plus rémunératrices avec décision et avec suite, et de marcher à la fortune toujours à distance du code.

La première et la plus simple de ces infamies, vous la connaissez bien : c'est d'épouser une vieille femme riche. Astier n'y manque pas ; c'est le point de départ des hommes de son espèce. Mais à partir de ce moment il me semble que tout ce qu'il fait, au lieu d'être d'un homme fort, de l' « homme fort », est d'un petit étourdi assez insignifiant et assez borné. Ces millions de la vieille, il commence par les dissiper en spéculations imprudentes. Déjà cela m'étonne un peu. Treize millions en terres, député par conséquent, sous-secrétaire d'Etat au premier tournant, situation financière solide et massive, compromettre tout cela en affaires de bourse et agir comme un homme qui a sa fortune à faire... Enfin, c'est possible. Il avait treize millions, il lui en fallait quarante à la fin de l'année ; il en a perdu douze. C'est possible, passons. Maintenant quoi?

Maintenant la vieille est devenue l'obstacle. Elle ne sert plus qu'à empêcher le beau Paul de contracter un autre mariage lucratif avec Esther de Sélény, par exemple, qui est parfaitement éprise de lui. Il faut supprimer la vieille Maria-Antonia.

Comment? Par un divorce, par exemple. Et voilà Paul Astier, député et sous-secrétaire d'Etat, qui fait coucher au domicile conjugal, dans le propre lit d'Antonia, une petite institutrice. C'est un moyen d'obtenir le divorce, je le reconnais, mais contre lui, et avec vilains détails d'audience. Pour un député sous-secrétaire d'Etat ce n'est pas très fort. Voilà ce que j'appelle l'infamie inutile.

C'est si vrai que l'auteur se fait lui-même cette objection, et tâche à la réfuter. Il fait dire à Paul Astier par un ami : « Cette petite maîtresse que tu as là, c'est une sottise de ta part, un enfantillage, que je m'étonne de trouver chez l'homme fort. »

— « Oh! répond Paul Astier elle fait partie elle-même de ma petite combinaison. » Mais le malheur c'est que personne n'a pu voir comment Lydie faisait partie de la combinaison et servait aux desseins de l'homme fort, et je défie qu'on me l'explique.

Du reste son divorce, ni en sa faveur, ni contre lui, Paul Astier ne réussit à l'obtenir. « Française et chrétienne », et surtout amoureuse, la vieille Antonia se refuse absolument à divorcer. Paul Astier est fort ennuyé et ne trouve rien. C'est précisément pour cela que le drame s'arrête pendant trois actes (second, troisième et quatrième) pour laisser passer des épisodes.

Au moins Paul Astier, pour occuper son temps, devrait pousser sa pointe du côté de la belle de Sélény qu'il convoite, dont il est aimé, et dont il conviendrait d'entretenir l'amour, qui peut servir. Non, il ne la rencontre même pas une seule fois dans tout le cours du drame.

Au lieu de cela, il s'amuse à jouer des niches à un petit soupirant de la Sélény, le jeune comte Adriani : « Adriani, restez ici, chez moi ; je ne veux pas que vous alliez à l'Opéra saluer Mlle Sélény «. (Pourquoi, et qu'est-ce que cela fait à Paul Astier puisqu'il se sait aimé de la Sélény ?)

— Monsieur Astier, je vais où cela me plaît, s'il vous plaît.

— Bien ! mon petit, je vous tuerai demain !

En voilà un duel inutile, et pour le plaisir, par exemple ! — Et même nuisible, non pas beaucoup, mais un peu. Car enfin il n'est pas très bon qu'un sous-secrétaire d'Etat tue en duel un attaché d'ambassade italien ou bulgare. Ce n'est pas très bien vu dans le monde diplomatique. En tous cas, c'est une pure étourderie. Tout cela n'est pas d'un homme très fort. Cet homme fort n'est pas du tout un homme fort. Ce n'est ni un Camors, ni un Montjoye ; ce n'est pas même un Bel-Ami. Bel-Ami a une autre suite dans la conduite. Ce *Struggle-for-lifer* est un *Strugle-fort-gaffeur*.

Enfin, voici le drame, le vrai drame. Paul Astier est acculé au crime. Pas moyen de se débarrasser de la vieille Antonia qu'en la supprimant. Strychnine dans un verre d'eau. Strychnine, car « la strychnine ne laisse pas de traces » Antonia demande un verre d'eau à son mari. Paul apporte le verre d'eau. Antonia approche le verre de ses lèvres. Paul sera-t-il l'*homme fort* jusqu'au crime, voilà la question.

Il ne le sera pas. A la dernière demi-seconde, il crie : « Ne bois pas ! »

Cela, c'est bon ; ce n'est pas distingué, ce n'est pas littéraire, c'est du mélodrame de Château-d'Eau ; mais c'est bon ; car c'est logique. C'est un des deux dénouements possibles. Ou Astier, ai-je dit, ira jusqu'au crime, et reconnaîtra que quand on veut être un *Struggle-for-lifer*, il n'y a pas à dire, il faut pousser jusqu'à Papavoine, et c'est un dénouement ; — ou il reculera au dernier moment, et voilà, c'est fini, il a échoué ; et il reconnaîtra que ce n'était pas la peine de commencer, et il restera lié et rivé à sa pauvre vieille, à sa vieille devenue pauvre ; et c'est un dénouement.

C'est tellement un dénouement que j'ai cru que c'était fini, et qu'il n'y avait que cinq actes. Astier se jette aux pieds d'Antonia, lui demande pardon, l'obtient ; Antonia le bénit. C'est bien. Il va vieillir dans la médiocrité et les honneurs obscurs du sous-secrétariat. Antonia, qui l'aimera toujours, le dorlotera aussi bien qu'il lui sera possible ; il prendra du ventre, et plus de *Struggle-for-lifer !*

Eh bien ! non ! ce n'était pas le dénouement. Quel autre donc ? Voici.

D'abord, Antonia divorce. Elle ! Elle, « chrétienne, française », et amoureuse ! Oui, nonobstant. Elle divorce. On ne nous explique pas pourquoi. Sans doute elle avait peur d'un nouveau verre d'eau sucrée. Enfin elle divorce. Astier épouse son Esther de Sélény. Il a réussi.

Il a réussi, mais *par hasard,* nullement par sa force d'homme fort, et *malgré* ses imprudences, et malgré lui. Dès lors quel intérêt ? Suite d'évènements accidentels, non point drame, histoire quelconque.

Astier donc célèbre ses fiançailles, qui ne peuvent pas nous intéresser, lorsque... Vous savez la petite Lydie du commencement. Abandonnée par Paul Astier, elle s'est tuée. Son brave homme de père, qui ignorait ses amours, a été éclairé par sa mort. Il a compris qu'il y avait un homme que sa fille avait aimé, et à cause de qui elle s'était tuée. Il cherche cet homme pour se venger. Un domestique de Paul Astier, sans avoir le moindre intérêt à cela, pour le plaisir, par manière de conversation, lui dit en passant : « Ah ! l'amant de votre demoiselle ? C'est tout simple. Pourquoi ne pas le dire tout bonnement ? C'était M. Paul ». Le père achète un pistolet et casse la tête à Paul Astier.

Tout à l'heure Astier réussissait par hasard ; maintenant il échoue par hasard, non point comme *Struggle-for-lifer,* et parce que *Struggle-for-lifer* ; mais par suite d'une « jeunesse », d'une sottise d'homme qui s'amuse, telle que vous et moi en pouvons commettre. Son succès de tout à l'heure n'était pas un dénouement ; son échec d'à-présent n'est pas un dénouement ; c'est un accident.

Autant dire que le personnage principal de ce drame n'existe pas, et que le drame n'existe pas non plus. Il est difficile de trouver ou même d'imaginer une pièce de théâtre aussi parfaitement boiteuse, mal assise et déséquilibrée.

Est-elle ennuyeuse ? Non pas toujours. Il y a des épisodes et presque tout ce qui est épisodique y est joli. Il y a comme des croquis jetés çà et là et qui sont, ma foi, très fins, et très gentiment enlevés de la pointe d'un pinceau agile et expert.

Ce n'est pas ennuyeux, la promenade des touristes au château historique des Mousseaux (le château de Maria-Antonia). — Anglais, Américains, grandes dames, tourlourous : « Essuyez vos pieds, les militaires ! » Registre où l'on écrit son nom et « une pensée. »

— Ecrivez une pensée, M. le militaire !
— Un pensée, voilà : « *Plus que 913 jours !* »

Ce n'est pas ennuyeux et c'est même touchant l'*acte de Lydie,* tout un acte, où la pauvre Lydie abandonnée, apprend à connaître Paul Astier, et pleure avec le petit jeune homme timide et bon qui l'aime et qu'elle aurait dû aimer, sa vie brisée, sa faiblesse, et l'incurable blessure de son cœur.

Ce n'est pas ennuyeux et, cette fois, c'est même distingué, la scène d'Adriani en uniforme. Adriani est ce petit attaché d'ambassade, garde noble du Vatican, qui est le rival malheureux de Paul Astier auprès de la belle Esther. D'ordinaire ce petit bêta, qui oublie la barette des cardinaux chez les petites dames, est très timide et tremblant devant Paul Astier, et Paul Astier d'un geste le fait rentrer sous terre. Ce soir-là, il est venu chez Paul Asthier en grand uniforme et doit se rendre tout à l'heure à l'Opéra, roucouler derrière les épaules de la belle Esther :

— Vous n'irez pas ! lui dit Astier.

— Permettez, mon ami...

— Vous n'irez pas ! Vous savez ma force à l'épée et au pistolet. Vous n'irez pas !

Instinctivement Adriani plie les épaules. Cependant le public sent qu'il est gêné, cette fois, à obéir. Il a quelque chose. Enfin avec un gros effort : « Mon excellent ami, je ne cherche jamais qu'à vous être agréable. Mais considérez que... aujourd'hui... ce soir... ze... *ze souis en ouniforme.*

— Ça m'est égal, vous n'irez pas !

— Ah ! mon très excellent ami, non, je ne puis pas. Ayez égard, cette fois...

— Vous n'irez pas !

— Ma foi ! tant pis ! J'irai, monsieur. A demain !

— A demain donc !

C'est d'une bien jolie observation, cela, et ce bout de scène est admirablement conduit.

Donc du bon, du mauvais, du pire, du comique, du burlesque, du touchant, du distingué et du vulgaire dans un drame sans suite et sans clarté, qui à proprement parler n'est pas un drame. De quoi s'amuser, de quoi s'ennuyer et de quoi s'étonner, dans un *mélo* qui est un méli-mélo.

Il est monté avec un soin et un luxe artistique qui ont enlevé tous les suffrages et les plus difficiles ; et il est fort bien joué. C'est Marais qui fait Paul Astier. C'est l'homme du personnage en ce sens qu'il est fort joli garçon et fort élégant et que l'on conçoit aisément qu'il plaise aux femmes. Quant à donner une unité, un caractère net et arrêté au personnage, quelque talent qu'il pût y mettre, c'était chose qu'on a assez vu qui était impossible.

M. Noblet est amusant, comme toujours, dans un personnage épisodique et insignifiant de *Struggle-for-lifer* joyeux et qui réussit par la gaîté.

M. Paul Plan a très bien dessiné le personnage d'Adriani. Ni charge, ni surcharge, demi-burlesque très fin et très léger. Voilà une excellente création à l'actif de ce très bon artiste.

M. Lafontaine, dans le rôle du père de Lydie, montre cette sensibilité vraie et profonde, sans étalage, qu'il est si difficile d'attraper au théâtre. Il a eu un très grand succès personnel. C'est une bonne fortune pour le théâtre que cette fin de carrière que M. Lafontaine, non content de ses anciens succès, qui sont pour ainsi dire historiques, a voulu fournir.

Mme Pasca, trop mélodramatique peut-être, mais qui ne pouvait guère jouer autrement un rôle de mélodrame, a beaucoup de puissance et d'intensité de passion. Elle est tragique. Ce visage tiré et tendu, ces yeux creusés, profonds et ardents, toute sa personne lassée à la fois et frissonnante semblent comme dévastés par une de ces passions de la dernière heure qui ne pardonnent pas. Tout cela est très étudié et très savant. La scène du verre d'eau empoisonnée est, grâce à elle autant qu'à M. Marais, d'un très grand effet sur le public.

Mᵐᵉ Desclauzas a un bout de rôle tout à fait dans ses moyens, et elle y a réussi. Elle n'est pas comique, elle n'est pas amusante, elle est bouffe. Des rôles très courts et de pleine extravagance burlesque, voilà ce qu'il faut savoir lui réserver, et où elle rendra toujours des services très appréciables.

Mᵐᵉ Darlaud est infiniment agréable aux yeux, comme chacun sait, et elle joue d'une manière assez touchante. Elle a beaucoup plu.

Mᵐᵉ Rosa Bruck a bien peu de talent, à ce que je me laisse dire, mais elle a une figure d'une beauté bien séduisante et bien originale. Elle doit avoir des partisans fanatiques, et comme je ne suis pas en uniforme, je ne veux pas me faire une affaire avec eux.

Dans un rôle de petite baronne évaporée et légèrement morphinisée, Mˡˡᵉ Varly a montré sa jolie mine futée et espiègle qui a fait plaisir.

Deux débutants ont recueilli des suffrages très flatteurs, MM. Hirch et Burguet. M. Hirch jouait un rôle de *Struggle-for-lifer* sinistre ; car il y a trois *Strug-*

gle-for-lifer dans la pièce. Il y a eu quelques moments assez heureux. C'est évidemment une très bonne recrue.

Quant à M. Burguet, il aura de la peine à soutenir son succès de mercredi dernier, mais il n'a pas besoin de rester à cette hauteur pour avoir encore une très belle carrière. Il a été admirable. Son jeune homme timide aux passions profondes était d'une vérité absolue, étourdissante. On ne pouvait pas croire que ce fut un acteur qui fût là. J'ai rarement connu l'illusion théâtrale (qu'à vrai dire je n'ai quasi jamais) à ce degré. On lui a fait une ovation folle. Il est revenu à deux fois, à peu près fou lui-même de bonheur. Il s'essuyait les yeux en remerciant. Il est impossible que ce brave jeune homme trouve souvent un succès égal à celui-là, et il ne faudrait pas, comme il peut arriver, qu'il s'affligeât s'il réussissait moins une seconde, et une troisième fois que cette première. C'est chose inévitable. Mais il a certainement un bel avenir dramatique devant lui.

XXI

Odéon : *Jeunes Amours*, pièce en un acte, en vers, de M. Henri Chantavoine. — Ambigu : La *Fermière*, drame en six tableaux, de MM. Armand d'Artois et Henri Pagat.

12 Novembre 1889.

L'Odéon, dernier refuge des ciseleurs de la rime, a donné une agréable hospitalité à un gentil poème dialogué du délicat critique et du spirituel chroniqueur qui a nom Henri Chantavoine.

Jeunes Amours est une petite saynète élégante et gracieuse où sont célébrés de concert, (dans tous les sens du mot) les mérites du travail et de l'amour. C'est l'épithalame de l'hymen du labeur et de la passion.

Que longtemps on les a opposés en des luttes cruelles et un douloureux conflit, ces dieux ennemis en apparence, le travail et l'amour ! Que de fois roman, nouvelle, drame ou comédie se sont terminés par ce mot prononcé par qui de droit : « Et maintenant, Alfred, au travail ! » ou : « Et maintenant, Jules, va travailler ! » — ou, au contraire, car il est des dénouements immoraux, par ces mots condamnables : « Ah ! bien tant pis ! un peu d'agrément ! » ou (simple différence de style) : « Je veux vivre, et qu'après la foudre me consume ! »

C'était surtout Musset qui avait complaisance pour le second de ces dénouements. La *Fille du Titien* n'a pas d'autre moralité, si tant est que ce mot puisse être profané à pareil emploi, que celle-ci : « Mieux vaut, quand les femmes sont jolies, vivre avec elles que les peindre. Pour ce qui est des laides il ne faut faire ni l'un ni l'autre. »

Mais les deux conclusions sont si bien dans la nature que le même Musset, revenant je ne sais d'où, et peut-être vaut-il mieux ne pas me le demander, s'écriait avec conviction :

> Jours de travail, seuls jours où j'ai vécu,
> O trois fois chère solitude.....

Hum ! trois fois par mois probablement....

> Grâces à Dieu m'y voilà revenu,
> A ce vieux cabinet d'étude.

Et c'était juste la conclusion contraire à celle de la *Fille du Titien*. Musset vivait du temps où fleurissait l'éclectisme. Il n'avait pas un système philosophique très arrêté. Tant y a, quelle que fût la conclusion, et qu'on donnât la préférence en dernière page à l'amour sur le travail ou au travail sur l'amour, qu'en tout état de cause ils étaient opposés l'un à l'autre et formaient toujours antinomie.

A l'éclectisme épuisé a succédé la méthode de conciliation, comme messieurs les philosophes ne sont pas sans le savoir, et comme il existe — écoutez bien ceci, s'il vous plaît, c'est de la haute critique, de la critique transcendante — et comme il existe un corrélation inévitable entre l'état psychique d'un pays et sa littérature, même légère, et entre sa philosophie générale et son tempérament poétique, nous devions avoir, fatalement, et nous avons dans *Jeunes Amours*, la conciliation du travail et de l'amour, et la résolution décente de cette antinomie redoutable.

C'est bien simple.

Demandez à Andréa. Loin qu'il ne travaille plus depuis qu'il est amoureux, tout au contraire il ne travaille que depuis qu'il aime. Autrefois il faisait des sottises avec cette grande coquette d'Imperia, que Dieu confonde. Mais un jour il a rencontré sur la lagune, ce qui tient à ce que nous sommes à Venise, un petit modèle tout à fait charmant, ce qui lui a donné l'idée de travailler; parce qu'il est peintre, Andréa. Ah! s'il n'était pas peintre... mais vous compliquez le problème malicieusement.

Et depuis ce temps il travaille avec une dévotion extraordinaire. Plus de soupers, plus de fêtes, plus de lanternes vénitiennes. Au travail, tout au travail! Et plus il travaille, plus il est amoureux de son modèle, et plus il est amoureux de son modèle, plus il travaille; et la voilà la conciliation.

A la vérité, il réfléchit, car le travail et l'amour

combinés n'empêchent pas un homme bien doué de réfléchir, et il lui arrive de trouver que Stella, pour un modèle, est un modèle bien distingué et sensiblement aristocratique. Mais cette réflexion n'est pas pour ôter rien ni au travail ni à la passion, et l'une et l'autre vont d'un train qu'on admire.

Sur quoi un ami force la retraite d'Andréa et lui vient dire : « Qu'est-ce que tu deviens ? Impéria demande de tes nouvelles. Que faut-il lui dire ?

— Qu'elle m'ennuie, et toi aussi.

— Merci ! J'y vais. »

Il y va, et ramène Impéria, qui vous traite de très haut le petit modèle. Le petit modèle s'insurge, et dit à la grande coquette, plus élégamment que je ne puis l'écrire.

« Il faudrait un peu mesurer vos expressions ; je vous vaux bien, car je suis quelque peu duchesse, et cousine d'Andréa, si ça ne vous fait rien. »

Mon Dieu ! oui ! Stella était la noble cousine du noble Andréa, une cousine longtemps éloignée de Venise, et qu'il avait perdue de vue. Et, revenue au pays, et voyant le petit cousin prendre un mauvais chemin, elle s'était déguisée en modèle pour le ramener à l'atelier. C'était chanceux ; mais elle a réussi, et elle a créé un grand artiste en trouvant un joli mari. Le travail et l'amour ! Rien de plus facile à concilier que ces deux choses. Il suffit d'épouser une femme qui aime le métier que vous faites. Quand on est peintre et vénitien, cela se rencontre.

Cette pièce est agréable et d'un joli ton. Il y a des vers et même des couplets très heureux. Elle a été écoutée avec plaisir. Elle était très soigneusement et finement jouée par MM. Gauthier et Gerval et par Mme Sanlaville, tout à fait attrayante en modèle. A la voir, chacun de nous se disait : « Et moi aussi je suis peintre ! » Cette pièce est admirable pour mener au travail par l'amour. Que vous disais-je ?

Je me suis amusé de tout mon cœur au nouveau drame de l'Ambigu.

La *Fermière* est un drame populaire presque excellent. D'abord figurez-vous qu'il est nouveau. Mon Dieu, oui, à bien peu près. L'éternel drame à bon ouvrier, à mauvais ouvrier, à « M. le Comte » qui est une affreuse canaille, et à « la pure et innocente victime, dont la naissance est un mystère » ; fini tout cela. Cela continuera, du reste, pendant un demi siècle encore : mais enfin c'est fini, et l'Ambigu, ce dont il faut lui savoir gré, l'a compris, et il a au moins essayé de trouver autre chose.

Il a essayé d'un drame à paysans, et il a dit aux auteurs qu'il conviait : « Surtout tâchez d'être vrais. Je voudrais un drame aussi réaliste que possible sans naturalisme, ou aussi réel que possible sans réalisme, et vous savez que c'est la même chose en d'autres termes.

« Et pourtant pas de *Claudie !* Claudie est le drame campagnard le plus vrai qui existe, et il est, sauf quelques tirades humanitaires qui sont *du temps,* le régal des délicats ; mais il faut bien confesser que ce n'est pas un drame. A l'Ambigu il nous fait un drame, nonobstant. Tâchez d'en mettre un dans votre tableau rustique et qu'il ne détonne pas trop. Voilà tout ce que je vous demande. »

L'Ambigu a dit cela aux auteurs, ou les auteurs ont dit cela à l'Ambigu, et il n'importe, et voici ce que les auteurs ont trouvé ensuite.

Une ferme à Vauciennes, du côté d'Argelès, je crois. Deux sœurs qui la gouvernent, la grande demoiselle Catherine, fille de trente ans, vigoureuse et énergique; la petite Brigitte, fillette de seize ans, frêle et délicate, que sa grande sœur a élevée comme une demoiselle de la ville. A côté d'elles, le « François le Champi » de l'affaire, un bon ouvrier, ancien soldat, Hubert, bon, dévoué, qui porte la ferme sur ses épaules robustes depuis quinze ans, et devant qui ont toujours reculé le protêt et la saisie. On joint les deux bouts. On est tranquille. La petite Brigitte est amoureuse de son compagnon d'enfance, Jean Parmentier, clerc de notaire au chef-lieu du canton voisin. Catherine, faut-il le dire, malgré ses trente ans et ses mains calleuses, en est amoureuse, elle aussi. Hubert est amoureux, mais sans espoir et en silence, en bon chien fidèle, de la grande Catherine, impératrice de Vauciennes.

Il y a un drame latent dans cette maison.

Mais, en attendant, tout est tranquille, et nous

voyons défiler, sous divers prétextes, qui sont tous très bien choisis et naturels, les originaux de l'endroit. Très joli ce défilé. Tout le personnel de la petite ville de France est là, très bien vu, très bien saisi, marqué de traits excellents. Voici le percepteur, « légiste mâtiné d'homme du monde », comme il dit très élégamment lui-même, propret, méticuleux, galant et suranné. Ce que je l'ai vu, ce percepteur-là !

Voici l'ouvrier de petite ville, le charpentier, ancien dragon, coureur de filles, client du Café du Commerce, ouvrier de petite ville par excellence, c'est-à-dire ne faisant rien de rien, mais faraud et beau parleur.

Voici le vieux paysan riche, avare et sordide, Toussaint Parmentier, qui vendrait son âme pour un écu, mais ambitieux avec cela, et qui a fait de son fils Jean Parmentier un monsieur, un clerc de notaire, notaire bientôt, et maire de la petite ville dans quelques années.

Voici le *vieux berger*, le père Taloiseau (mauvais nom, les vieux bergers sont d'ordinaires de vagues bonshommes, vieux garçons, qu'on a toujours connus vieux, dont on n'a jamais su la famille, et qui n'ont qu'un nom de baptême, pas très chrétien), le père Taloiseau, bizarre et sournois, grand connaisseur en « simples » et herbages, rebouteur et un peu sorcier, qui vit là-bas, au bout de la plaine, dans la « maison roulante », près du parc où les moutons se serrent les uns contre les autres, sous les étoiles mystérieuses.

Et voici enfin, type plus moderne, aussi vrai que les autres, M. Adhémar, descendant des seigneurs de village, qui a passé une dizaine d'années à Paris sur le boulevard, et qui est revenu, vidé, toussotant, la poitrine creuse, la voix grêle, à la tête désormais de quatre mille francs de rente, qui l'attachent à ce qui lui reste de terre. Il vient boire du lait à la ferme pour son estomac désemparé.

Vous n'imaginez pas comme ce premier acte est joli, léger, facile, aisé, et tout plein de détails vrais. C'est une exposition de comédie (je dis comédie, et je sais bien pourquoi) absolument distinguée, et d'une clarté et d'une allure franche qui sont un charme.

Chemin faisant on parle de la succession du père Martineau. Il laisse six cent mille, le père Martineau. C'est un denier. Pas d'héritier. Pour qui l'aubaine?

« La grande Catherine aura quelque chose, vous savez.

— Pourquoi?

— Eh! eh! le père Martineau, quand il était jeune, veuf sans enfants, fréquentait à la ferme et aimait fort la petite Catherine, qui avait cinq ans.

— Ah! bah!

— Oui, oui. »

A la fin de l'acte, le testament a été ouvert, et Catherine revient de chez le notaire, un peu étourdie, un peu haletante :

« Eh bien ?

— Eh bien! J'hérite de tout! »

Voilà le premier acte. C'est un petit chef-d'œuvre.

Vous sentez bien que, dès que Catherine est « riche à six cent mille francs », tous nos originaux du premier acte sont amoureux d'elle, tous sauf le vieux berger, et Jean Parmentier, qui reste amoureux de Brigitte. Les amoureux de Catherine, ou la Pénélope rustique, voilà désormais le titre du drame. On les voit au Café du Commerce, percepteur, vieux paysan riche, beau charpentier, châtelain décavé, j'oubliais le « major », vieux médecin militaire, moitié médecin, moitié vétérinaire, qui pose aussi sa candidature.

Ces bonshommes se chamaillent, se moquent réciproquement de leurs prétentions, puis se liguent ensemble, chacun avec son arrière-pensée, pour écarter le châtelain d'une part et d'autre part Hubert, le bon serviteur, qui ne s'est pas déclaré, lui, mais qu'on sent qui est à craindre.

Quant à Jean, le clerc de notaire, qu'on sait amoureux de Brigitte et qu'on ne sait pas aimé de Catherine, on n'y songe point.

Tout cela fait une suite de scènes comiques, très fines, très vraies, prises en pleine réalité, et sans rien de trop appuyé, de trop gros et qui glisse au burlesque. Des Anglais, auprès de moi, causaient de la chose. Je comprenais mal, pourquoi ne dirais-je pas franchement que je ne comprenais rien du tout ; mais deux mots « *George Sand* » revenaient souvent. Ce sont deux mots très usités dans la langue anglaise, à ce qu'il paraît.

Hubert passant par là, le beau charpentier lui cherche querelle. Il insulte la Catherine. Hubert lui envoie un maître coup de poing ; puis : « Nous sommes anciens soldats tous deux. Va chercher des sabres. » Ils se battent. Combat très bien réglé. Ne pouvant rien se faire avec leurs colichemardes, ils les jettent et se bourrent solidement avec les armes naturelles du paysan français. Le charpentier ayant le dessous, tire son compas et frappe Hubert à l'épaule. « Tu es un lâche » crie Hubert.

« Pourquoi as-tu commencé? » crie le charpentier.
Les gendarmes arrivent.

Hubert ne dénonce personne. Mais le vieux paysan Toussaint Parmentier, pour éliminer au moins un concurrent, témoigne énergiquement contre le charpentier. Celui-ci se laisse emmener, mais en partant : « Hubert ! Je suis un coquin. Je le reconnais. Pardonne-moi. Mais toi, Toussaint, si j'en reviens, tu peux compter sur ton affaire. »

Que voulez-vous? tout cela est vif, rapide et vrai, parfaitement naturel et juste de ton. C'est encore excellent.

Et parfait encore le troisième acte. On fait les foins. On craint l'orage. Tout le monde sur le pont, c'est-à-dire sur le pré. Tout le monde, et bien entendu tous les amoureux de Catherine. Il faut voir le percepteur, le major et le châtelain, chacun son râteau à la main. Il y a encore là des scènes charmantes. Sans compter que le décor, inspiré de Millet, avec les meules de foin et la plaine indéfinie, dont l'horizon plat semble à perte de vue, est une petite merveille.

Au quatrième acte la charmante comédie rustique tourne au mélodrame. Le ton change, change absolument, et c'est là le gros défaut de cette œuvre si distinguée. On ne s'attendait pas à ce que ces gens-là devinssent des criminels. Une querelle de place de village, au grand soleil, un mauvais coup de batailleur qui perd la tête, oui, c'est dans le ton ; mais le gros crime, ténébreux et lâche, il est aussi *vrai*, oh ! cela, je le reconnais, mais il n'est pas dans l'air de la chose telle qu'elle nous était donnée jusqu'à présent. Il y a heurt, il y a dissonnance. On s'étonne ; on regrette que la comédie déraille.

Ainsi le père Toussaint Parmentier apprend enfin que la Catherine est amoureuse de son fils. Malgré sa propre candidature, il en est enchanté. « Si ce n'est pas pour moi, c'est pour mon fils !... » Très juste ceci, absolument vrai. Son fils demi-millionnaire, lui-même gardant sa fortune personnelle, et vieillissant près de M. le maire, conseiller général, il a vu tout cela d'un coup-d'œil, et est enchanté. Très juste. Et il va droit à son fils :

« La grande Catherine t'aime. Epouse ! Et vite !

— Non, j'aime Brigitte.

— Tu es fou ! C'est Catherine qui est riche.

— Ça m'est égal ! »

« Quel triple baudet, s'écrie le père Toussaint resté seul. Allons ! il faut supprimer l'obstacle. »

Qu'attendez-vous ? Que ce vieux renard de Toussaint invente une machine de paysan madré pour dégoûter Brigitte de Jean, ou Jean de Brigitte, et pour ramener cauteleusement Jean à Catherine. Pas autre chose. Voilà qui serait dans le caractère du personnage et dans le ton de la pièce. Une finasserie à trouver. Ce n'est pas à moi de la trouver. J'indique qu'il nous la faudrait. Une calomnie sur Brigitte, une calomnie sur Jean, une histoire prouvant à Jean que Brigitte est une petite gueuse, une histoire (et qui serait facile étant presque vraie) prouvant à Brigitte que Jean et Catherine sont bien ensemble, quelque chose comme cela, voilà évidemment, je le connais cet homme, à quoi a dû penser le père Toussaint.

Pas du tout, à quoi il pense? à tuer Brigitte, tout simplement. — Après une série d'échecs à chercher autre chose ? — Non ! Tout de go ! — Comme cela, tout de suite, pan ! — Comme cela, tout de suite ! — Voilà qui est invraisemblable. — Oui !

Du premier pas, Toussaint se rend auprès du vieux berger pour lui demander « quelque chose », vous comprenez quoi. Le décor est merveilleux, si la situation est fausse, et, du reste, une fois pris parti de la fausseté initiale de la situation, la scène, les deux scènes sont belles et vraies, très vraies. Il fait nuit. Il est là-bas, au *Préfourchu,* le vieux berger, gardant ses moutons dans la nuit claire. Le chien jappe. « Qui va là?

— C'est moi, Toussaint, le père Toussaint. Tu ne reconnais pas les amis ?

— Ah ! ah ! Qui que tu me veux ?

— Voilà ! Aurais-tu une herbe pour faire périr un chien ?

— Tout de même. La belladone. T'en trouveras derrière le cimetière, à gauche de la tombe au père Martineau.

— Bien. Combien que je te dois ?

— Cent francs.

— Cent francs pour faire périr une chienne !

— Oui, et que je vais bien voir si tu me les donneras !

— Allons ! père Patoiseau ! Cinquante francs !

— Tope ! c'est pour vous que je le fais. »

Et Toussaint parti : « Cinquante francs pour faire périr une chienne. Lui ! Toussaint ! Dès demain matin j'ouvrirai l'œil. J'aurai mon argent, mais Toussaint ne fera du mal à personne ».

Et voici une autre consultation. La grande Catherine vient aussi au *Préfourchu* pour avoir une herbe, un philtre, un sort, à l'effet d'être aimée de Jean.

Ça, ma fille, c'est impossible. Ce que je peux te donner c'est une prière pour faire passer ton amour à toi. Tu diras, bien appliquée, tous les matins, en regardant du côté du soleil pointant : *Libera nos a malo*. Tu entends ma fille.

— Jamais !

— Si, garde bien la prière dans ta tête, tu finiras par la dire un jour. »

Catherine s'en va. L'aube tremble, inquiète, au bord de l'horizon.

Le lendemain le vieux Toussaint a fait boire la belladone à Brigitte. Le berger arrrive chez lui.

« Mes cinquante francs !

— Voilà cent sous !

— Hum ! dis donc, Toussaint, j'ai passé, comme ça, en passant, à la ferme de Vauciennes. Brigitte est bien malade. M'est avis qu'elle a bu, par mégarde, comme qui dirait du jus de belladone.

— Tu dis ?

— Je dis que nous étions convenus de soixante francs. Donne-moi donc soixante francs.

— Les voilà. Alors tu dis que Brigitte... ?

— Elle a bu de la belladone, c'est sûr !

— Mais tu disais que ça ne se voyait pas quand on en avait bu !

— Ça se voit sans se voir, tu comprends. Ainsi le major qui la soigne n'y voit rien du tout. Moi qui sais les choses... car je sais les choses, Toussaint... moi qui sais les choses... donne-moi encore vingt francs.

— Heu !... les voilà !

— Moi qui sais les choses j'ai bien vu tout de suite... j'ai même été sur le point... Donne-moi encore vingt francs.

— Les voilà !

— J'ai même été sur le point de le dire. Mais j'ai rien dit. Je t'avais demandé cent francs, tu me les as donnés. Nous sommes des amis. Bonsoir. »

Et en partant, à lui-même : « Maintenant que j'ai mon argent, je vais à la ferme, je sauve Brigitte,

Toussaint est quinaud, et le major passe pour un âne. »

Ce caractère si bien saisi du vieux berger, fait de bonté naturelle, de finauderie et d'amour du gain, est si vrai, si bien pris sur nature, qu'il éclaire toute la pièce, lui donne un caractère de solidité et de réalité extraordinaires.

Le vieux berger fait comme il a dit. Il sauve Brigitte. Catherine que le danger, la mort prochaine, les plaintes et les adieux touchants de la pauvre Brigitte ont ramenée à ces sentiments « maternels » qu'elle a eus si longtemps pour sa petite sœur, renonce vaillamment à son amour. Elle « dit la prière » c'est-à-dire elle se résigne. Elle épousera Hubert, en quoi elle fera bien parce que celui-là est « de sa classe » comme le lui a dit le berger, et elle sera heureuse.

Quant à ce vieux coquin de père Toussaint, vous n'avez pas oublié le charpentier. Le charpentier lui a promis de lui faire son affaire, il la lui fait. Il s'évade de sa prison, et vient proprement juguler le vieux misérable.

Vous voyez que ce drame n'est pas éloigné d'être une œuvre de haute valeur. La partie mélodramatique mieux amenée, d'une façon moins brusque, ou la partie comique mieux continuée, ce serait tout à fait excellent. Telle qu'elle est, la pièce est très intéressante et nous présente des types d'une vérité et d'un relief que nous ne sommes pas habitués à trouver au théâtre. Je crois à un immense succès, et je serais désolé s'il n'était qu'ordinaire.

Les femmes sont un peu faibles (dans l'interprétation comme dans l'œuvre du reste); mais Fugère dans le percepteur, Walter dans le major, et Pougaud dans le châtelain décavé, sont des silhouettes amusantes au possible. Pougaud surtout nous a charmés.

Deux rôles ont été joués d'une manière supérieure, le berger par Montal, et le père Toussaint par Péricaud. Péricaud était connu comme acteur très expérimenté et très sûr. Il s'est révélé vendredi soir comme grand acteur. Il est impossible de donner plus puissamment et plus minutieusement à la fois la sensation du réel.

XXII

Comédie-Française. — *La Bûcheronne,* pièce en 4 actes, de M. Charles Edmond.

17 novembre 1889.

J'étais très curieux de *la Bûcheronne,* parce que je savais, avant de l'avoir vue, que cette pièce soulevait une petite question de littérature dramatique fort intéressante. Je savais qu'au quatrième acte nous verrions, *de nos yeux nous verrions,* l'opération célèbre de la transfusion du sang et cela, c'est toute une affaire dans notre petit domaine de la critique dramatique.

Le public français aime-t-il ou n'aime-t-il point sur la scène *le fait,* le fait proprement dit d'abord, et particulièrement le fait un peu extraordinaire, fait scientifique, fait pathologique, fait technique? — Ce fait technique, n'aime-t-il pas mieux, depuis bien longtemps, en entendre parler, le recevoir en récit, et n'éprouve-t-il pas toujours une certaine gêne à le recevoir par les yeux, avec tout son cortège de préparations et de préparatifs nécessaires ?

C'est une question que, pour mon compte du moins

je suis avec beaucoup d'intérêt au théâtre. Vous rappelez-vous une petite comédie qui fut jouée autrefois à la Renaissance et qui avait pour titre : *l'Hypnotisé ?* C'était un fait scientifique tourné au comique, fait suffisamment connu, du reste, et même suffisamment à la mode, pour que le public y entrât facilement. Le public fut désorienté et dépaysé et ne « rendit » pas. Il est vrai que la pièce n'était pas très bonne. Mais le sujet lui-même parut, au premier abord, répugner au parterre.

Vous rappelez-vous *Un Beau Mariage* d'Emile Augier ? Le dénouement a lieu dans un laboratoire de chimiste. Il s'agit d'opérer la liquéfaction du gaz carbonique. La vie de deux opérateurs est en jeu. La situation est dramatique. Elle est vraie ; car l'on sait que la science a ses martyrs, qui déjà sont nombreux. Elle est bien préparée ; car l'auteur a eu soin de prévenir le public de ces dévouements scientifiques et de dresser une petite liste de ces « morts au laboratoire. » Mais cet appareil bizarre, cette manière d'obusier oscillant sur deux supports, qui se prélassait au milieu de la scène, avait indisposé le public, l'avait dérouté et inquiété, et, en définitive, refroidi. La pièce, très jolie, avait, de l'aveu de tous, échoué à cause de ce quatrième acte. Longtemps, quand on parlait *du Beau Mariage,* on répéta en souriant : « Ah ! oui ! la liquéfaction du gaz carbonique, le fourneau, le caisson, la casserole, l'obusier ! » Avec tout cela la pièce était excellente, et le dénouement très juste et très dramatique. Mais l'obusier ! « Tarte à la crême ! »

Il est merveilleux comme ce public français est éminemment classique, c'est-à-dire psycholog...iste ! Le conflit des sentiments, et de faits aussi peu qu'il en faut pour que les sentiments puissent se produire, il ne veut entendre qu'à cela, depuis des siècles. — Savez-vous bien que son horreur d'autrefois pour « le sang versé sur la scène » n'a pas d'autre cause, et se ramène aux mêmes tendances d'esprit comme à sa raison d'être ? Un coup de poignard dans le ventre ou un coup de pistolet dans le crâne, c'est un fait, un fait mécanique, qui suppose un instrument, un outil, pistolet ou poignard ; cela répugnait. Que Camille soit poignardée dans la coulisse, et que Phèdre ait bu son poison avant d'entrer en scène pour y mourir. Mais le public du temps n'eût pas supporté de la voir verser le poison d'un flacon dans une coupe, goutte à goutte. Ah ! ce flacon ! Ah ! ces gouttes !

Nous nous sommes peu à peu habitués au poignard, au pistolet et au flacon de strychnine. Mais il a fallu bien du temps, et maintenant encore le fait *un peu extraordinaire et un peu compliqué* ne nous va pas du tout. J'ai constaté que c'était un instinct évidemment très puissant de notre race et c'est tout ce que j'ai pu faire.

C'est pour ces raisons que je me promettais beaucoup de plaisir, de curiosité à suivre les impressions successives que ferait la *Bûcheronne* sur le public.

Je voulais voir l'effet de la tranfusion du sang sur l'orchestre. Je n'ai pas pu faire cette étude, ni juger en rien si le public français s'habituait au fait scientifique, ou montrait quelque disposition à s'y habituer un jour, et voici pourquoi.

On vous dira que c'est la transfusion du sang qui fait chavirer le drame. Mais je vous dis, moi, qu'il n'en est rien, et qu'on ne peut savoir si la transfusion aurait bousculé la pièce, par la raison qu'elle était tombée auparavant. La transfusion a lieu au quatrième et dernier acte. La *Bûcheronne* était perdue sans remède et aurait eu besoin d'une transfusion de talent dès le troisième acte. C'est ce qui me reste à vous raconter fidèlement.

La Bûcheronne est une duchesse. Fille d'un bûcheron des Vosges devenu millionnaire, elle a épousé le duc de la Croix-Saint-Luc, en a eu un fils, et bientôt est devenue veuve. Elle a élevé soigneusement et virilement son fils, et maintenant qu'il a vingt-quatre ans, songe à le marier. Avec qui? Oh! seulement avec une petite princesse; plus bas que cela, jamais de la vie.

Pourquoi? — Mais pour être vraiment du monde, et pour que son fils soit vraiment duc. — Cette idée est bien un peu singulière. Qu'un bourgeois veuille faire de sa fille une duchesse, voilà qui sera encore longtemps très naturel; mais qu'une bourgeoise, qui a épousé un duc, trente ans après ne se croie pas duchesse, et ne soit pas persuadée que son fils est duc, à moins qu'il n'épouse une Montmorency, c'est un peu raffiné. Cette bûcheronne croit trop que c'est le ventre qui annoblit, comme disaient nos pères, et par effet rétroactif, ce qui est un peu étrange.

Enfin nous ne lui avons pas trop contesté son idée. Elle veut avoir des petits-fils, ducs de mère comme de père ; c'est une fureur héraldique, *cum redoublamentis ;* la chose est possible ; passons, et voyons ce qui arrive.

Il arrive, bien entendu, que le jeune duc est profondément épris de la fille du garde-forestier, qui, du reste, est adorable. La duchesse, qui a jeté son dévolu sur une petite évaporée, la jeune princesse de Musignan, et qui choie la petite princesse et son père jusqu'à payer les dettes du père et lui reconstituer une fortune... princière, ignore les tendres sentiments de son fils et les voyages clandestins, quoique innocents, du jeune duc à la maison forestière ; — et voilà la situation.

Elle nous est très suffisamment expliquée dans un premier acte un peu long, un peu surchargé, un peu traînant, mais que nous écoutons avec complaisance et même un peu d'intérêt. — Au second acte nous faisons connaissance, ou du moins nous lions plus intimement connaissance avec une manière de fou hirsute et mélancolieux que nous avions déjà vu au premier acte, mais à qui nous n'avions pas compris grand'chose. C'est un braconnier, faiseur de mauvais coups, très redouté dans le pays, et qui aime violemment et romantiquement la même jeune fille dont le jeune duc est épris, la petite forestière ; et nous le voyons, au moment où le jeune duc cause amicalement avec la jeune fille, lever son fusil à travers la fenêtre dans la direction de l'aimable couple, puis le baisser, de crainte de tuer la jeune fille du même coup...

Et puis ?... Et puis rien du tout. On se remet à causer de choses diverses. Il n'y a pas là de quoi se monter la tête. Il vous arrive tous les jours, mademoiselle, de causer avec votre amoureux, de voir un mauvais gars le coucher en joue, de vous placer entre votre ami et le meurtrier pour arranger les choses, et quand le meurtrier s'en est allé, de ne craindre aucunement qu'il ne revienne. Des personnes timorées avertiraient la police ; mais la petite forestière a une trop bonne âme pour cela, ou elle est trop étourdie, ou elle est trop courageuse, ou elle oublie ce détail ; enfin elle n'en dit pas un mot, pour une raison ou pour une autre, et la pièce continue comme si de rien n'était.

La pièce, c'est Madame la duchesse qui veut toujours devenir ultra-duchesse en ayant une princesse pour bru. Elle arrive à la maison forestière ; car c'est généralement dans les maisons forestières que les duchesses réunissent parents et amis pour fiancer leurs fils à des héritières des croisés, et elle proclame ses intentions irrévocables. Le jeune duc se rebiffe, la petite forestière se trouve mal, la petite princesse de Musignan se dit que tout cela est désobligeant ; et voilà le second acte.

Il a un peu étonné le public ; il ne l'a pas irrité, la pièce pouvait se sauver encore ; elle n'était qu'en mauvais chemin.

Au troisième acte doit se placer naturellement, la grande explication de la mère et du fils. C'est ce qui a lieu. Il n'y a même que cela dans le troisième acte. Mais de quoi voulez-vous que soit faite cette explication entre le fils et la mère, si ce n'est de la mère développant son projet à son fils, — et du fils expliquant gentiment d'abord, fermement ensuite, pathétiquement enfin, à sa mère qu'elle est absurde ; et lui criant « qu'il aime ailleurs ? »

Car enfin, si la mère a ses raisons, il en a une, lui, qui est celle-là, celle-là uniquement, ou, au moins, on en conviendra, celle-là surtout.

« J'ai vingt-quatre ans. Je suis maître de mon cœur. Je n'aime pas la Musignan ; j'aime la forestière. Laissez-moi, au moins, ne pas épouser la Musignan. »

Eh bien ! cette raison, le jeune duc ne la donne pas, pas du tout, ne la laisse même pas deviner, ne la fait pas même soupçonner. Il bat les buissons, il bat même un peu la campagne, et de ce qu'il a à dire, il ne dit mot.

Double inconvénient. D'abord on a quelques doutes sur la pureté de ce cœur qu'il cache si bien. S'il ne dit pas : « J'aime la forestière », serait-ce point parce qu'il l'aime pour un autre motif que le bon, à savoir pour le meilleur, comme disent les cyniques ? Et dès lors, une partie de la sympathie du loyal public, qui n'aime pas les cyniques, s'éloigne de lui.

D'autre part, c'est le plus gros inconvénient, la scène ne marche pas, une scène ne pouvant marcher que sur deux jambes, comme vous et moi. Cette scène où la duchesse donne ses raisons et où le jeune duc s'obstine à ne pas donner les siennes, ne peut s'en aller qu'à cloche-pied. Et elle est longue, longue !... — Pas du tout, elle est assez courte, mais elle paraît longue, longue comme toute chose où de ce qui doit être dit, on ne dit pas obstinément que la moitié. — Le public commence à être impatienté.

Il l'est bien plus à la conclusion inattendue de cette scène bizarre. Tout à coup le jeune duc s'écrie : « Je veux me faire chasseur d'Afrique ! » Admettons qu'il ait cette idée, qui de la part d'un jeune homme qui nous a été donné comme énergique et volontaire, est déjà assez singulière ; car c'est une défaillance et comme une désertion. Il lâche tout. Pour ne pas se défendre et défendre celle qui l'aime, il fuit, il fuit jusqu'aux oasis. C'est singulier ; mais admettons. Ce qu'on ne peut pas admettre, c'est que la mère, tout de suite, réponde : « Mais oui ! parfaitement ! »

Comment ! elle ne comprend donc rien ! Que le fils ne lui dise rien de ses amours, c'est étonnant ; mais que la mère ne finisse pas, à cette idée de chasseur d'Afrique, par les deviner, c'est bien plus étonnant encore. Nous nous attendions tous à ce que la duchesse s'écriât: « Ah! oui! chasseur d'Afrique!... Compris!... Tu es amoureux... Mais de qui? Nous ne connaissons personne... Ah! cette petite forestière... Ah! la petite masque! la petite intrigante! — Eh bien! oui! ma mère, mais ce n'est pas une intrigante... » etc., etc.

Eh bien! pas du tout. « Je veux être soldat. — Sois soldat », et voilà.

Nous ne savions pas du tout où nous en étions. La pièce peut aller où elle voudra maintenant; elle n'a plus de direction.

Mais encore qu'arrive-t-il? Il arrive que le braconnier, vous savez le braconnier romantique, qu'on a eu le tort de ne pas confier délicatement aux gendarmes, le braconnier voyant le jeune duc rôder autour de la maison forestière, après sa grande explication avec la duchesse, lui flanque un maître coup de fusil et le laisse pour mort sur la place. — On annonce cela à la fin du troisième acte. Il n'y a pas là de quoi rire. Mais le public était énervé; il avait pris son parti. Il accueille très irrévérencieusement la nouvelle du malheur de monsieur le duc, et il se répand dans les couloirs en faisant des mots d'auteur. La partie est perdue.

Dès lors transfusion du sang ou fontaines lumineuses, je le dis à regret, car la chose valait du moins qu'on y fît attention, c'était tout un pour le parterre. Le quatrième acte n'a pas été écouté. Un instant

Worms, à force d'autorité, a ramené le silence et l'attention dans une courte scène où le braconnier, pardonné par le jeune duc, se montre repentant et disposé à se faire justice à lui-même. Mais tout le reste de l'acte a été à peine entendu. On voit le jeune duc saisi d'une syncope tomber sur une chaise longue, la jeune forestière offrir son sang pour sauver son ami, le médecin acceptant son sacrifice, Mme Baretta découvrant jusqu'à l'épaule son bras droit ; quelqu'un s'écrie : « Je savais bien qu'il y avait quelque chose de beau dans la pièce » ; et peu à peu le jeune duc revient à la vie au milieu de la gaîté du public.

Il épousera la forestière, soyez-en assurés. Le sang des ducs peut s'allier à celui des forestiers, quand, par provision, il s'y est mêlé.

Cette pièce, d'une extrême maladresse, est, de plus, assez mal écrite, ce dont personne ne se serait aperçu comme bien vous pensez, vous qui savez le théâtre, si elle avait été vraie, vigoureuse et intéressante. Mais on s'en est avisé, mercredi soir, et on a souligné ce défaut un peu plus rigoureusement même qu'il n'était nécessaire.

Les acteurs ne sont jamais bons dans une pièce mauvaise. Worms même, avec des prodiges d'art et de volonté, n'a réussi, dans le rôle du braconnier, qu'à nous donner l'idée d'un Taillade concentré et supérieur. On lui a fait une ovation qu'il méritait pour l'énergie et la vaillance qu'il a mises à défendre la partie. En voilà un qui ne perd pas la tête !

Mme Worms-Baretta a été fort aimable et distinguée à son ordinaire, et a même montré, à quelques moments, une manière de franchise et de décision dans le jeu, qui était presque de l'énergie. Mme Tessandier n'avait rien à tirer de son personnage, et peut-être en était trop convaincue.

Les autres rôles, sans vraie importance, ont été tenus convenablement. En somme, soirée perdue, et la plus grande déroute qu'ait essuyé le Théâtre-Français depuis *Smilis*; mais il y a huit jours, le Gymnase nous avait montré les bras nus de M. Marais; le Théâtre-Français nous a montré le bras nu de Mme Baretta : il a maintenu sa prééminence.

XXIII.

Vaudeville : *Les Respectables,* comédie en trois actes de M. Ambroise Janvier de la Motte.

24 novembre 1889.

La femme, l'amant et la providence de l'amant. La providence de l'amant c'est le mari. Sans le mari l'amant ferait des sottises. Il deviendrait infidèle. Il irait se promener à Biarritz avec des cocottes. Il laisserait le foyer désert. Il déserterait la vie de famille. Il laisserait madame seule, oisive, et exposée aux plus fâcheuses tentations. Mais le mari est là. Il veille, le mari. Il donne de bons conseils, le mari. Il interpose son autorité, le mari : « Restez, Anatole. Ah ! Anatole, il faut que vous restiez ! Faites cela pour moi, Anatole ! » Anatole reste ; car il y a une morale immanente dans les choses, comme a merveilleusement dit Gambetta. Et le bon ménage continuera de faire bon ménage.

— Cette chanson est bien vieille, M. Clavaroche, me dit le lecteur. J'ai vu cela dans la *Parisienne ;* j'ai un peu vu cela dans le *Mari d'Ida ;* j'ai vu tout à fait cela dans *Fort comme la mort* ; je l'aurais vu dans *Mensonges*, si, au dernier moment, on n'avait pas supprimé le rôle du mari, comme accessoire dans la société moderne.

— Ce que vous me dites là, l'auteur se l'est dit, et il a voulu renforcer son sujet, comme un peu mince, et le rajeunir, comme un peu vieillot. (Déjà ! comme les choses vont vite !) Et à ce petit scénario de tout à l'heure il a ajouté un élément très important que voici :

Le ménage à trois, pour peu qu'il dure, n'est pas seulement un ménage où le mari, quand il est aveugle, et encore plus quand il ne l'est pas, retient l'amant de toutes ses forces au domicile adultérin ; c'est un ménage *qui a à tenir compte de l'opinion*. L'amant qui quitte une femme mariée et le mari, après avoir vécu avec eux vingt ans, est sévèrement jugé par le monde ; il fait scandale. Il est montré au doigt. Il compromet horriblement sa maîtresse. Il la rend ridicule. Il lui fait une position fausse. Non seulement pour la femme, non seulement pour le mari, mais pour la morale mondaine, il faut qu'il reste. Il restera.

Voilà le fin du fin. Le reste, lieu commun et banalité. Ceci observation vraie, pénétrante et aiguë. Ceci vrai sujet, fond du sujet, entrailles du sujet. Le reste fournira quelques scènes, ceci sera la matière même de la comédie, parce que c'est la vérité.

Moi, je ne sais. Je ne suis pas assez mondain pour le savoir « de certaine science ». Je me confesse incompétent. Ce que je sais, c'est que de ces deux éléments de la pièce, l'ancien et le nouveau, le commun et l'original, le vulgaire et le fin du fin, le public a parfaitement accepté le premier, parfaitement, et n'est pas entré une demi minute dans le second. Il n'est pas assez mondain, lui non plus, à ce qu'il paraît.

M. Ferdinand Verrier, membre de l'Académie des sciences morales, est, depuis vingt ans, l'amant de Mme la baronne de Fermanville. Il vit dans sa maison ; il est l'honneur, la gloire, comme aussi la joie et la tranquillité de cette maison. Le mari, qu'on occupe beaucoup au dehors dans des conseils d'administration, l'adore et le vénère. Lui, adipeux et papelard, se laisse dorloter, tout en faisant semblant d'écrire un volume sur les moyens de relever le niveau de la moralité dans la nation par la pédagogie intuitive.

Cependant, une petite fillette, moitié grisette, moitié cocotte, passe par là, inoccupée, je veux dire désoccupée, comme dit Mme de Sévigné. Elle est charmante. Le moraliste cause avec elle, et s'aperçoit qu'il y a vingt ans de perdus dans sa vie de moraliste :

« Ah ! les femmes du monde !... Ah ! bien oui ! les femmes du monde ! Ce que j'en ai assez des... de la femme du monde ! Le voilà le plaisir, la jeunesse, le caprice ! J'ai passé à côté de cela sans m'en apercevoir. Ce n'est qu'à cinquante ans qu'on fait cette découverte, et elle est pénible à faire à cet âge...

Car maintenant il est trop tard... Pourquoi trop tard?... Eh! Eh! Mais!... Thérèse, ma petite Thérèse, si nous allions faire un petit tour à Biarritz?

— Oh! monsieur! si vous voulez. Mais... je vous compromettrais...

— Qui le saura? Huit jours de vacances! Les vacances du mariage... je veux dire du... Enfin, voulez-vous?

— A la condition que vous n'alliez pas trop loin...

— Oh! pas jusqu'en Espagne!

— Du moment que vous ne passerez pas les frontières.

— Tu veux dire les bornes?

— Ce n'est pas la même chose?

— Ah! tu fais de la casuistique?

— Je sais pas ce que c'est...

— Elle ne sait pas ce que c'est que la casuistique! A la bonne heure, celle-là! Elle est adorable! Partons pour Biarritz! »

Ah! voilà ce que le public comprend par exemple! Tout cela est si vrai, si net, si direct et si joli! Ce *retour* de l'homme de cinquante ans sur le passé qu'il a laissé passer, ce petit frétillement du fond vicieux chez l'homme grave, et sa brusque émancipation, son besoin de huit jours de congé au pays de bohème, ce n'est pas le fin du fin, mais c'est si juste, et, du reste, la scène est si adorablement jouée que cela va aux nues, comme une fusée.

Et la femme mariée apprend tout, pendant que l'académicien fait sa valise ; elle éclate en reproches et traite comme il faut ce paltoquet :

« Oh ! c'est naturel ! Ça devait arriver. Prenez donc, au sortir de l'Ecole, un normalien mal décrassé, et faites-en un homme du monde ! Mettez vingt ans à en faire un homme du monde ! Car vous êtes un homme du monde, à peu près. Joli, l'homme du monde ! Il se dépouille en un tour de main, l'homme du monde ! Une gamine passe, avec un nez en l'air. Adieu l'homme du monde. Reste le carabin primitif. Allez à Biarritz ! Allez à Montmorency ! Faites donc une partie d'âne à Robinson !... Eh bien ! non ! Reste Ferdinand, reste ! que veux-tu que je devienne ? Je n'ai que toi ! Veux-tu que je reste avec mon mari ? Tu ne veux pas cela, Ferdinand ? »

Et la voilà, la bonne comédie. Ce n'est pas le fin du fin ; mais c'est ce que le public comprend, mais comprend à faire frémir. Car s'il comprend cela, il ne comprendra peut-être pas le reste.

Et le mari survient. Qu'est-ce qu'il a fait, le mari ? Parbleu, c'est lui qui a appris à madame que M. Ferdinand a des projets de voyage. Il a causé, lui aussi, avec la fillette, qui n'est pas de celles qui ont la discrétion très obstinée.

« Ah ! ah ! c'est vous qui... lui dit madame. Et... vous l'avez fait jaser cette petite... Dites donc à M. Verrier qu'elle se moque de lui.

— Elle ! Pas du tout !

— Est-il bête, ce mari !... Dites-lui donc qu'elle le mystifie.

— Elle ! aucunement !

— Idiot ! Dites-lui donc qu'elle l'appelle Géronte !

— Elle ! Elle ne sait pas ce que c'est !

— Il n'y a pas de mari plus stupide que celui-là. »

Le public comprend, et il applaudit de tout son cœur. C'est cela qui est à sa portée. Pauvre public ! Il ne sait pas que ce n'est pas cela qui est drôle.

Les choses vont leur train. Madame finit par faire comprendre au mari que si M. Verrier s'en va, il ne reviendra pas, qu'il sera enlacé, entraîné, gardé ; qu'il faut à toute force le retenir. Le mari entend très bien ces raisons-là, et supplie M. Verrier de renoncer à cette fredaine.

M. Verrier hésite. Il aime le mari, monsieur Verrier, comme il est juste et naturel. Il résisterait à madame, il a peine à résister à ce vieil ami. Et puis, ce petit confort qu'on lui avait fait dans la maison Fermanville, ce coin de feu, cette lampe fidèle, ces fauteuils douillets, son buste sur cette console, avec la devise : *Amicus Plato* ; quitter tout cela ! Le quinquagénaire comme à étouffer un peu le carabin qui s'est un instant réveillé.

Le mari porte un dernier coup. Triomphalement, il marie sa fille au neveu de Verrier : « Ah ! maintenant, vous êtes mon parent... par les femmes.

— Je l'étais déjà...

— Par le cœur. Vous ne pouvez plus nous quitter !

— Non !

— Ah ! bravo ! cher ami, nous allons fêter votre retour à la vie de famille ! »

Voilà la comédie vieux jeu, et charmante, que le public a applaudie avec transport, en quoi je ne peux pas, quelque effort que je fasse à être raffiné, lui donner tort.

Mais, comme je vous ai dit, il y a toute une autre comédie entrelacée à celle-là, et qui est celle pour laquelle l'auteur a tendresse d'âme et à laquelle, malheureusement, il a donné plus de développement qu'à celle que je viens de vous conter. C'est la comédie de la « *respectability* » (ça veut dire respectabilité, comme *Lutte pour la vie* veut dire *Struggle for life)* de la *respectability* mondaine. Où l'auteur a le plus insisté, c'est sur cette idée que Verrier, en rompant avec Mme de Fermanville, la perdrait de réputation aux yeux de la bonne société. C'est ce que répète à satiété Mme de Fermanville ; c'est ce que tout le monde répète autour d'elle ; c'est de quoi la moitié, au moins, de la pièce est faite.

Par exemple toute l'exposition, et elle n'est pas courte, roule là dessus. Et ensuite toute la fin du second acte porte sur ce point. Au cours de ces discussions avec Verrier, Mme de Fermanville apprend que toute la « société » sait déjà que sa rupture avec Verrier est imminente. Elle est suffoquée de terreur. Que va-t-on dire, mon Dieu ? Vite, montrons-nous, Verrier, montrons-nous à tout le monde. Il faut con-

jurer ce scandale. Où nous montrer? Sur la plage!
(La scène est à Houlgate). Il pleut, il grêle. N'importe! Sortons, montrons-nous! Evitons à tout prix
le scandale.

— Et ils sortent en effet à travers un déluge. C'est
sur cette scène que l'auteur évidemment, comptait le
plus. Nous n'avons pas pu en saisir le sens profond.
Ces bonshommes nous ont paru un peu fêlés de la
cervelle et voilà tout.

Non, la chose n'a pas pu nous entrer suffisamment
dans la tête. Est-elle vraie? J'ai trop de prétentions
à être mondain, *select* et *sport,* pour douter un moment qu'elle soit vraie. Mais le public n'a pas pu se
mettre dans l'esprit à quel point elle est vraie.

En quoi il y a peut-être un peu faute de l'auteur.
Cette haute société de 1889 qui, entre parenthèses,
me semble beaucoup plutôt être celle du dix-huitième
siècle, cette haute société de 1889, qui a une morale
si « à rebours » de la bonne bête morale bourgeoise,
il fallait un peu, à moi bourgeois, me la présenter et
me la faire connaître pour que je me rendisse un peu
compte, en m'appliquant, des principes un peu particuliers, on en conviendra, qui la font penser et
sentir.

M. Janvier de la Motte ne nous l'a point présentée
le moins du monde... Si! il nous l'a présentée, ou
plutôt il l'a représentée à nos yeux par... vous ne le
devineriez pas... par un bon architecte de Houlgate
et par madame son épouse, par une sorte de Pru-

dhomme flanqué de Mme Prudhomme. C'est l'architecte qui représente, qui exprime et qui formule en aphorismes cette morale particulière que je vous définissais tout à l'heure. C'est lui qui nous traduit le fin du fin de l'éthique mondaine moderne.

Ah! voilà, par ma foi, qui est étrange! Mais, monsieur l'auteur, Prudhomme, c'est moi! Mme Prudhomme, c'est ma femme! Si vous faisiez exposer vos principes de morale *high-life* par une duchesse et un marquis, par grand respect pour de si hauts titres, je dirais peut-être : « Admettons qu'il en est ainsi dans les hautes couches. » Mais, du moment que c'est moi, mis sur la scène, qui professe ces principes et les proclame, je crie du haut de ma tête : « Jamais de la vie! Je n'ai jamais pensé un mot de tout cela. J'ai toujours pensé tout le contraire. Ma femme aussi. N'est-il pas vrai, Léocadie? — Léocadie m'approuve absolument.

C'est la plus grosse faute de cet ouvrage si joli, où toute une partie est parfaitement fausse, j'entends, du moins, absolument inadmissible par le public, ce qui, au théâtre, est nécessairement la même chose. Il y a bien là deux comédies, dont l'une peu originale, mais très jolie, a passé comme miel ; dont l'autre, très originale, et un peu trop, déconcertait complètement le parterre, et même les loges.

C'était même très amusant à observer. Le public faisait le départ des deux éléments avec une parfaite précision. Dès que cessait la comédie vieux jeu (femme, amant, mari providentiel) et que commençait la comédie ultra-moderne, c'était un froid qui tombait net, à point nommé, sur toute la salle ; et dès que recommençait la comédie vieux jeu, c'était une joie et un bonheur. Que voulez-vous ? Nous ne sommes pas encore mûrs.

Il arrivera ceci de cette pièce. C'est qu'elle aura vingt représentations, et que la brochure en sera pieusement achetée et précieusement gardée au bon coin de la bibliothèque par tous les amateurs d'esprit, de finesse, de gaîté et de bonne grâce. Quant à ce qu'il y a à augurer de l'auteur, ce n'est pas difficile. Il a beaucoup de talent et d'esprit, et il fera d'excellent théâtre. Il a commencé par une maladresse, et voilà tout.

Dieudonné a tracé à peu près la silhouette du membre de l'Institut capable de retours au pays de Bohême ; mais il n'en a pas fait un rôle. Il y est hésitant et indécis.

Madame Magnier, qui est encore une jolie femme, est en train (je vous jure que c'est vrai) de devenir une comédienne. Déjà, dans *Belle-Maman*, elle avait montré un peu de talent. Dans les *Respectables* elle en montre beaucoup. Son second acte, tout en trépidation et en effarements et en désespoirs comiques, est sur le point d'être excellent. Pas encore fondu suffisamment tout cela, ni assez surveillé, encore traversé d'exubérances exaspérées. Mais beaucoup de talent, beaucoup de relief, une esquisse vive et hardie. Tous mes compliments ! Je ne ferai aucune difficulté d'aimer de tout mon cœur Mme Magnier, après ne l'avoir pas pu souffrir. Je n'ai pas de rancune pour deux sous, comme dit la chanson.

Un petit triomphe d'un quart d'heure a été la scène de dix minutes que joue Mme Cécile Caron. Absolument exquise ! Impossible de jouer la petite cocotte, moitié bébête, moitié rusée, avec plus de finesse, de tact, de juste mesure (et ce n'était pas facile) et de charme. Cette scène, jolie du reste, en elle-même, pour elle seule vaudrait qu'on allât voir la pièce. Ah ! qu'on aurait voulu que le voyage à Biarritz se fît, pour revoir Mme Caron au troisième acte !

XXIV

Odéon : *Le Légataire universel*, avec conférence de M. Ferdinand Brunetière. — Théatre-libre : *L'École des Veufs*, de M. Georges Ancey.

1ᵉʳ décembre 1889.

L'affluence était considérable jeudi dernier à l'Odéon, comme il était naturel pour une conférence de M. Ferdinand Brunetière. Le brillant conférencier s'est très vite formé une clientèle fidèle et empressée qui ne fait, à chacun de ses entretiens, que se renforcer et s'accroître. Je n'ai pas besoin de dire qu'il n'a trompé l'attente de personne jeudi dernier. C'est un point d'histoire littéraire qu'il a traité, avec science, comme on peut croire, avec des pénétrations singulières et de vives lumières de moraliste en même temps.

Pourquoi, s'est-il demandé, la fortune littéraire de Regnard semble-t-elle être à son déclin ? Le fait est incontestable. On joue beaucoup moins Regnard qu'on ne faisait autrefois, qu'on ne faisait même il y a quelques années ; et, pour ce qui est de la critique, elle en est, évidemment aussi, à « tourner » en ce moment, et à se retourner contre Regnard, après n'avoir eu pour lui que des faveurs.

On se rappelle assez le mot de Boileau : « Il n'est pas médiocrement gai » ; et celui de Voltaire : « Qui ne se plaît à Regnard n'est pas digne d'admirer Molière ». — On sait l'estime où Laharpe tenait l'auteur du *Légataire universel*. Il n'y a pas si longtemps encore, puisque tous les deux (et Dieu merci !) sont encore à la tête de la critique contemporaine, M. Weiss, d'une part, M. Francisque Sarcey de l'autre, ont professé pour Regnard une très vive et très constante admiration. Mais voici qu'une nouvelle génération de critiques, M. Larroumet, M. Ganderax, M. Jules Lemaître, se montre très froide, décidément, à l'égard du « joyeux poète » et le traite avec une nuance peu dissimulée de dédain poli.

M. Brunetière aurait pu ajouter qu'avant Weiss et Sarcey, il y avait déjà eu un réfractaire, ou tout au moins un partisan très tiède, qui s'appelait Désiré Nisard. Nisard n'a pas dit grand'chose de Regnard ; mais ce qu'il en a dit est d'une très agréable, mais très nette mésestime. On sent très bien que Regnard ne l'amuse en aucune façon.

D'où vient donc, s'est demandé M. Brunetière, le détachement, et du public, et d'une grande partie de la critique, comme on dit, à l'endroit de Regnard ? Faudrait-il y voir un certain mépris, non pas tant pour l'œuvre que pour l'auteur, qui, à vrai dire, n'était pas extrêmement sympathique. Ce gros Regnard, mort d'indigestion, et « qui est mort comme il a vécu, ou qui a vécu comme il est mort », qui « n'a pas souffert » comme disaient les poètes romantiques, et qui, par conséquent, n'était pas ce qu'on peut, rituellement, appeler un poète, n'encourt-il point une certaine aversion, dont il faut bien que son œuvre porte le contre-coup ?

M. Brunetière le croit un peu, un tout petit peu. Pour mon compte, je ne le crois pas du tout. Sauf bien rare et bien légère exception, la personne du poète est tellement inconnue du public, et tellement oubliée de la critique, surtout au théâtre, où l'impression est directe, et le jugement spontané et rapide, que le dramatiste de génie peut mourir d'indigestion tous les jours, si tant est qu'il puisse aussi avoir du génie à ce régime, sans que ni la foule s'en émeuve, ni la critique en soit très touchée. La vie un peu relâchée, soit dit entre nous, de Molière, n'a pas nui, et ne nuit pas, à sa gloire, et l'on n'est pas sans savoir que les chefs-d'œuvre de Racine ont été écrits pendant la période la moins édifiante de son existence, sans que jamais cette idée entre pour rien dans l'idée qu'on se fait des productions de son génie. Ces choses sont attristantes peut-être, mais elles sont à peu près incontestables, et M. Brunetière, qui le sait aussi bien que moi, je veux dire mieux, s'en rend bien compte, et n'a pas autrement insisté sur cette part que peut avoir notre haute moralité dans le jugement que nous portons sur les *Folies amoureuses*.

Une raison plus probable, et, à mon avis, la seule probable de la déchéance (relative du reste) de Regnard, c'est son absence complète d'observation, c'est-à-dire de vérité. « C'est un baladinage, disait Voltaire, en parlant de Voiture, que deux tomes de lettres où il n'y en a pas une qui peigne les mœurs du temps et le caractère des hommes. » Le théâtre de Regnard aussi est un baladinage très distingué, et n'est vraiment pas autre chose. Voilà le gros, le terrible défaut de la chose. Remarquez que ce n'est véritablement un défaut, chez un homme doué de gaîté, du reste, et de verve comique, que longtemps après sa mort. Dans le siècle où il vit, verve et esprit suffisent parfaitement pour qu'on l'applaudisse, et cela, certes, est légitime. Mais après un certain nombre d'années écoulées, il est probable, il tombe sous le sens que ce que nous demandons à un écrivain, dramatique ou autre, c'est, ou bien, comme dit Voltaire, une peinture des mœurs de son temps et des caractères de ses contemporains, ou bien quelques-uns de ces traits profonds de vérité générale qui n'ont pas d'âge, et qui sont du nôtre comme ils étaient du sien.

Si, au lieu de cela, il n'a que sa verve, mon Dieu! la verve, voilà qui va bien! mais nous avons la nôtre, et sauf un quart d'heure de curiosité achéologique, de temps en temps, de la verve d'autrefois nous n'avons guère cure.

Je ne sais quel débutant dans la critique ayant hasardé un jour que Regnard n'avait pas de facultés éminentes d'observation, Sarcey se fâcha un peu, comme il se fâche, avec la plus aimable bonhomie, et, avec une drôlerie très amusante de style, répondit : « M. un tel n'aime pas Regnard. Il trouve sa psychologie insuffisante. Je te crois que sa phychologie est insuffisante ! Mais sa gaîté me suffit... »

Eh ! sans doute, la gaîté est chose telle que meilleure ne peut être, et Dieu sait si j'en fais fi. Mais de la gaîté de deux cents ans, monsieur, de la gaîté de deux cents ans, quelque vraie qu'elle soit et de source, ce n'est jamais de la gaîté tout à fait irrésistible. C'est de la gaîté de conserve, de la gaîté de frigorifique; point méprisable, oh ! non ! mais enfin où l'on a recours quand on manque tout à fait de gaîté fraîche. Quand un auteur, au bout de deux cents ans, n'a vraiment que cela à nous offrir, nous l'estimons, oui, nous l'estimons fort, et pour mon compte je me plais à une représentation de Regnard, et j'aime assez à entendre dire sur le théâtre :

Que feriez-vous, monsieur, du nez d'un marguillier ?

mais enfin nous prenons plus de plaisir encore, soit à un auteur puissant par ses facultés d'observation et son sens du réel, soit à un homme intéressant par le tour original de son imagination et de son esprit, comme, par exemple, Marivaux.

Deux hommes du théâtre très distingués vont progressivement baisser dans l'estime des hommes, c'est Regnard et Beaumarchais : Regnard pour les raisons que je viens de dire ; Beaumarchais, dès que les passions politiques dont il se fit l'interprète auront été remplacées par d'autres, et que cette comédie confuse et mal équilibrée qui s'appelle le *Mariage de Figaro*, étant, pour cette cause, rentrée dans la pénombre, il ne restera plus que le charmant, et gai, et spirituel, mais bien frêle et mince d'étoffe, *Barbier de Séville*, ce qui ne suffit pas à garder une gloire de vieillir.

M. Brunetière nous a fait sur cette question si curieuse d'histoire littéraire dramatique une leçon éloquente et spirituelle, originale et hardie, éclatante surtout de cette beauté infaillible de la forme, toujours pure, toujours ferme, toujours sûre et toujours pleine, qui est, comme on sait, le privilège de M. Brunetière, parce qu'elle est son secret. Son succès a été grand, même de l'aveu de ceux qui n'étaient pas de son avis et qu'il combattait, ce qui prouve deux choses, qu'il est le plus courtois des adversaires, et qu'eux sont hommes d'esprit.

Le Théâtre-Libre a donné une grande comédie en cinq actes de Georges Ancey, qui, tout compte fait, a échoué. La joie a été vive parmi « les petits amis » ; car M. Georges Ancey a vingt-cinq ans, je crois, et a déjà écrit deux œuvres pleines de talent, *Monsieur Lamblin* et les *Inséparables*, et vous comprenez que cela devenait grave. Tout péril n'est pourtant pas conjuré, et M. Georges Ancey est encore un homme d'une très grande valeur et une très grande espérance pour le théâtre, et, sans qu'ils en conviennent, une très grande terreur pour les petits amis.

On sait que M. Georges Ancey a ce grand mérite, avant tous les autres, de ne se point tromper sur le choix du sujet. Il met la main sur la matière comique avec une sûreté très remarquable. Le paisible égoïste qui se croit, de la meilleure foi du monde, le plus excellent des hommes, c'était M. Lamblin, et c'était un caractère pris tout à fait dans la réalité de la vie courante. — Les deux amis inséparables, c'est-à-dire dont l'un est continuellement dominé et exploité par l'autre, l'exploiteur reprochant, du reste, constamment à l'exploité son détestable caractère, c'était d'une vérité admirable, et M. Ancey s'était emparé du sujet, sauf un peu d'incertitude vers la fin, en véritable maître.

Il ne s'est pas plus trompé cette fois que les deux autres sur la matière comique, sur « la chose à mettre au théâtre. » Il a remarqué un travers, qui, comme tous les travers, va selon les personnes, du travers au défaut, du défaut au vice et du vice à la monstruosité ; et qui est tellement répandu dans la famille contemporaine qu'il en est devenu presque la marque caractéristique. Ce travers, c'est la familiarité et la camaraderie entre fils et père, le manque de respect, et je dis de respect réciproque, car, en juste raison et en juste morale, le père doit respecter le fils autant, quoique d'autre façon, que le fils doit respecter le père.

Ce vice, car c'est un vice, et ce qui peut résulter de ce vice, telles et telles circonstances étant données, voilà ce que M. Ancey s'était proposé de peindre, et il n'y avait pas d'idée plus digne d'un vrai et grand dramatiste, et qui méritât mieux d'en rencontrer un.

Il vous est arrivé bien des fois de vous dire : « MM. un tel, père et fils; ils sont gentils, ces gaillards-là ! Ils sont du même âge ! Ils sont camarades ! Ils ne se cachent point l'un à l'autre leurs fredaines. Ils se parlent de leurs maîtresses. Ils finiront par avoir la même ! »

Ils finiront par avoir la même. C'est une boutade. M. Georges Ancey a voulu, de cette boutade, faire une comédie.

C'était possible ; car je crois que toute comédie est possible. C'était tellement possible que ç'a été fait. C'est l'*Asinaria*, de Plaute. Mais ce n'était pas facile, avec nos pudeurs modernes, pudeurs qui nous font honneur, du reste, car elles prouvent qu'il y a chez nous un bon fond de moralité héritée, et de sérieux, et qu'il y a des choses, ce qui est un bon signe, dont nous n'aimons pas à rire.

C'était donc très difficile. Le malaisé, ce n'était pas (pour un homme qui a le talent de M. Georges Ancey) de rendre sensible aux yeux, par des détails significatifs bien choisis, la camaraderie du père et du fils ; c'était d'en montrer le point extrême, la promiscuité finale que j'ai dite. C'était de la rendre vraisemblable.

Remarquez qu'elle ne peut être vraisemblable qu'à la condition que le père et le fils soient également indifférents, également nonchalants et veules, et qu'alors vous avez deux caractères identiques, ce qui est si terrible dans une comédie que mieux vaudrait ne pas la faire. — Et si vous donnez deux caractères différents à vos deux personnages principaux, il sera très invraisemblable qu'ils en viennent à accepter cette situation finale, qu'ils en viennent « à avoir la même ». — C'est de cette difficulté que, comme nous allons le voir, M. Ancey ne s'est pas tiré.

La première partie de la pièce, comme je l'ai dit, est juste de ton et très heureusement conduite. M. Mirelet vient de perdre sa femme. Nous sommes au jour de l'enterrement. Douleur de commande, affliction de convenances et airs pénétrés des invités. Lassitude et énervement de M. Mirelet et fils. « Ne m'en parlez pas, il a fallu que j'aille chez le curé, à la mairie, chez l'embaumeur, chez le notaire... Chez le notaire, ça, c'est indispensable... Je suis... vous avez raison de me plaindre... je suis bien fatigué. »

De jolis mots d'inconvenance et d'indécence naïve. Un invité présente son fils à un général qui lui fait bon accueil; puis il l'emmène dans un coin : « Tu vois bien... Et toi qui ne voulais pas venir à cet enterrement ! »

Tout ce premier acte, encore que d'une gaîté un peu bien macabre, est très vrai, très réel, très net, d'un trait creusé et précis, une eau-forte.

Seulement, ah ! ce n'est qu'un prologue, cela, et à peine un prologue. La pièce n'est pas commencée. Les caractères du père et du fils ne nous sont pas connus du tout. Un mot au commencement du second acte, qui deviendrait le premier : « Nous avons perdu ta pauvre mère il y a six mois » remplacerait tout ce premier acte.

Le second acte est d'un ton très juste et très fin. Le père Mirelet installe chez lui une petite cocotte, ce qui peut paraître invraisemblable de la part d'un gros commerçant, mais on nous explique pourquoi. C'est un sentimental ; il aime d'amour profond et attendri cette petite coquine. Chez lui il la tiendra, le retiendra, la couvera, l'aura bien à lui. Soit.

Et en même temps il prie son fils de ne pas le quitter, de venir souvent le voir, d'être aimable avec petite. Cela, encore, n'est pas faux du tout. Cela marque, il est vrai, une absence de moralité très remarquable ; mais c'est précisément ce que veut montrer l'auteur, et que cette camaraderie entre fils et père provient parfaitement d'un manque de moralité. Le père Mirelet est sans dignité, et il est bon. Il tremble de peur que sa liaison ne le brouille avec son fils. Il caresse et retient son fils. Voilà qui est bien saisi.

D'autre part il cherche, et ceci est bien joli aussi, et bien juste, à élever le niveau intellectuel de sa compagne. Il lui apporte des livres, de bons livres : les *Soirées de Saint-Pétersbourg, Madeleine* : « Tu n'as pas lu *Madeleine ?*

— Non.

— *L'Abbé Constantin.* Tu n'as pas lu l'*Abbé Constantin ?*

— Non !

— Le *Maître de Forges ?*

— Ah ! je l'ai lu !

— Tu le reliras ! »

Et enfin, les deux nobles sentiments qui remplissent son cœur, marchant de concert et concourant au même but, le voilà qui retient son fils *pour* moraliser sa maîtresse : « Reste. Nous sommes heureux. Et puis tu donneras à Eugénie un enseignement moral par l'exemple de la vie de famille ». C'est d'un excellent auteur comique cela, savez-vous ?

Ce qui doit arriver arrive ; — et j'estime que l'auteur aurait pu s'arrêter là.

Il aurait pu s'arrêter là, d'abord parce que la leçon morale de la comédie est suffisamment donnée. A quoi mène la familiarité sans dignité et sans pudeur entre père et fils ? à « avoir la même ». — Il aurait pu s'arrêter là, parce que la comédie elle-même est véritablement finie. Elle commence aux père et fils camarades, elle finit aux père et fils... commensaux.

Mais il a voulu renchérir, et montrer le père et le fils commensaux avec acquiescement réciproque, et c'est maintenant que j'en reviens à mon premier dire. Pour que cela fût possible, il aurait fallu nous donner le père et le fils, dès le commencement, comme des êtres non seulement d'une immoralité, mais d'une indifférence, d'une apathie et d'une veulerie absolues. Or, il n'en est rien. Le père est sentimental, et le fils est volontaire, dur, et « n'aime pas les histoires avec les femmes ». Au premier tracas qu'elles lui causent, il les envoie promener avec une décision magistrale. Dès lors, quand, pendant deux actes, il est là à disputer avec son père sur le propos de Mlle Eugénie, d'abord c'est répugnant, bien entendu ; mais je n'insiste pas sur ce point de vue ; et ensuite je n'y comprends rien du tout. Le premier mot que j'attends de Mirelet fils à son père, c'est : « Ah ! bien, si tu crois que j'y tienne ! » Le premier mot que j'attends de Mirelet fils à la demoiselle, c'est : « Laissez-moi la paix, ma belle. Je n'aime pas du bruit pour une femme, et si je suis mauvais fils, je suis très bon héritier. Je tiens beaucoup au testament. Laissez-moi la paix. »

Aussi, toutes ces scènes où les personnages disent le beau contraire de ce qu'ils doivent dire ont plongé les spectateurs qui avaient pris le parti de ne pas se scandaliser, au moins dans le scandale de la stupéfaction.

Et le ton dont cela est écrit ! Inouï, absolument. Et, encore une fois, inouï non seulement au point de vue des convenances, — il est entendu qu'on va au Théâtre-Libre pour s'asseoir dessus, — mais au point de vue de la pure et simple vérité. Il est convenu que les hommes ne sont que de purs coquins, soit. Mais encore, pour peindre toute leur coquinerie, il faut la peindre dans toute son hypocrisie. Le misanthrope absolu croit que les hommes sont d'absolus gredins, mais il sait que c'est une forme de leur gredinerie que de la cacher ; il sait que plus ils sont gredins, plus ils sont hypocrites ; il sait que les monstres ont pour principal souci, pour continuel effort et pour constant caractère de cacher leur monstruosité.

Or, M. Ancey ne procède que par mots inconscients, c'est-à-dire par mots cyniques. L'*Ecole des Veufs*, c'est l'*Ecole du Cynisme*. Le cynisme, mais d'abord il n'y a rien de plus rare ; il *échappe*, à un moment donné, il ne s'étale longuement jamais. C'est pour cela que les grands dramatistes ne le donnent jamais que par brusques saillies *isolées*. Molière..... mais c'est bien vieux, Molière..... Emile Augier ne fera dire qu'une fois à Guérin : « Je tourne la loi..... donc, je la respecte ». Ça lui échappe. Sardou ne fera dire qu'une fois à son bourgeois vaniteux : « Qui décorera-t-on, sinon ceux qui donnent l'exemple de la fortune ? » Ça lui échappe.

C'est le propre même du cynisme de ne se déclarer que par échappées, surprises et oubli d'un moment. Il est de la nature du petit Dieu Crépitus. Le Théâtre-Libre est un lieu où le dieu Crépitus se manifeste continuellement. Ce n'est pas naturel.

Ce que je dis est si vrai, et même si parfaitement banal, que c'est au cynisme continu, dans le monde réel, qu'on reconnaît l'homme qui s'amuse, le fumiste, comme on disait au dix-septième siècle, le mystificateur, comme on dit à présent. Le cynique perpétuel, on sait à quoi s'en tenir sur lui. C'est un farceur. Mais au premier mot cynique qu'il a dit autrefois, on s'est inquiété. On s'est dit : « Ça lui est échappé. C'est peut-être pour de bon. Diable ! »

C'est très curieux comme ces jeunes auteurs dramatiques de la nouvelle école, qui, ma foi, ne sont pas sans être assez bons observateurs, donnent, par leur outrance, l'idée qu'ils ne connaissent pas l'homme le moins du monde. Voilà quelques douzaines de siècles que tout le travail de l'homme qui a de bons instincts est de les développer, et que tout le travail de l'homme qui a de mauvais instincts est de s'appliquer à ressembler à l'autre. Couvrir ses vices d'hypocrisie de plus en plus savante, c'est le progrès, pour la mauvaise partie de l'humanité. C'est son évolution. Pour retrouver le coquin sans alliage, ou sans travestissement, à l'état brut, il faut remonter à l'humanité primitive.

C'est cet homme préhistorique que la jeune école nous donne comme l'homme fin de siècle. Elle supprime toute la civilisation. Ce n'est pas là faire de la science morale, c'est faire de l'archéologie. Il y a erreur.

Tant y a que l'erreur est forte, et que même au Théâtre-Libre, le public s'est rebiffé. Il n'en reste pas moins que M. Georges Ancey est un homme du plus grand talent, et que même dans l'*Ecole des Veufs*, il l'a montré. Nous le retrouverons ailleurs, et nous sommes sûrs de lui. Il n'est même pas mauvais qu'il ait pu observer par lui-même où sont les limites au-delà desquelles le public, même favorable, et même confirmé dans ses dispositions favorables par trois jolis actes, se refuse résolument à le suivre.

XXV.

Le Divorce de Juliette, comédie en quatre actes, de
M. Octave Feuillet.

7 décembre 1889

On vient de jouer à Bruxelles le *Divorce de Juliette,* de M. Octave Feuillet, qui avait paru il y a quelques mois en volume.

C'est une pièce aimable, très délicate et très fine, avec quelque chose de contenu, de non poussé, de volontairement crayonné et estompé. On y sent à chaque instant l'effet vivement comique qui va éclater et que l'auteur arrête à mi-chemin. Cela reste dans une demi-teinte et une jolie délicatesse de pénombre, qui, pour ce qui est de moi, me plaît et me captive infiniment. C'est la vraie comédie de salon. Je la voudrais voir jouer où je sais bien par ces acteurs mondains, qui ont ce qu'il faut de voix pour deux cents personnes, et ne la forcent point, et du reste, ne la compriment point, non plus jusqu'à l'aphonie, comme ces comédiens qui, par une affectation contraire, sont décidément par trop hommes du monde.

Oui, comme cela, ce serait très bien. Sans peser, sans rester, sans pester et sans insister. Un caractère tracé en quatre ou cinq lignes, un autre d'un mot, tel d'un simple geste; et une situation grave dont on indique seulement qu'elle pourrait être grave, et à quel point elle pourrait l'être, avec une certaine légèreté de ton flottant sur le tout qui indique aussi qu'il ne faut pas trop avoir peur, et que ces choses n'iront point jusqu'aux hurlements. C'est très gentil. Ce sont trois bonnes heures qu'on passe à entendre cela, mieux que trois bonnes heures, trois heures distinguées, trois heures élégantes. Je vais vous les ramasser en dix minutes, si vous voulez, moins l'élégance.

Juliette s'est mariée à vingt ans avec Roger d'Epinoy, sans qu'elle ait bien su pourquoi, ni comment. Non point qu'elle n'aimât par M. d'Epinoy. Elle l'aimait, sinon mieux, du moins plus que Pierre de Rhodes. Pour de Rhodes, elle avait une manière d'amitié tendre. Pour Roger d'Epinoy, elle avait de l'inquiétude. Ce n'est pas meilleur ; mais c'est diablement plus décisif. Inquiétez, mes amis, inquiétez ! Aujourd'hui on dit : « Soyez troublants » ; mais je parle la langue de mon âge.

Donc, elle aimait Roger d'Epinoy. Mais ce mariage s'est fait bien vite. Oh ! si vite ! Un tournemain. On aurait dit que c'était pressé, qu'il y avait urgence. La princesse de Chagres précipitait les choses avec un zèle ! Bonne princesse ! mais pour une princesse pressée, c'était une princesse pressée. C'était l'ange de la diligence, ou, si vous voulez, du rapide.

Tant y a qu'on s'est marié, et que cela va fort bien. Un peu froid peut être M. Roger, ou plutôt non, point froid ; gêné. Quelque chose du monsieur qui « a quelque chose ». L'air du gentleman qui sent que sa cravate aspire à se dénouer, et dont cette perspective paralyse les mouvements, naturellement aimables. Ce n'est pas une affaire. Mais, tout compte fait, très présentable. — Là-dessus, un soir de bal, Juliette s'aperçoit que son mari embrasse la princesse de Chagres dans le cou, ce qui ne se fait pas dans le monde. C'est de mauvais goût. Elle en conclut que la princesse est la maîtresse de son mari. Elle a une explication avec l'embrasseur, et elle apprend l'affreuse vérité, et tout le développement historique de sa biographie.

D'Epinoy était l'amant de la princesse depuis trois ou quatre ans. Le mari de la princesse, qui est un mari genre tigre — *tigris uxorius* — avait des soupçons, de graves soupçons. La princesse inventa le mariage de Juliette et de Roger pour « détourner les soupçons et endormir la vigilance », comme dit Figaro. Voilà pourquoi elle était si pressée. Quand une princesse est pressée, c'est qu'elle a ses raisons. Elle n'a pas la hâte gratuite, ni la précipitation spontanée. Une princesse n'est pas un écureuil. Il n'y a aucun rapport.

Et le mariage s'est fait ; mais l'adultère s'est continué. Il était simple, et il est devenu double, voilà tout. *Vires acquirit cundo*, comme fond les pédestriens et les vélocipédistes. Voilà ce que Roger explique en bons termes à Juliette, avec moins de détachement que moi, du reste, et sans avoir l'air de trouver que ce soit drôle.

Juliette trouve que c'est même infâme, et dit simplement: « Nous divorcerons ». Ci commence le divorce de Juliette.

Comment divorcerons-nous ? En disant la vérité ? Non ! Nous sommes gens du monde, et ne voulons point de scandale. Du reste avec ce tigre de prince de Chagres, il y aurait au bout de la journée trois assassinats, plus un suicide, et c'est par trop radical. Dans le monde, nous ne sommes pas des radicaux. C'est de mauvais goût. — Comment faire donc ? A la rescousse Pierre de Rhodes ! Car Pierre de Rhodes est avocat, encore qu'homme du monde. On lui a conseillé cela pour ses poumons. C'est souverain, comme l'escrime pour le jarret. Pierre de Rhodes prend place au conseil. « Mes enfants, j'approuve votre délicatesse. Point de scandale ! Un petit divorce par consentement mutuel. Ce n'est pas admis par la loi. Mais on réalise la chose tout de même à l'aide des pseudo-griefs. Par exemple, tu peux giffler madame...

— Non ! pas cela ! C'est de mauvais goût.

— Je suis parfaitement de ton avis. Rayé l'article « sévices ». Voyons ! Il y a l'injure grave...

— Encore moins ! C'est de plus mauvais goût encore.

— Je suis encore plus de ton avis. Reste l'adultère. Il ne reste que cela. Seulement au lieu de l'adultère double, que tu avais cru pouvoir t'offrir, je te conseillerais un adultère simple, commun et sans culture, l'adultère sauvageon, l'églantier de l'adultère. Par exemple nous te supposerons amant — oh ! payant, payant très ferme ! — d'une danseuse de l'Eden...

— C'est de bien mauvais goût !

— Nous la mettrons de l'Opéra. Pour un ami je fais les choses le mieux possible. Eh bien, voilà ! Tu es l'amant d'une danseuse. Voilà qui est fait. Ecris-lui !

— Comment ?

— Ecris-lui ! c'est nécessaire. Les preuves écrites ! Il nous faut les preuves écrites ! Un petit dossier de lettres incendiaires qu'un ennemi à toi aura subtilisées et envoyées à ta femme. Voilà le roman nécessaire. Ecris ! allons ! écris ! »

La scène est bien jolie. Ce pauvre Roger se met à sa table, et essaye de faire sa composition. Depuis son baccalauréat ès-lettres, il n'a jamais été à si triste fête. « Vous me gênez, à me regarder sans rien dire, vous savez. Je ne puis pas rassembler mes idées. Ayez la bonté de causer du concours hippique. »

Ils causent. Roger s'escrime de tout son courage. Il écrit : « Cher ange !... cher amour !... »

— Vous dites, monsieur ? s'écrie Juliette.

— Pas à vous ! Ce n'est pas à vous que je parle. C'est à la danseuse... Ah ! mais non ! décidément, vous êtes là à causer ; vous m'empêchez de composer. Je vais fabriquer cela dans le silence du cabinet. »

Roger revient. — Il est venu à bout de ces fameuses lettres. Il en a fait quatre. Elles sont courtes ; mais très suffisamment significatives. Il y en a même d'un raide ! Avec celle-là on divorcerait le doge d'avec la mer Adriatique.

Voilà qui est bien. Pierre de Rhodes emporte les lettres de Saint-Preux à Héloïse avec religion. Il a son plan, Pierre de Rhodes, qui est d'abord de s'amuser, et ensuite de réconcilier Roger et Juliette.

Pierre de Rhodes est un de Jalin modeste et tranquille. Il connaît les femmes, les hommes et l'amour, et aime à s'en donner le spectacle. Il aime Juliette ; il l'a toujours aimée ; il a toujours compris aussi qu'elle n'avait pour lui qu'un affection toute fraternelle. Il n'est pas fâché : d'abord de l'amener à se croire amoureuse de lui et à le lui dire ; c'est toujours cela, c'est caressant ; on sait que ce n'est pas vrai ; mais c'est caressant ; — ensuite de la jeter indulgente aux bras de son mari repentant. Dans ces louables pensées, il revient auprès d'elle, et lui tient des discours :

« Reconciliez-vous ! Il est encore temps. Ce n'est pas que j'y tienne, au moins. Car enfin, je vous aime, Je vous ai toujours aimée. Je me savais condamné d'avance ; mais...

— Si condamné que cela ! répond l'autre, coquette un peu, émue un peu.

— Oui, moi, je suis « le sympathique », je ne suis pas « l'aimé ». On naît comme cela. C'est des vocations. C'était ma destinée d'être profondément estimé et profondément sacrifié.

— Vous n'en avez jamais rêvé une meilleure ?

— Je n'ose pas !

— Je ne peux pas pourtant vous faire une déclaration.

Ah ! Juliette ! (Bon cela ! trois points à marquer. Cela ne fait pas gagner la partie. Mais cela flatte l'amour-propre.)

A l'autre partie du plan maintenant.

Trouvant les deux époux ensemble une demi-heure après, de Rhodes leur dit tout soudain : « Eh bien ! c'est fait. Vous êtes parfaitement divorcés. Cela a marché plus vite que je ne croyais. L'avocat a profité d'une cause remise à quinzaine et a glissé la vôtre. Jugement. Vous êtes étrangers l'un à l'autre. »

— Et il les laisse se débrouiller.

Comment ils se débrouillent, vous le pensez bien. La vraie explication, celle des sentiments, et non plus des faits, c'est maintenant qu'ils l'ont ensemble. Si Juliette s'imagine qu'il a été heureux, le pauvre Roger, depuis deux ans ! Mais c'était une chaîne de forçat, cette princesse ! Mais Roger n'a jamais songé qu'à une chose, qu'une mauvaise honte l'empêchait de faire, se jeter aux pieds de sa femme et lui tout dire... Et pourquoi le lui dit-il maintenant? Pour qu'elle ne parte pas avec le mépris pour lui dans le cœur, pour qu'au moins, sans lui pardonner, elle l'estime encore, pour que... Enfin il le lui dit; il ne peut pas s'empêcher de le lui dire, et ça l'étoufferait s'il ne le lui disait pas.

Et la pauvre Juliette éclate en sanglots. Enfin! puisqu'on est séparé, qu'on se sépare, mais en se pardonnant : « Adieu Roger !

— Adieu Juliette ! »

Et ils s'embrassent en pleurant à l'envi. Jamais on n'a vu de divorce plus amoureux. C'est dans cette situation que de Rhodes les retrouve : « Mais! Dites donc! Quand on se sépare si tendrement, autant vaudrait peut-être rester ensemble. »

— Mais puis qu'il y a jugement !

— Jugement *impromptu*, que je pourrais bien avoir inventé, entre nous. »

Et alors le mot de la pièce, qui est ravissant : Juliette dit à de Rhodes : « *Ah ! ne me dites pas cela mon ami !... Car je vous assure que je vous aime bien.* »

Et de Rhodes répond :

— *Tu entends, d'Epinoy ?... Elle l'aime bien !* »

Telle est cette charmante comédie, qui contient des parties exquises, tout à fait dignes de l'auteur de tant de chefs-d'œuvre. Je n'y saurais reprendre qu'une certaine incertitude de composition qui ne laisse pas d'avoir son contre-coup dans l'impression produite.

Vous entendez bien qu'il y a deux choses là-dedans ; c'est à savoir un drame assez noir, et une comédie légère d'un mouvement leste, vif et joli, qui est un charme. Le drame, c'est la machination de Madame de Chagres, mariant son amant pour se préserver et le conserver. La comédie c'est ce que j'ai pris plaisir à vous narrer. Ou le drame devait empêcher la comédie d'être une comédie aimable et gaie, ou la comédie ne pouvait être aimable et gaie qu'à la condition que le drame fût oublié, et en ce cas, il valait mieux le supprimer. Madame de Chagres marie Roger, vous savez pourquoi. Mais Roger devient amoureux de sa femme, et Madame de Chagres est punie par le spectacle de ce bonheur qui est son œuvre involontaire ; et ce qu'elle souffre, et comment elle se débat, et comment tout cela pourra finir, voilà le drame, où, tout d'abord notre attention est appelée ; et de ce drame Mme de Chagres est le personnage principal.

L'auteur fait ensuite glisser l'intérêt sur le « divorce de Juliette » proprement dit, et sur les sentiments divers de cette aimable jeune femme. Mais que fera-t-il de Mme de Chagres ? Il l'élimine doucement. Il l'écarte de la scène ; il tue son mari, etc. Il n'en est pas moins vrai que nous nous souvenons de Mme de Chagres et que nous n'oublions point qu'elle a été au commencement de l'affaire le personnage le plus important. Il n'en est pas moins vrai qu'il faut, pour que la comédie glisse dans la direction que l'auteur veut qu'elle prenne, que, non seulement nous, nous oublions la machination de Mme de Chagres, mais que Juliette l'oublie aussi. Si elle s'en souvenait formellement, les choses n'iraient pas si bien. Elle songerait non seulement que son mari a été infidèle, mais qu'il est un petit gredin. Elle songerait, elle continuerait de songer qu'elle a été un des éléments d'un très vilain petit marché. Pour que le divorce de Juliette soit ce qu'il est, à savoir un simple dépit amoureux, il faut que Juliette n'ait à reprocher à son mari que d'avoir eu une maîtresse, ce qui est déjà bien assez.

Dès lors il valait mieux, ce me semble, faire de Mme de Chagres simplement la maîtresse passagère, ancienne même si l'on voulait, de Roger, mais simplement, sans complication et sans machination, et supprimer le drame noir, dont le souvenir pèse sur toute la pièce, l'assombrit, l'embarrasse et l'alourdit.

Il n'en est pas moins vrai que le *Divorce de Juliette* est une pièce fort agréable, ingénieuse, fine et spirituelle. Il y a là un rôle qui aurait pu être plus accusé et plus développé, qui, tel qu'il est, est une invention tout à fait charmante. C'est celui de Pierre de Rhodes. Cet *ami des femmes*, résigné et doucement railleur de lui-même, est d'une nuance très délicate et d'une vérité bien amusante. Puisque nous sommes de loisir, écoutons-le se définissant lui-même :

> Je sais parfaitement à quoi m'en tenir sur ma personnalité.

— Qu'est-ce qu'elle a d'extraordinaire votre personnalité ?

— Elle a d'extraordinaire qu'elle ne plaît pas aux femmes, voilà !

— Où avez-vous vu cela ?

— Partout et toujours... Je ne plais pas aux femmes, c'est un fait.

— Comment ! mais vous êtes sympathique à tout le monde au contraire !

— C'est ça même ! Vous avez dit le mot. Je suis sympathique ! Je suis sympathique ; c'est-à-dire j'inspire la confiance. Une femme me confiera volontiers le secret de sa passion pour un autre... Ami et confident... jamais amant, voilà mon rôle... voilà mon type ; et il n'est pas rare dans le monde. Vous voyez tous les jours auprès d'une vieille dame élégante et parfumée quelque vieux monsieur qui ne quitte guère le coin de sa cheminée que pour faire ses commissions, lui acheter des bonbons et promener son chien. C'est l'ami sympathique, le confident de sa jeunesse, le compagnon fidèle de ses vieux jours... Le mari est mort; les amants sont morts : lui seul survit, consolateur suprême d'un cœur qu'il a toujours intéressé, jamais troublé... Eh bien ! voilà ma destinée telle qu'elle est écrite dans les registres célestes, et, faute de mieux, elle a encore son charme et sa douceur.

Elle a encore son charme et sa douceur. Je le crois qu'elle a encore sa douceur et son charme ; et si Pierre dit « faute de mieux », c'est qu'il parle à une femme, et qu'il est courtois. Mais au fond il me paraît bien savoir son affaire, ce chevalier de Rhodes, pour ne pas dire de Malte. Il sait bien qu'il a pris la meilleure part, la femme sans les colères, sans les caprices, et sans les jalousies, ce qui, peste ! n'est pas un pis-aller désagréable. L'âpre Adriatique sans les tempêtes, merci du peu !

Car il est aimé, Pierre de Rhodes. Il est parfaitement aimé. Seulement, il l'est sans emportement. Jusqu'à sa vieillesse (et il le sait bien, puisqu'il parle du vieux monsieur coin de feu) jusqu'à la vieillesse, il sera entouré par les femmes d'une confortable et délicieuse tiédeur d'affections douces, de sympathies discrètes et précautionnées, et notez-le, respectueuses. On le consultera, on l'écoutera (oui ! il parlera à des femmes, et les femmes l'écouteront ! c'est miraculeux !) on le caressera de demi soumissions, de demi abandons et d'entière confiance. On lui dira, et pas si rarement, aux heures de crise : « Ah ! de Rhodes ! Il n'y a encore que vous que j'aie aimé. » — Et notez que ce sera à peu près vrai.

Et, de fait, à lui, on dira la vérité, à très peu près. Il sera l'homme à qui les femmes disent la vérité ! Nous touchons au mythe. De Rhodes est immense. Je le vois prendre des proportions fabuleuses ; et pourtant je n'en dis que ce qui est parfaitement exact. — Et point de remords avec tout cela. Très pur, de Rhodes. Tranquille dans son honnêteté et sa rectitude. Estimé des maris, et en même temps toujours un peu redouté par eux, ce qui aux plaisirs de la bonne conscience ajoute un léger ragoût de fatuité satisfaite.

Sans compter les petits profits, les mains serrées, les yeux dans les yeux aux heures des confidence, les pleurs doucement essuyés d'un geste patriarcal et lent qui n'est pas sans douceur pour un chacun, les : « Mon enfant ! ma chère enfant ! ma pauvre enfant ! » et, au départ, les : « Vous êtes la meilleure femme et la plus malheureuse que je connaisse », avec un baiser un peu prolongé (il faut qu'il soit prolongé ; sans cela il ne serait pas pénétré, sans cela il ne serait pas respectueux) sur les jolies veines bleues — vous savez, — du poignet frêle.

Mon Dieu ! on peut passer sa vie, comme cela, assez doucement. La vallée de larmes a des charmes à ces conditions. Pour de Rhodes la vie est la vallée de larmes des autres.

Beaucoup d'hommes tels dans notre société contemporaine. Ils ne sont pas avocats généralement, parce qu'il faut des loisirs et parce que les avocats prennent l'habitude de parler à très haute voix. Ils sont le plus souvent hommes de leurs rentes, quelquefois médecins, quelquefois professeurs de morale dans l'enseignement supérieur. Ils sont nombreux. Ce sont les « directeurs » de notre société du dix-neuvième siècle, et ils ont leurs auteurs sacrés, comme ceux du dix-septième siècle avaient François de Salles. Ils ont lu généralement un peu de Schopenhauer et beaucoup de Paul Bourget.

Ce sont des sages, et ils ont pris la vie par le bon côté. Rousseau ayant été consulter un vieux mathématicien de l'Académie des sciences sur le moyen de parvenir, le vieux savant, au grand scandale de Jean-Jacques, avec des airs d'astrologue guettant une conjonction, lui répondit très gravement: « Mon jeune ami, on n'arrive que par les femmes. Fréquentez les femmes. Les femmes sont des courbes — écoutez-moi bien — les femmes sont des courbes dont les sages sont les asymptotes. Ils s'en rapprochent toujours, et n'y touchent jamais. »

Les de Rhodes sont éminemment asymptotiques. Pierre de Rhodes a pris son parti de sa personnalité sympathique et asymptotique et il sait que ce sont encore les asymptotes qui ont la meilleur part.

Il faut tout dire : Pierre de Rhodes a quarante ans. Sans cela la vraisemblance pourrait présenter des objections.

XXVI

Odéon : *Shylock*, comédie de Shakspeare, adaptation
en vers de M. Edmond Haraucourt.

22 décembre 1889.

J'ai été ravi du *Shylock* de M. Haraucourt. « Enfin, me suis-je dit, dès les premières scènes, en voilà un, au moins, qui ne respecte pas Shakspeare ! Il va nous l'interpréter admirablement. »

Le respect de Shakspeare, depuis la critique romantique (que Dieu garde !) c'est en effet une des plaies de notre littérature et de notre goût national, et une des choses qui nous font faire le plus de sottises littéraires. Ce mot, Shakspeare (d'autres prononcent Bacon, mais ils sont en petit nombre), émis avec gonflement des joues, et accent circonflexe des sourcils, et soulèvement de toute la personne vers les hauteurs, c'est d'où nous vient la plus belle collection de beaux contresens et de niaiseries solennelles que je connaisse dans l'histoire des lettres. Quand une fois on a prononcé Shakspeare de cette façon et qu'on a, par une suite nécessaire, ajouté quelques épithètes : « le prodigieux Shakspeare», « le monstrueux Shakspeare », « le géant Shakspeare » etc.; vous comprenez assez bien que pour l'interpréter, le traduire ou seulement l'entendre, on est dans les plus radicalement mauvaises conditions du monde. Jamais, quelque lui-même qu'il soit, il ne nous paraît assez prodigieux, assez monstrueux et assez géant.

C'est lui, c'est bien lui-même, il sourit : « Allons donc ! Est-ce là Shakspeare ? Est-ce que Shakspeare sourit ? » Il plaisante : « Allons donc ! Est-ce que Shakspeare plaisante ? » Il fait un calembour : « Horreur ! Shakspeare faisant des calembours, est-ce que ça c'est jamais vu ? » Il dit une obscénité: « Sacrilège !... Dieu obscène !... A qui fera-t-on croire ?... » Et c'est le malheureux traducteur qui est accusé d'avoir commis le crime le plus criminel entre les crimes, d'avoir manqué de respect à Shakspeare, et d'avoir enveloppé dans le sac de Scapin l'homme océan.

Quelquefois c'est le traducteur lui-même qui subit cette fascination et qui, de très bonne foi, ne voit dans Shakspeare que ce que l'éducation littéraire lui a appris à y voir, et qui nous donne un Shaspeare dix fois plus shakspearien que Shakspeare n'a jamais été, tourne toute fantaisie de Shakspeare au drame noir, solennel et philosophique, alourdit et gonfle toutes les imaginations shakspeariennes jusqu'à ce qu'elles paraissent suffisamment gigantesques, et ne réusssit jamais à nous donner, autant que nous le voulons, l'illusion de l'homme-montagne, comme dit Swift de Gulliver.

C'est le respect de Shakspeare qui nous vaut tout cela. Shakspeare, comme on sait, est un grand philosophe, un grand sociologue, un grand historien, un grand moraliste, un grand physiologiste et un grand naturaliste. Il ne s'agit pas de plaisanter avec tant de grandeurs. Il est bien clair que chaque mot qu'il prononce contient un monde de pensées, de systèmes de révélations et de révolutions. Non, il ne s'agit pas de plaisanter avec un tel homme.

— Mais quand il plaisante avec lui-même? — Ne vous y trompez pas ! Sous cette apparente plaisanterie il y a des choses, de si grandes choses, que traduire tout simplement son calembour par une calembredaine, c'est le trahir, c'est le rabaisser, c'est lui manquer de respect. Le respect ! le respect, n'oubliez pas le respect !

M. Haraucourt n'a pas la moindre superstition de respect à l'endroit de Shakspeare. Il croit (du moins je crois qu'il le croit) que Shakspeare est tout simplement un italien du seizième siècle (il était italien ; les dernières conquêtes de l'érudition l'ont parfaitement établi ; il s'appelait Sespirio) d'une imagination merveilleuse, d'une verve de fantaisie toujours éveillée et vibrante, dans une perpétuelle folie de création fantasque et débridée, puissant et précieux, profond et bouffon, adorant les contes à dormir debout, les dialogues bariolés, les clowneries de mots, les phrases dansant sur raquettes, et les propos de tambours de basques ; et se souciant du pontificat artistique, de la poésie philosophique, et des destinées de l'humanité, comme Benedict de la constitution des Etats-Unis.

Et M. Haraucourt s'est dit : *Shylock, ou le marchand de Venise, comédie...* Hum !... *Shylock ou le marchand de Venise, comédie...* Réfléchissons bien... *Shylock ou le marchand de Venise, comédie* — Ça doit être une comédie. » Rien que pour s'être dit cela, qui n'a l'air de rien, mais qui est la dernière chose dont un français du dix-neuvième siècle se pût aviser, M. Haraucourt a trouvé le joint. Il nous a rendu Shakspeare. Seulement il a manqué de respect à Shakspeare. On ne peut pas tout demander à un seul homme.

Il s'est dit que l'histoire de Portia avec ses trois coffres de plomb. d'argent et d'or, entre lesquels doivent choisir ses prétendants, ce n'est pas philosophique le moins du monde ; — que l'histoire du Juif prêtant trois mille ducats sur gage d'une livre de chair à prendre dans la région du cœur à un patricien de Venise, c'était un conte de la mère l'Oie, à moins d'être une absurdité formidable, et que ça n'avait le sens commun qu'à la condition de n'être pris au sérieux ni par l'auteur, ni par le traducteur, ni par le spectateur ; — que tout cela c'était une comédie fantaisiste et même fantasque, un « divertissement », une « gaîté » immense, un peu macabre par instants, parce que nous sommes au seizième siècle, mais une « joyeuseté et drollerie ».

Et de cette joyeuseté et drollerie, y ajoutant de

beaux costumes, une mise en scène amusante, et une décoration pittoresque et follement luxueuse, il a fait — ni plus ni moins — un opéra-comique à grand spectacle.

C'était, d'instinct, avec un admirable instinct d'artiste et de poète, prendre les choses juste comme il le fallait, pour nous donner la sensation juste et comme directe et immédiate du poème shakspearien. Enfin cette fois, j'avais, moi du moins, *mon* Shakspeare de comédie (qui ressemble au Shakspeare d'*Hamlet* comme la *Comtesse d'Escarbagnas* à *Prométhée)* ; j'avais mon Will clownesque, tintamaresque et tintinnabulant, mon Will déridé, et souriant, et gambadant, et faisant des bulles de savon pour les grands enfants de Londres, et taillant de grands polichinelles dans le manteau de Melpomène ; mon Will enfin manquant de respect, ce qui lui est arrivé sept fois sur dix, à l'océan qu'il portait en lui.

Toute l'adaptation de M. Haraucourt a ce caractère de libre fantaisie joyeuse et abandonnée et gracieusement dansante dans un rayon de lune. Point de violences, point de gravités, point de solennités et point de pédantisme. A peine (je l'ai regretté) deux ou trois teintes un peu sombres ajoutées au personnage d'Antonio. Au contraire, et ceci est bien curieux, un ou deux traits sérieux ôtés au personnage de Shylock. — Shylock, dans Shakspeare, est tout simplement un personnage comique, un bouffon, une figure à nazardes, dont tout le monde, avec la cruauté du temps, se moque outrageusement, dont le public ne prend pas un instant au sérieux le féroce dessein, dont le public ne craint rien du tout, et qu'il s'attend, comme en effet il arrive, à voir bâtonner, au moins au figuré, sur la scène.

Cependant une fois, une seule fois, au cours de la pièce, Shakspeare ne s'est pas moqué de son juif. Il lui a fait dire deux ou trois mots qui ne sont pas grotesques ou odieux, et même qui ont une certaine éloquence : « Un juif ! un juif ! un juif n'est-il pas un homme ? N'a-t-il pas des mains, des pieds, une chair comme la vôtre, qui souffre des mêmes maux, guérit par les mêmes remèdes ?... » Etc. — Vous connaissez le passage. Bien entendu, le Français élevé à l'école de la critique romantique, du reste libéral, égalitaire et pénétré des principes de 89, du reste éloquent de sa nature et ne détestant pas un peu de déclamation, de tout *Shylock* n'a retenu que cela, et résume tout *Shylock* dans ces quatre lignes, et tient *Shylock* pour une pièce philosophique en faveur des Israélites, et pour un livre avant-coureur de la Révolution française.

M. Haraucourt a tellement l'instinct du comique shakspearien, du ton vrai de la comédie shakspearienne, que ce passage, lui, sans y songer, il le supprime. Oh ! je le dis, sans y songer, sans intention ; il ne s'en est pas avisé, il n'y a pas fait attention ; tant c'est bien l'esprit général de la comédie shakspearienne qui l'occupe, qui le possède, et où il s'attache. Ce passage sort un peu du ton général de la pièce et du ton général du rôle ; il fait un instant Shylock plus sérieux et plus à prendre au sérieux qu'il ne faudrait. C'est une brillante négligence de Shakspeare, qui n'en est pas à cela près. M. Haraucourt, sans préméditation, glisse à côté ; où l'on reconnaît précisément le dramatiste français, toujours, plus que tout autre en Europe, attaché, d'instinct, à l'unité d'impression, et, même sans y songer, s'y conformant naturellement et même, quand son guide s'en écarte une minute, naturellement et comme d'une inspiration secrète, s'y ramenant.

Tout le *Shylock* de M. Haraucourt est ainsi, d'une *justesse de ton* excellente et exquise, d'une parfaite adaptation au modèle, sans la gêne, la lourdeur ni la pénible application d'une traduction. — Comme M. Haraucourt adaptait une comédie fantasque, et qu'il a naturellement l'esprit plaisant, et qu'encore, tout jeune poète de l'époque actuelle subit l'influence de M. de Banville, je craignais tout d'abord quelques tendances au burlesque. M. Haraucourt s'est tenu dans la mesure juste. Il a même, avec une certaine pruderie de goût dont, connaissant le public français, je ne puis le blâmer, réduit presque à rien le rôle du bouffon, le personnage du valet de Shylock, et il a développé plus complaisamment (un peu trop à mon gré) les rôles des deux amoureux, Bassanio et Portia. C'est bien connaître la mesure juste où, jusqu'à présent, on peut et doit mettre le Shakspeare comique sous nos yeux.

Du reste il ne s'est nullement privé d'user des plaisanteries, des balivernes et des propos de liesse si chers à Shakspeare ; ce qui a vivement scandalisé les respectueux. « Des à-peu-près prêtés à Shakspeare ! oh ! » Car on sait que Shakspeare ne s'est pas permis un coq à l'âne de sa vie..... Mais je recommencerais !

La langue poétique de M. Haraucourt est souple, riche, éclatante et sonore. Elle est surtout naturelle. M. Haraucourt est un versificateur de naissance. On sent qu'il ne traduit pas sa pensée en vers, mais qu'il pense en vers, de premier mouvement et de premier jet. Le vers ou le couplet s'élance d'un seul mouvement et d'une seule coulée. C'est un singulier et précieux don. C'est un don, d'abord ; ensuite la fréquentation du grand Will, le génie le plus libre, le plus aisé, le plus naturel, même dans son précieux, c'est-à-dire le plus spontané et le moins tortureur de soi-même qui jamais ait été, n'a pas, sans doute, nui à la chose. Le poète de l'*Ame nue* avait une versification un peu énergique et un peu tendue. Celui de *Shylock* s'est dénoué et développé à miracle, et n'a plus qu'une aisance, une liberté de tour, et même, au contraire (qu'il y prenne garde) une facilité qui pourrait devenir un péril.

Il y a dans *Shylock* non seulement des vers charmants, mais ce qui est rare, allez, même dans les plus grands poètes, des couplets, des périodes poétiques, tout entières solides, bien attachées, bien articulées et qui se tiennent debout, et qui marchent.

N'est-elle pas ravissante, cette strophe, car c'est comme une strophe, d'Antonio :

>   Venez, çà, qu'on vous gronde,
> Mauvais cœur, qui cherchez des phrases pour mon cœur !
> Si j'en prenais rancune et vous tenais rigueur ?
> Ami, tous les trésors du monde, une misère,
> Valent-ils cette main loyale que l'on serre,
> Et l'abandon d'une âme à qui l'on s'est donné ?
> Le plus riche des deux n'est que le frère aîné.
> Le seul bienfait de l'or c'est que l'or se partage :
> L'ami qui laisse un peu de son cœur en otage,
> Peut tout prendre, et qu'il sache, en y venant puiser,
> Qu'il m'aura trop payé me payant d'un baiser.

Et quand Bassanio rentre à Venise après son voyage et court aux pieds de Portia, quelle jolie fanfare de joie et de jeunesse, où le plaisir du pays retrouvé et de l'amie revue se mêlent et se confondent d'une manière charmante !

>   Quand a paru l'aurore
> ....
> J'ai cru que mon bonheur montait sur l'horizon,
> Comme le clair soleil sur l'azur des mers bleues ;
> Et j'allais, dénombrant l'infinité des lieues,
> Et votre voix chantait dans la chanson des flots.
> J'allais, et, quand j'ai vu frémir les verts îlots,
> Où le gazon joyeux rit sur la dune blonde,
> Mon cœur a salué le paradis du monde,
> Votre patrie, et vous, et j'ai mis un baiser
> Sur le sable où vos pas avaient pu se poser.

Et ce couplet railleur de Portia, d'une si fine et aimable et encore poétique ironie : « Si le sort vous livre à quelque autre, demande le pauvre Bassanio ? »

Contenant son amour qui pleure, la coquette répond gentiment :

Vous me plaindrez, je vous plaindrais, nous nous plaindrons.
Des palmes dans les mains et des lauriers aux fronts,
Très loin, vous dans Venise et moi dans Pampelune,
Nous nous consolerons en regardant la lune !
Nous ferons vous des lais et moi des boléros ;
Un peu moins que martyrs, un peu plus que héros,
Nous nous amuserons à songer qu'on nous pleure,
Et nous promènerons jusqu'à la dernière heure
Le coupable regret du devoir accompli.

Est-elle assez bien comprise et assez fidèlement et adroitement gardée la mesure vraie et fine du demi burlesque ? C'est charmant.

Quelques taches, çà et là. M. Haraucourt écrit un peu vite et laisse échapper quelques négligences : « Il n'a pas de maîtresse, dit un de ses petits jeunes gens. — *J'en ai, mais ne la montre point.* » — Ce Vénitien ne parle pas un français très correct. Il devrait dire : « J'eu ai une, mais ne la montre point » ; ou : « J'en ai, mais ne *les* montre point » ; car *j'en ai* veut dire j'en ai plusieurs.

Ailleurs..... vous savez l'histoire de Jacob et des agneaux bigarrés, que Shylock raconte à Antonio pour lui expliquer et pour justifier le prêt de l'argent à intérêt :

......Jacob menait les troupeaux dans les prés,
Pour tout salaire ayant les agneaux bigarrés.
Quand il vit les brebis qui faisaient les coquettes
Près des boucs, il tailla de petites baguettes...

Ces brebis faisant les coquettes près des boucs sont des dévergondées bien extraordinaires. Je croyais que plutôt ce fussent béliers. Je sais bien que les poètes ont toutes sortes de permissions, ce qui suppose toutes sortes même de licences, mais cependant

non ut
Serpentes avibus geminentur, tigribus agni;

et ce n'est, comme nous le voyons dans l'*Athalie*, du divin Racine, que sous le couteau du sacrificateur que se mêle le sang des boucs et des génisses.

Ces petites chicanes seulement pour prouver à M. Haraucourt avec quel soin je l'ai non seulement écouté, mais je l'ai lu.

La pièce est montée avec un goût tout à fait ravissant. Le carrefour devant la maison du juif, au premier acte, d'une restitution curieuse et précise, l'enlèvement de Jessica en gondole, au second acte, sont de véritables tableaux de maître, d'une richesse intelligente, et d'une élégance et d'une couleur merveilleuse. L'Odéon est le théâtre de Paris où la décoration est la plus artistique et la mise en scène la plus savante. C'est un enchantement des yeux.

Les vers de M. Haraucourt ont été dits d'une manière intelligente et distinguée par tout le monde, et n'ont été dits d'une manière supérieure par personne. Mlle Réjane a prouvé que son talent est très souple et qu'elle peut dire de beaux vers tout comme une autre, et mieux que beaucoup d'autres. Quelques passages de coquetterie malicieuse lui ont fait même beaucoup d'honneur ; mais enfin j'aime encore mieux qu'on montre son talent là où sans effort il se déclare tout entier, que là où tout son effort ne sert qu'à vaincre la nature. Mlle Réjane joue Portia avec talent ; elle ne la joue pas avec joie. Elle y reste gênée, malgré l'aisance naturelle de son talent, et il est impossible de ne pas sentir qu'elle aimerait mieux être ailleurs. Elle a du reste fait plaisir, et elle a eu du succès, et ce rôle doit lui être compté au moins comme une belle démonstration des ressources multipliées qu'elle peut trouver en elle. On saura qu'en un besoin, Mlle Réjane peut aborder tel rôle qu'il faudra. Mais on aimera toujours mieux qu'elle reste dans ce moderne qu'elle comprend si bien et dont elle est comme une manière de charmante incarnation.

M. Albert Lambert a fait un Shylock point maladroit certes, mais un peu noir, un peu mélodramatique, et un peu monotone. M. Lambert croit trop que c'est arrivé. Eh ! non ! je vous dis, tout cela n'est pas arrivé ! Je ne sais quel léger nuage brillant de fantaisie et de caprice doit flotter sur tout cela. A poètes et acteurs qui se mettront en tête d'interpréter, chacun selon son art, Shakspeare comique, je dirai toujours, non point : « Pas de zèle ! » mais : « Surtout ! pas de conviction ! »

INDEX

DES DEUX PREMIÈRES SÉRIES

(1888-1889)

INDEX PAR TITRES DE PIÉCES

(*La mention 1888 renvoie au volume précédent; la mention 1889 renvoie au présent volume*).

A

Alain Chartier : 1889, pages 182, 203.
Ami des Femmes : 1889, page 58.
Antony : 1889, page 8.
Ancien (l') : 1889, page 133.
Athalie : 1888, page 297.
Aveu (l') : 1888, page 40.

B

Bain de la Mariée : 1888, page 251.
Baiser (le) : 1888, page 116.
Belle-Maman : 1889, page 96.
Bucheronne : 1889, page 269.

C

CHAMILLAC : 1888, page 15.
CHANCE DE FRANÇOISE : 1888, page 371.
CHEVALIERS DU BROUILLARD : 1888, page 195.
CHIEN DE GARDE : 1889, page 170.
COMMANDANTE : 1888, page 189.
COMTE WITOLD : 1889, page 185.
COMTESSE SARAH : 1888, page 57.
CONSPIRATION DU GÉNÉRAL MALET : 1889, p. 226.
COQUIN DE PRINTEMPS : 1888, page 147.
COR FLEURI : 1888, page 380.
CRIME ET CHATIMENT : 1888, page 259.

D

DEUX GENTILSHOMMES OU LE PATRIOTISME FRANÇAIS : 1888, page 201.
DIVORCE DE JULIETTE : 1889, page 305.
DIVORÇONS : 1889, page 205.
DOCTEUR JOJO : 1888, page 19.
DON JUAN : 1888, page 351.
DORA : 1888, page 50.

E

ÉCOLE DES VEUFS : 1889, page 296.
EMPIRE DES FEMMES : 1888, page 190.

F

Farce du Cuvier : 1888, page 166.
Famille patriote : 1888, page 206.
Famille du temps de Luther : 1888, page 163.
Faux Bonshommes : 1889, page 148.
Fermière : 1889, page 257.
Filles de Marbre : 1889, page 80.
Fin de Lucie Pellegrin : 1888, page 159.
Flibustier : 1880, page 101.
Francillon : 1889, page 58.
François le Champi : 1888, page 273.
Forge de Sainte-Clair : 1888, page 139.

G

Gabrielle : 1889, pages 120, 132.
Garçonnière : 1888, page 317.
Gendre de M. Poirier : 1888, page 19.
Germinie Lacerteux : 1888, page 398.
Grande Marnière : 1888, page 57.

H

Henri III et sa Cour : 1889, page 1.

I

Idées de madame Aubray : 1889, page 62.
Inséparables : 1889, pages 140, 296.
Isoline : 1888, page 411.

J

Jalousie : 1888, page 386.
Jean Baudry : 1889, page 211.
Jeunes Amours : 1889, page 253.
Joyeusetés de l'Année : 1888, page 244.
Juarez : 1889, page 227.
Juge d'Instruction : 1888, page 306.

L

Légataire universel : 1889, page 291.
Lutte pour la Vie : 1889, page 239.

M

Macbeth : 1889, page 241.
Madeleine : 1889, page 134.
Madame de Montarcy : 1889, page 10.
Maitre de Forges : 1888, page 56.
Maitre Guérin : 1888, pages 31, 57.
Mariage d'Olympe : 1889, page 91.
Marquise : 1889, page 67.
Matapan : 1888, page 86.
Mission de Jeanne d'Arc : 1888, page 132.
M. Alphonse : 1889, page 54.
M. Lamblin : 1888, page 153 ; 1889, page 296.
Mort du duc d'Enghien : 1888, page 377.

O

Œdipe Roi : 1888, page 215 ; 1889, page 8.
On le dit : 1888, page 71.

P

Pain du Péché (le) : 1888, page 65.
Parfum (le) : 1888, page 358.
Patrie en danger : 1889, page 109.
Pelote (la) : 1888, pages 26, 55.
Pépa : 1888, page 321.
Peur de l'être (la) : 1889, page 190.
Père prodigue : 1889, page 58.
Philoctète : 1889, page 8.
Porteuse de Pain : 1889, page 16.
Premier Baiser : 1889, page 181.
Prose (la) : 1888, page 156.
Prise de la Bastille : 1888, 202.
Puissance des Ténèbres : 1888, page 1.

Q

« Quatorze Juillet » au théâtre : 1888, page 198.
Quatorze Juillet : 1888, page 204.
Question d'Argent : 1889, page 58.

R

Reine Fiamette : 1889, page 28.
Résignés : 1889, page 40.
Respectables : 1889, page 280.
Révoltée : 1889, page 120.
Roger la honte : 1888, page 285.
Rolande : 1888, page 335.

Roman d'un jeune homme pauvre : 1888, page 59.
Ronces du chemin : 1888, page 179.

S

Sécurité des familles : 1888, page 381.
Serge Panine : 1888, page 57.
Shylock : 1889, page 319.
Sommeil de Danton : 1888, page 230.

T

Trop aimé : 1889, page 162.

U

Une Gaffe : 1888, page 77.

V

Vincenette : 1888, page 115.

INDEX

DES DEUX PREMIÈRES SÉRIES

(1888-1889)

INDEX PAR NOMS D'AUTEURS

(La mention 1888 renvoie au volume précédent ; la mention 1889 renvoie au présent volume.)

A

Alexis (Paul) : 1888, page 159.

Ancey (Georges) : 1888, page 153 ; 1889, pages 141, 296.

Arène (Paul) : 1888, page 65.

Artois (Armand d') : 1889, page 257.

Astruc : 1888, page 251.

Augé de Lassus : 1889, page 227.

Augier (Emile) : 1888, page 19 ; 1889, pages 91, 120, 132.

B

Balzac (Honoré de) : 1888, pages 27, 337.
Banville (Théodore de) ; 1888, page 117.
Barrière (Théodore) : 1889, pages 80, 148.
Bergerat (Emile) : 1889, page 181.
Blum : 1888, page 359.
Bonnetain (Paul) : 1888, page 26.
Boniface (auteur du *marquis Papillon*) : 1888, page 99.
Borelli (de) : 1889, page 182.
Bourget : 1888, page 195.
Brunetière (Ferdinand) : 1889, page 291.

C

Capendu (Ernest) : 1889, page 149.
Carré (Albert) : 1888, page 19.
Carré (Fabrice) : 1888, page 80.
Céard (Henry) : 1889, page 40.
Chantavoine (Henry) : 1889, page 252.
Cladel (Léon) : 1889, page 133.
Corneille : 1888, page 37.

D

Dallières : 1888, page 132.
Daudet (Alphonse) : 1889, page 239.
Delavigne (Casimir) : 1888, page 162.

Descaves (Lucien) : 1888, page 26.
Desforges-Maillard : 1888, page 211.
Deslandes (Raimoud) : 1889, page 96.
Dornay : 1889, page 17.
Dostoïevski : 1888, page 259.
Dumas (Alexandre) : 1889, page 1.
Dumas fils : 1889, page 54.
Duval (Georges) : 1888, page 147.

E

Edmond (Charles) : 1889, page 269.
Ennery (d') : 1888, page 195.

F

Fabre d'Olivet : 1888, page 205.
Feuillet (Octave) : 1889, page 305.
Figuier (Louis) : 1888, page 139.

G

Ganderax : 1888, page 320.
Gassies des Brulies : 1388, page 166.
Goncourt (Edmond de) : 1888, pages 109, 399.
Ginisty (Paul) : 1888, page 259.
Gramont (Louis de) : 1888, page 335.
Grizier : 1888, page 285.
Grenet-Dancourt : 1889, page 162.

H

Haraucourt (Edmond de) : 1889, page 319.
Hennique : 1888, page 376.
Hugues (Clovis) : 1888, page 230.

J

Jaime : 1888, page 147.
Janvier de la Motte (Ambroise) : 1889, page 280.

L

La Beaumelle : 1888, page 211.
Lamartine : 1888, page 114.
Legrand de Soissons : 1888, page 201.
Lemaître (Jules) : 1888, page 350 ; 1889, page 120.
Le Roux (Hugues) : 1888, page 259.

M

Mary (Jules) : 1888, page 284.
Marthold : 1888, page 306.
Médina : 1888, page 317.
Meilhac (Henri) : 1888, page 320.
Mendelssohn : 1888, page 297.
Mendès (Catulle) : 1888, page 411 ; 1889, page 29.
Messager : 1888, page 411.
Molière : 1888, page 350.
Montépin : 1889, page 17.
Moreau (Emile) : 1888, page 86 ; 1889, page 190.

N

Najac (de) : 1888, page 71 ; 1889, page 204.

O

Ohnet (Georges) : 1888, page 56.

P

Pagat (Henri) : 1889, page 257.
Parein (Pierre-Mathieu) : 1888, page 202.
Porto-Riche (Georges de) : 1888, page 370.

R

Racine : 1888, pages 37, 297.
Raymond (Charles) : 1888, page 71.
Richepin (Jean) : 1888, page 101 ; 1889, page 170.
Rzewuski : 1889, page 184.

S

Saint-Albin ; 1888, page 244.
Salandri (Gastron) : 1888, page 157.
Sand (George) : 1888, page 272.
Sarah Bernhardt : 1888, page 41, 46.
Sardou : 1888, page 51 ; 1889, pages 67, 96, 204.
Scarron : 1888, page 95.
Shakspeare : 1888, page 37 ; 1889, page 319.
Sophocle : 1888, page 214.
Soulaine : 1888, page 251.

T

Taylor : 1888, page 178.
Thiboust (Lambert) : 1889, page 80.
Toché : 1888, page 359.
Tolstoï (Cte) : 1888, pages 1, 259.

V

Valabrègue : 1888, page 380.
Valdagne : 1889, page 190.
Vacquerie (Auguste) : 1888, page 356 ; 1889, p. 211.
Vaquez : 1888, page 190.
Viteau (Paul) : 1888, page 189.
Voltaire : 1888, page 117.

W

Wallady (Matias) : 1889, page 162.
Welchinger : 1888, page 200.

Z

Zola (Emile) : 1889, page 134.

TABLE

		Pages.
I.	Henri III	1
II.	La Porteuse de pain	17
III.	La Reine Fiamette	27
IV.	Les Résignés	41
V.	M. Alphonse	55
VI.	Marquise	67
VII.	Les Filles de Marbre	80
VIII.	Belle-Maman	96
IX.	La Patrie en danger	109
X.	Révoltée	120
XI.	L'Ancien. — Madeleine. — Les Inséparables	133
XII.	Les Faux bonshommes	148
XIII.	Trop aimé	162
XIV.	Le Chien de garde. — Le Premier baiser. — Alain Chartier	170
XV.	Le Comte Witold	185
XVI.	La Peur de l'être	190

		Pages.
XVII.	Divorçons................................	205
XVIII.	Jean Baudry.............................	210
XIX.	La Conspiration du général Malet	226
XX.	La Lutte pour la vie.....................	239
XXI.	Jeunes amours. — La Fermière...........	253
XXII.	La Bucheronne...........................	269
XXIII.	Les Respectables........................	280
XXIV.	Le Légataire universel. — Ecole des Veufs...................................	291
XXV.	Le Divorce de Juliette....................	304
XXVI.	Shylock...................................	319
	Index *des deux premières séries*............	331

EN VENTE A LA MÊME LIBRAIRIE

DANS LA

NOUVELLE BIBLIOTHÈQUE LITTÉRAIRE

Les Contemporains : *Etudes et portraits littéraires*, par JULES LEMAITRE.
    PREMIÈRE SÉRIE. Un vol in-18 jésus, 12e édition, broché......... **3 50**
    DEUXIÈME SÉRIE. Un beau volume in-12, 10e édition, broché....... **3 50**
    TROISIÈME SÉRIE. Un beau volume in-12, 7e édition, broché........ **3 50**
    QUATRIÈME SÉRIE. Un beau volume in-12, 6e édition, broché........ **3 50**
    Ouvrage couronné par l'Académie Française

Impressions de Théâtre, par LE MÊME.
    PREMIÈRE SÉRIE. Un joli volume in-18 jésus, 6e édition, broché..... **3 50**
    DEUXIÈME SÉRIE. Un joli volume in-18 jésus, 4e édition, broché.... **3 50**
    TROISIÈME SÉRIE. Un joli volume in-18 jésus, 4e édition, broché.... **3 50**
    QUATRIÈME SÉRIE. Un joli volume in-18 jésus, 3e édition, broché..... **3 50**

Corneille et la poétique d'Aristote, par LE MÊME.
    Une brochure in-18 jésus **1 50**

Dix Septième siècle, *Etudes littéraires et dramatiques*, par EMILE FAGUET.
    Un fort volume in-18 jésus, 5e édition, broché................ **3 50**

Dix huitième siècle, *Etudes littéraires*, par LE MÊME.
    Un très fort vol. in-18 jésus, 5e édition, broché............... **3 50**

Etudes littéraires sur le XIXe siècle, par LE MÊME.
    Un volume in-18 jésus, 6e édition, broché **3 50**
    Ouvrage couronné par l'Académie Française

Notes sur le Théâtre contemporain, première série, par LE MÊME.
    Un volume in-18 jésus, broché............................ **3 50**

Victor Hugo, *l'Homme et le Poète*, par ERNEST DUPUY.
    Les quatre âges — Les quatre cultes. — Les quatre inspirations
    Un beau volume in-18 jésus, 2e édition, broché **3 50**

Les Grands Maîtres de la littérature russe au XIXe siècle,
    par LE MÊME.
    Les prosateurs : Nicolas Gogol. — Ivan Tourguénef. — Comte Léon Tolstoï.
    Un joli volume in-18 jésus broché **3 50**

Shakespeare et les Tragiques grecs, par P. STAPFER
    Un joli volume in-18 jésus **3 50**
    Ouvrage couronné par l'Académie Française

Madame de Sévigné, par R. VALLERY-RADOT.
    Un volume in-18 jésus **3 50**
    Ouvrage couronné par l'Académie Française

Esquisses et impressions, par PAUL DESJARDINS.
    Un volume in-18 jésus, broché **3 50**

Aristophane et l'ancienne Comédie attique, par A. COUAT,
    recteur de l'Académie de Lille.
    Un volume in-18 jésus, broché **3 50**

www.ingramcontent.com/pod-product-compliance
Lightning Source LLC
Chambersburg PA
CBHW060334170426
43202CB00014B/2771